编 委 会

国際展望丛书 ●○ 国际战略与大国关系

中国与巴西
发展导向的战略伙伴

牛海彬 / 著

CHINA
AND BRAZIL
A Development-Oriented
Strategic Partnership

格致出版社 上海人民出版社

国家社科基金项目
"中国与巴西全方位合作规划研究"
（15BGJ016）结项成果

丛书总序

2018 年是非常独特的一年，它是第一次世界大战结束 100 周年，是 2008 年国际金融危机和世界经济危机爆发 10 周年，同时也是中国开启改革开放进程 40 周年。我们站在这个特殊的历史时点上抚今思昔，放眼未来，更深切地感受到世界正经历百年未有之大变局。世界政治经济中融合的力量和分化的力量此起彼伏、相互激荡，世界正进入不稳定和不确定加剧的新时期。国际秩序何去何从是摆在我们面前的时代之问和时代之困。其中，当前世界格局调整中的三个趋势最为显著，也最具破坏性。

第一，大国之间的战略不稳定正在加剧。一方面，美国与中国、俄罗斯之间的地缘政治竞争进一步加深。美国特朗普政府加大与俄罗斯在欧洲、中东等地区以及核导军控等领域的战略博弈，甚至局部达到冷战结束以来最严峻的状态。美国对华政策也发生了重大调整，首次明确将中国定位为美国主要的战略竞争对手。特别是 2018 年 10 月 4 日美国副总统彭斯所发表的美国对华政策演讲，通篇充斥着类似 40 年前冷战高峰时期美国前总统里根对苏联的指责，令许多中国人震惊和困惑。人们不禁要问：美国难道已决意要对中国实施全面遏制？世界是否将因此而被拉进一场新的冷战？

另一方面，除了华盛顿同北京和莫斯科之间的关系愈加紧张外，近年来大西洋关系也因为在诸如伊朗核协议、北约军费分担、全球气候变化等议题上龃龉不断而备受冲击，尽管尚未危及大西洋联盟的根本，但双方疏离感明显增加。大国关系历来是国际格局的基石，大国关系的不稳定和不确定正深刻影响着未来国际格局和国际秩序的走向。

第二，基于多边主义的全球治理正遭遇"失能和失势"的危机。以规则、协商和平等原则为基础的多边主义及全球治理机制运行正遭遇前所未有的挑战。2018 年初以来，美国对其主要贸易伙伴，包括中国和它的一些传统盟友发起关税战，全世界的目光都聚焦于不断升级的国际贸易冲突。美国特朗普政府坚持所谓"美国优先"原则，为获取美国利益的最大化，几乎肆无忌惮地对贸易伙伴采取包括关税战在内的霸凌政策，甚少顾及这些单边主义和保护主义的做法对国际贸易体制和全球供应链稳定的破坏。随着贸易保护主义和国际贸易摩擦的不断升级，以世界贸易组织为核心的，基于开放、规则的国际多边贸易体系的完整性受到空前挑战，世界贸易组织自身也逼近"何去何从"的临界点。与此同时，自从特朗普政府宣布美国退出《巴黎协定》后，全球气候治理机制的有效运行也面临严重阻碍。冷战结束以来，基于多边主义的规则和机制已经成为国际秩序稳定的重要基石，也是国际社会的共识。美国曾是现有国际秩序的重要建设者和维护者，如今正日益成为影响国际秩序的最大的不稳定力量。

第三，认同政治的浪潮正扑面而来。在经济全球化席卷世界多年后，许多发达国家和发展中国家中重新勃兴的民粹主义、保护主义和本土主义思潮和运动都带有不同程度的反全球化和反全球主义的认同意识，正深刻影响政府的决策和行为。这些反全球化和反全球主义指向的思潮和运动，都与当前世界经济以及各国国内经济社会演进过程中存在的发展赤字、治理赤字、改革赤字密切相关。在一些欧美发达国家，这些思潮和认同政治的发展已经演变成一种新的族群主义（neo-tribalism）认同的泛滥，其突出的政治理念是排斥外来移民、戒惧国际贸易、敌视所谓"外来者"对"自我"生活方式和价值观念的冲击，包括外来的物流、人流以及思想流。这种认同政治的强化不仅进一步加深了这些国家社会内部的分裂和政治极化的态势，还外溢到国际经济、国际政治和外交领域里，加剧了世界政治中所谓"我们"与"他者"之间的身份认同的对立。

综合上述三大趋势，我们不禁要问：当今世界是否将不可避免地走向大分化？如何有效管理国际秩序演变过程中融合的力量和分化的力量之间的张力？国际社会的各利益攸关方能否通过集体努力来共同遏制这种紧张的加剧甚至失控？对上述问题恐怕没有简单和既成的答案。但有一点是肯定的，国际社会迫切需要共同努力，通过构建新的国际共识和拓展共同利益，来缓解大分化的压力。

首先，国际社会需要共同努力，阻止冷战的幽灵从历史的废墟中死灰复燃。历史学家和国际关系学者已经对人类历史上无数次大国之间对抗冲突的案例进行了梳理，其中包括不少因决策者的战略失误而导致的悲剧，并总结出不少经验教训。这些教训包括彼此误判对方的战略意图；彼此错误处理相互之间的"安全困境"；忽视国际关系中"自我实现预言"的效应，即一国出于国内政治考虑及转嫁国内矛盾，营造所谓"外部敌人意象"，从而导致国际关系尤其是大国关系不断恶化。如今，美国及西方世界中的部分人士继续沉溺在赢得冷战的记忆中，甚至幻想着通过挑起又一场所谓对华新冷战从而使得美国重新强大。我们能否真正吸取过去的历史教训，拒绝冷战的诱惑，避免大国对抗的陷阱？

其次，国际社会应该加强合作，遏制单边主义对多边主义的侵蚀，同时更积极地推动多边主义国际机制的改革，不断完善全球治理。当前，对全球化的不满明显增加，对基于多边主义的全球治理的失望也日益增长。如何在维护国家主权（包括经济发展利益和国家安全利益）与共同推动有效的全球治理之间形成更可持续的平衡关系，是全球化和全球治理面临的重大挑战。但同样显而易见的一点是，对于我们这样一个联系紧密、相互依存不断加深的世界而言，面对越来越多的全球问题，单边主义绝不是好兆头。实行单边主义对单个国家而言也许有其吸引力，但由此所产生的问题将远多于其想解决的问题。全球问题需要全球解决方案，合作应对是唯一出路。

最后，国际社会需要创新思维，推动构建新的集体意识和认知共识。当前关于世界政治和经济发展的国际话语结构中，主流的叙事方式和分析框架依然是基于权力政治（power politics）的逻辑和认同政治（identity politics）的逻辑。尽管上述叙事逻辑依然具有一定的解释力和影响力，但已经无法涵盖当今世界政治和经济的发展现状和未来的演变方向。我们需要构建一种新的叙事方式和分析框架，我暂且称之为"发展政治"（development politics）的逻辑，从而能更全面地把握世界发展的内在动力及其发展方向。

　　从历史发展的宏观角度看，无论是全球化的发展还是国际秩序的演变，都将同当前非西方世界的新一轮现代化进程与西方世界正在进行的后现代的再平衡进程的走势密切关联。包括中国、印度在内的新兴经济体在前一个进程中扮演着关键的角色，而美国和欧洲等在后一个进程中扮演着关键角色。

　　就前一个进程而言，冷战结束以来，大规模的现代化进程席卷了非西方世界。到 21 世纪的第二个十年结束之际，广大的发展中国家，包括人口最多的中国和印度，以及东南亚、拉丁美洲和非洲，已经基本完成了现代化的初步阶段，即从低收入国家向中等收入国家的过渡。根据世界银行报告的数据，在世界银行 189 个成员国中，有将近 40 个国家是发达经济体；在 150 个发展中国家中，有 108 个国家已进入中等收入阶段，即所谓的中等收入国家。它们的总人口超过 55 亿人，约占全球 GDP 的 1/3。这其中约有 40 个国家是中高收入国家。

　　今天，越来越多的发展中国家正在现代化的初级阶段基础上集聚力量，开启向中高级现代化迈进的新征程。这一进程在人类历史上是前所未有的。如果新一轮现代化取得成功，意味着未来 20—30 年时间里，在西方世界之外的超过 40 亿的人口将成为中产阶级，这是人类发展历史上空前的现代化，因为其所涉及的人口规模、地域范围和历史意义都远远超过前两个世纪的世界现代化进程。与此同时，非西方世界的新一轮现代化进程正面临着前所未有的挑战和困难。发展中世界面临的共同挑战是能否在不发生重大动荡的情况下步入更为先进的现代化阶段。从发展中国家国内角度看，这方面的主要问题包括国家现代化治理能力的全面提升，包括经济、政治和社会等结构的不断完善。来自外部的挑战主要是，由西方主导的现有的国际体系是否能够容忍和容纳非西方国家的集体崛起。

与此相对应的是，西方世界作为一个现代化向后现代阶段转型的整体，在冷战后新一轮经济全球化和科技进步浪潮的席卷下，其经济、政治和社会结构正面临着日益增多的内部发展和治理的转型压力，进入了我所称的"后现代化的再平衡时期"。其中一个突出的表征是，在许多西方发达国家，秉持开放、包容和竞争原则的全球主义、精英主义的力量，同基于保护和注重平等的地方主义、民粹主义的力量之间出现了日益严重的对立，他们分别代表了所谓"经济全球化和科技进步的受益者"同"经济全球化和科技进步的受害者"之间的分化和对立，加剧了西方内部的社会经济断层和政治极化的态势，并且正在加速反噬由西方发达国家开启的经济全球化的进程。因此，作为一个整体，西方世界迫切需要同时对自身国内治理和推动国际（全球）治理注入新的动力。就其内部经济、政治、社会等治理而言，西方世界应该通过自身的改革，提升其体制支持内部包容、普惠以及均衡发展的能力，以此保持自身政治、经济和社会体系的稳定，从而能够协调所谓全球主义和精英主义同本土主义和民粹主义之间日益对立的关系。就其与非西方世界的关系而言，西方世界特别是其领导力量应该认识到世界现代化进程的历史意义，尤其是非西方世界群体崛起的历史意义，通过不断完善内部体制和扩大现有国际体系的包容程度，来推进整个世界现代化和世界和平繁荣的进程。

因此，当非西方世界的新一轮现代化进程与西方世界的后现代转型进程相遇时，两者究竟是以包容、稳定、合作的方式互动，还是以排他、对抗、混乱的方式互动，将对世界政治的未来走向产生深远的影响。换言之，未来世界究竟走向大融合还是大分化，将在很大程度上取决于发达国家的后现代转型和发展中国家的现代化发展能否都取得成功，并且相互之间以何种方式互动。

因此，国际社会比以往任何时候都更需要凝聚新的共识，在未知的海洋中同舟共济。如何审视和研究当今世界政治经济格局的转变和发展趋势，对于研究者而言是挑战也是使命。上海国际问题研究院推出的"国际展望丛书"，正是为此目的。同时，也借此庆祝我院成立60周年。

陈东晓

2018 年 10 月

目　录

导　言

　　中国和巴西同为当今国际社会中最重要的新兴市场和崛起大国，两国虽相距遥远、文化和制度差异大、经济结构不同、国力差距大，但中巴战略伙伴关系已经取得进展并引发国际关注。中巴关系的全面发展代表了当今国际秩序转型中新兴大国间合作的积极趋势，也是世界多极化和经济全球化不断走向深入的重要体现。随着经济全球化的深入发展和国际形势的深刻变化，两国相互借重和战略协调变得更为重要，致力于可持续共同发展的中巴战略伙伴关系正在迎来新的机遇。

一、国内外研究成果综述

　　近年来，在日趋重视新兴大国合作及其影响的情况下，国内学术界就中巴关系的战略性及其内涵开展了较为广泛的讨论，其中比较多地聚焦在中巴两国外交历程的回顾、中国对巴西大国地位的认知、巴西如何看待中国的市场经济国家地位以及两国在多边框架下的合作。[1]对中巴关系的研

---

[1]　参见陈笃庆等：《世界新格局下的中国巴西战略伙伴关系》，载《拉丁美洲研究》2009年第5期；周世秀：《论中国巴西建交及两国战略伙伴关系的重要意义》，载《湖北大学学报（哲学社会科学版）》2004年第4期；牛海彬：《巴西的大国地位评估》，载《拉丁美洲研究》2009年特刊（2）；杨志远、许婉韵、秦勤：《贸易战背景下中国—巴西贸易摩擦分析及对策》，载《金陵科技学院学报（社会科学版）》2018年第3期；魏子青、徐之明：《中国与巴西关系的发展历程、特点与问题》，载《大连海事大学学报（社会科学版）》2013年第4期；金彪：《浅析中国和巴西多边框架内的合作》，载《拉丁美洲研究》2012年第2期。

究正体现出视野更为广泛、领域更趋细致的趋势，既触及中巴关系的战略性和发展历程[1]，分析了制约两国关系走向深入的国际权力与秩序[2]、两国经济关系结构与前景等议题[3]，又探讨了中巴经济合作的上升空间与可持续性问题[4]，论及两国关系发展的民间与人文基础[5]，回顾展望基础设施、能源等中巴合作的重点领域[6]，初步分析了中巴关系的次国家层面交往[7]

[1] 左晓园：《中国与巴西：战略伙伴关系的建立与深化》，载《拉丁美洲研究》2011 年第 2 期；朱祥忠：《中国和巴西岁月风雨 40 年》，载《百年潮》2014 年第 7 期；周世秀：《论中国巴西建交及两国战略伙伴关系的重要意义》，载《湖北大学学报（哲学社会科学版）》2004 年第 4 期；赵重阳：《浅论 20 世纪 90 年代中国与巴西的战略伙伴关系》，载《拉丁美洲研究》2014 年第 6 期；江时学：《对中国与巴西全面战略伙伴关系的认识》，载《江苏师范大学学报（哲学社会科学版）》2016 年第 4 期。

[2] 杨志远、许婉韵、秦勤：《贸易战背景下中国—巴西贸易摩擦分析及对策》，载《金陵科技学院学报（社会科学版）》2018 年第 3 期；周志伟：《中巴关系"伙伴论"与"竞争论"：巴西的分析视角》，载《拉丁美洲研究》2014 年第 2 期；周志伟：《中国—巴西关系"风波"与巴美接近》，载《世界知识》2020 年第 10 期。

[3] 参见牛海彬：《中国与巴西关系中的"去工业化"议题评析》，载《现代国际关系》2013 年第 5 期；王飞：《从"去工业化"到"再工业化"——中国与巴西的经济循环》，载《文化纵横》2018 年第 6 期；今朝：《中国与巴西合作转型升级 打造新兴国家合作典范》，载《中国对外贸易》2019 年第 9 期，等等。

[4] 湛华侨主编：《中国与巴西：发展与聚焦》，北京：时事出版社 2018 年版。

[5] 傅一晨、贾诗慧：《巴西及其视域中的"多个中国"：巴西学术界如何理解中国》，载《拉丁美洲研究》2019 年第 4 期；李慧、谢文泽：《巴西主要智库的中国研究》，载《西南科技大学学报（哲学社会科学版）》2018 年第 6 期；徐文永、谢林森：《华侨华人社团与中国侨务公共外交——以巴西华人文化交流协会为例》，载《八桂侨刊》2012 年第 3 期，第 18—23 页；严怡宁：《身份与认同：巴西主流媒体涉华报道分析》，载《拉丁美洲研究》2016 年第 3 期；杨宏云：《从巴西浙商谈华侨华人促进中国对巴西公共外交的优势与对策》，载《西南科技大学学报（哲学社会科学版）》2018 年第 3 期；钟点：《巴西主流媒体"一带一路"报道倾向分析》，载《国际传播》2018 年第 2 期；周志伟、吴长胜主编：《我们和你们：中国和巴西的故事》，北京：五洲传播出版社 2020 年版。

[6] 谢文泽：《巴西特许经营模式与中巴基础设施合作》，载《国际经济合作》2016 年第 6 期；刘明：《"一带一路"倡议下中国与巴西基础设施合作研究》，载《国际贸易》2019 年第 3 期；王飞：《中国—巴西基础设施建设合作：进展、挑战与路径选择》，载《国际问题研究》2020 年第 1 期；崔守军：《中国与巴西能源合作：现状、挑战与对策》，载《拉丁美洲研究》2015 年第 6 期；许嫣然：《试析中国与巴西的战略伙伴关系——以石油合作为例》，载《现代国际关系》2017 年第 7 期；许嫣然：《中国与巴西的可再生能源合作——基于全面战略伙伴关系的视角》，载《当代财经》2019 年第 4 期。

[7] 雷瑞虹、车翔宇：《城市外交之中国与巴西友城合作分析与展望》，载《科教文汇（上旬刊）》2018 年第 8 期；张庆、周文：《中国与巴西外交政策的构建与互动——基于中央与地方关系的视角》，载《西南科技大学学报（哲学社会科学版）》2015 年第 3 期。

以及金融、互联网安全、农业等新兴领域[1]。这些学术成果为构筑全方位的中巴合作提供了比较有力的学术和智力支撑。

在国外学术界，特别是美国和巴西学者近年来对中巴全方位合作对于国际秩序和巴西经济发展道路及前景的影响尤为关注。首先，关于国际秩序的争论。（1）这种对于秩序影响的考察一般归因于中国的崛起，其次才是中巴合作产生的效应。[2]（2）学者中比较有代表性的观点是担忧中巴合作会挑战国际秩序现状进而引发国际体系不稳定，两国的合作前景存在一些制约因素，但也有学者认为中巴两国是现存体系的受益者、维护者以及改革者。[3]

---

[1] 李紫莹、孙业：《中国与巴西金融合作发展状况及其风险与挑战》，载《国际贸易》2015年第12期；张蓉：《中国与巴西金融服务贸易的竞争力与潜力分析》，载《拉丁美洲研究》2015年第2期；何露杨：《互联网治理：巴西的角色与中巴合作》，载《拉丁美洲研究》2015年第6期；刘明、原珂：《中国与巴西农业合作发展的现状与前景》，载《对外经贸实务》2014年第12期；程郁、叶兴庆：《高水平开放背景下继续深化中国与南美国家农业合作——基于巴西和阿根廷的调研》，载《世界农业》2019年第12期。

[2] 参见［巴西］奥利弗·施廷克尔：《中国之治终结西方时代》，宋伟译，北京：中国友谊出版公司2017年版；Abdenur, Adriana Erthal, "Navigating the Ripple Effects: Brazil-China Relations in Light of the Belt and Road Initiative（BRI）", *International Relations*, Vol.12, Issue 2, pp.153—168; Spanakos, Anthony Peter, and Joseph Marques, "Brazil's Rise as a Middle Power: The Chinese Contribution", *Middle Powers and the Rise of China*, edited by Bruce Gilley and Andrew O'Neil, Georgetown University Press, Washington, DC, 2014, pp.213—236; Cardoso, Daniel, "China-Brazil: A Strategic Partnership in an Evolving World Order", *East Asia*, Vol.30, Issue 1, 2013, pp.35—51; Cardoso, Daniel, "Coping with a Rising Power: Understanding the Making of Brazil's Foreign Policy Towards China", *PhD Dissertation*, Freie Universität Berlin, 2015; Magalhães, Diego Trindade d'Ávila. "New Globaliser in the Hood: How Is China Globalising the Brazilian Economy?" *Journal of China and International Relations*, Vol.6, No.1, 2018, pp.16—35.

[3] Abdenur, Roberto, "Brazil and Its Strategic Relations with China, Germany, and the United States", *Latin America Policy*, Vol. 2, No. 1, 2011, pp. 58—71; Albuquerque, J. A. Guilhon, "Brazil, China, US: A Triangular Relation?" *Revista Brasileira de Política Internacional*, Vol.57, No.spe, 2014, pp.108—120; Spanakos, Anthony Peter, and Joseph Marques, "Brazil's Rise as a Middle Power: The Chinese Contribution", *Middle Powers and the Rise of China*, edited by Bruce Gilley and Andrew O'Neil, Georgetown University Press, Washington, DC, 2014, pp.213—236; Niu, Haibin, "Emerging Global Partnership: Brazil and China", *Revista Brasileira de Política Internacional*, Vol. 53, No. spe, December 2010, pp.183—192; Trinkunas, Harold, "Testing the Limits of China and Brazil's Partnership", Brookings, July 20, 2020, available at: https://www.brookings.edu/articles/testing-the-limits-of-china-and-brazils-partnership/.

（3）另一个争论点在于如何看待中巴合作的性质及影响，部分学者认为中巴合作是南南合作的一部分，有助于国际体系秩序的重组和发展中国家地位的提升，包括在非洲等地区的发展合作；另一部分学者则认为合作主要服务于两国作为新兴大国巩固自身国际地位和权势的联合，应更多地从合作崛起的角度看待两国全方位关系。[1]（4）有学者认为中巴关系的强化在服务于制衡美国霸权的同时，也对巴西在拉美的领导地位产生了复杂影响。[2]

[1] Curado, Marcelo, and Luis Alberto Hernández, "China Rising: Threats and Opportunities for Brazil", *Latin American Perspectives*, Vol.42, No.6, 2015, pp.88—104; He, Tianhao, "Back to ABCs: Emerging Partnerships among Africa, Brazil, and China", *Harvard International Review*, Vol.34, No.1, 2012, pp.30—33; Cooper, Andrew F., "Testing Middle Power's Collective Action in a World of Diffuse Power", *International Journal*, Vol.71, No.4, 2016, pp.529—544; Leite, Alexandre Cesar Cunha, and Li, Xing, "Introduction—China and Brazil at BRICS: 'Same Bed, Different Dreams?'" *Journal of China and International Relations*, Vol.6, No.1, 2018, pp.i—vii; Lucena, Andréa Freire de, and Bennett, Isabella, "China in Brazil: The Quest for Economic Power Meets Brazilian Strategizing", *Carta Internacional*, Vol.8, No.2, 2013, pp.38—57; Martins, Fernanda de Castro Brandão. "New Institutions on the Block: The BRICS Financial Institutions and the Roles of Brazil and China", *Journal of China and International Relations*, Vol.6, No.1, 2018, pp.36—52.

[2] Albuquerque, J.A. Guilhon, "U. S., China, and Brazil: Do We Need Three to Samba?" in *China, The United States, and the Future of Latin America: U.S.-China Relations*, Volume III, edited by David B.H. Denoon, New York University Press, 2017, pp.162—184; Bekerman, Marta, et al., "The Emergence of China and Its Impact on Commercial Relations between Argentina and Brazil", *Problemas del Desarrollo*, Vol. 45, No. 176, 2014, pp. 55—82; Blanchard, Jean-Marc F., "Brazil's Samba with China: Economics Brought Them Closer, But Failed to Ensure Their Tango", *Journal of Chinese Political Science*, Vol. 24, Issue 4, 2019, pp. 583—603; Cardoso, Daniel, "Between Dependence and Autonomy: Understanding the Power Dynamics in Brazil—China Relations", *Global Dialogue*, Vol.15, No.2, 2017, pp.11—14; Carmo, Corival Alves do, and Pecequilo, Cristina Soreanu, "Brazil and the Regional Leadership Vacuum: The Chinese-American Advance (2011/2016)", *Austral: Brazilian Journal of Strategy & International Relations*, Vol.5, No.9, 2016, pp.53—73; Francisco Dominguez, "Latin America and China: What Next for China-Latin American Strategic Relationship?" *Journal of Global Faultlines*, Vol.4, No.1, 2017, pp.22—40; Previdelli, Maria de Fatima Silva do Carmo, et al., "Brazil in the Context of the Commercial War between USA and China", *Global Journal of Emerging Market Economies*, Vol.12, Issue 1, 2020, pp.80—92; Revelez, Lincoln Bizzozero, and Raggio, Andrés, "Cooperative Relations with China in Brazil's International Politics: Scope and Interests of the Global Strategic Partnership", in *China—Latin America Relations in the 21st Century: The Dual Complexities of Opportunities and Challenges*, edited by Raúl Bernal-Meza and Li Xing, Palgrave Macmillan, 2020, pp. 83—109; Urdinez, Francisco, et al., "MERCOSUR and the Brazilian Leadership Challenge in the Era of Chinese Growth: A Uruguayan Foreign Policy Perspective", *New Global Studies*, Vol.10, Issue 1, 2016, pp.1—25; Zheng, Aotian, "Utilizing Economic Ties with China: Brazilian Economic Development Policy in the Age of Bolsonaro", *Pepperdine Policy Review*, Vol.12, 2020, Article 6.

其次，关于发展道路和两国合作前景的著述。（1）部分学者忧虑中国崛起对巴西经济发展轨迹的影响，特别是对巴西可持续发展前景的影响。一些学者认为中巴经贸关系呈现出"南北关系"的特征，巴西对华出口原材料而进口中国的制成品，这进一步挤压了巴西工业的发展空间，进而促使对华依附关系的形成。另一部分学者则认为巴西经济结构不合理主要是巴西国内资本形成率低和缺乏发展政策所致，中国的崛起和中巴关系不是造成巴西缺乏工业竞争力的根本原因，相反巴西应该借鉴中国发展的成功经验。[1]（2）对于21世纪以来中国对巴西投资快速增加的影响，国外学界也有分歧。一部分学者认为中国投资有助于通过提供资本和技术强化巴西的制造业，帮助巴西应对气候变化等挑战，比如中国私人企业对巴西汽车组装、通信、清洁能源等行业的投资[2]；也有学者担忧中国国有企业

[1] Pereira, Carlos and Neves, João Augusto de Castro, "Brazil and China: South-South Partnership or North-South Competition?" *Brookings Policy Paper*, No.26, March 2011; Avila, Carlos Federico Domínguez, and Araujo, João Paulo Santos, "Brazil and Other BRICS Members: Convergences and Divergences Among Emergent Powers", *World Affairs: The Journal of International Issues*, Vol.16, No.1, 2012, pp.164—179; Bueno, Nidi, et al., "An Elite Experiment: How the Brazilian Ruling Class Sees China", *Journal of China and International Relations*, Vol.6, No.1, 2018, pp.130—145; Jenkins, Rhys, and Alexandre De Freitas Barbosa, "Fear for Manufacturing? China and the Future of Industry in Brazil and Latin America", *The China Quarterly*, No.209, 2012, pp.59—81; Bustelo, Santiago, and Reis, Marcos, "The Economic Relationship between Brazil and China: Recent Trends and Prospects", in *International Integration of the Brazilian Economy*, edited by Elias C. Grivoyannis, London: Palgrave Macmillan, 2019, pp.247—264; Cacciamali, Maria C, et al., "Brazil-China Economic Relations: Trade Pattern and China Investment Profile in Brazil", *Intellector*, Vol.XI, No.22, 2015, pp.1—19; Hearn, Adrian H., "Australia and Brazil: Common Experiences of the China Challenge", in *Australian-Latin American Relations*, edited by Elizabeth Kath, London: Palgrave Macmillan, 2016, pp.131—148.
[2] Barbi, Fabiana, "Governing Climate Change in China and Brazil: Mitigation Strategies", *Journal of Chinese Political Science*, Vol.21, Issue 3, 2016, pp.357—370; Becard, Danielly Silva Ramos and Macedo, Bruno Vieira de, "Chinese Multinational Corporations in Brazil: Strategies and Implications in Energy and Telecom Sectors", *Revista Brasileira de Política Internacional*, Vol.57, No.1, 2014, pp.143—161; Becard, Danielly Ramos, et al., "One Step Closer: The Politics and the Economics of China's Strategy in Brazil and the Case of the Electric Power Sector", in *China-Latin America Relations in the 21st Century: The Dual Complexities of Opportunities and Challenges*, edited by Raúl Bernal-Meza and Li Xing, London: Palgrave（转下页）

投资过度关注土地、矿产和能源以及与之相联系的基础设施建设，进而引发对本国战略资产被中国控制、巴西与邻国经贸关系紧密度降低的担忧[1]。(3) 中巴关系的全面性越来越多地进入了研究视野中，足球、网络治理、技术转移、安全防务、气候变化、农业等新的合作领域受到了

（接上页）Macmillan, 2020, pp.55—81; Delgertsetseg, Delgerjargal, "The Impact of the Brazil-China Trade Relation on the Brazilian Manufacturing Sector", *KKI Studies*, 2019; Fearnside, Philip M., and Figueiredo, Adriano M.R., "China's Influence on Deforestation in Brazilian Amazonia: A Growing Force in the State of Mato Grosso", in *China and Sustainable Development in Latin America: The Social and Environmental Dimension*, edited by Rebecca Ray, et al., London: Anthem Press, 2017, pp.229—266; Ferreira, Humberto Medrado Gomes, "Opportunities for Cooperation between Brazil and China in the Brazilian Energy Sector", in *Innovation, Engineering and Entrepreneurship*, edited by José Machado et al., Felgueiras: Springer, 2018, pp.992—997; Ferreira, Leila da Costa, et al., "Global Environmental Changes: Environmental Policies in China with Reference to Brazil", *XVIII World Congress of Sociology*, Yokohama, 13—19 July, 2014; Hochstetler, Kathryn, and Kostka, Genia, "Wind and Solar Power in Brazil and China: Interests, State-Business Relations, and Policy Outcomes", *Global Environmental Politics*, Vol.15, No.3, 2015, pp.74—94.

[1] Albuquerque, J.A. Guilhon, and Lima, Luis Afonso Fernandes, "Chinese Investment in Brazil: Can It Match the Relevance of Bilateral Trade?" *Asian Perspective*, Vol.40, No.4, 2016, pp.579—601; Alves, Ana Cristina, "China's Resource Quest in Brazil: The Changing Role of Economic Statecraft", *Portuguese Journal of International Affairs*, No.6, Spring—Summer 2012a, pp.28—39; Alves, Ana Cristina, "Chinese Economic Statecraft: A Comparative Study of China's Oil-backed Loans in Angola and Brazil", *Journal of Current Chinese Affairs*, Vol.42, Issue 1, 2013, pp.99—130; O'Connor, Ernesto A., "China, Brazil and Argentina: Agricultural Trade and Development?" *American Journal of Chinese Studies*, Vol. 20, No. 2, 2013, pp. 99—110; Gwynn, Maria A., "China and Brazil's Infrastructure Initiatives and the Role of Regional Counterparts", *GEG Working Paper 135*, The Global Economic Governance Programme, New York: University of Oxford, 2017; Klinger, Julie Michelle, "Rescaling China-Brazil Investment Relations in the Strategic Minerals Sector", *Journal of Chinese Political Science*, Vol.20, Issue 3, 2015, pp.227—242; Haibin Niu, "Building Development Partnership: Engagement between China and Latin America", *China Currents*, China Research Center: Special Edition 2021; Oliveira, Gustavo de L.T., "Chinese Land Grabs in Brazil? Sinophobia and Foreign Investments in Brazilian Soybean Agribusiness", *Globalization*, Vol.15, Issue 1, 2018, pp. 114—133; Veiga, Pedro Da Motta, and Rios, Sandra Polonia, "China's FDI in Brazil: Recent Trendsand Policy Debate", Policy Center for the New South, *Policy Brief*, June 2019, https://www.policycenter.ma/sites/default/files/PCNS-PB1921.pdf.

更多关注。[1]巴西重要智库更是发出加强中巴合作规划的呼吁。[2]

二、 研究设计与主要工作

自 1993 年中巴建立战略伙伴关系以来，两国关系在各个领域得到全面发展，2012 年两国关系提升为全面战略伙伴关系，并签署《十年合作规划》。全方位合作的规划与落实对于建设全面战略伙伴关系尤为必要。然而，随着中巴关系走向深入，一些涉及国际秩序和发展前景的深层次问题逐渐显露出来，特别是伴随着两国经济的减速、巴西对华经济依赖度的不断上升、意识形态与地缘政治因素的回归，两国关系的社会认知基础仍有待强化，两国开展全方位合作的可行性、可持续性和前瞻性都需要深入的研究。巴西一些智库也已经认识到建立长期战略的重要性，巴西国际关系研究中心和中巴企业家委员会在巴西副总统莫朗的见证下推出重要报告，建议巴西在制定政策时要着眼于长远，加强对华合作的规划性，以便

---

[1] Júnior, Emanuel Leite, et al., "Chinese Soft Power and Public Diplomacy: Football as a Tool to Promote China-Brazil Relations", *Boletim do Tempo Presente*, Recife-PE, Vol.8, No.3, 2019, pp.194—214; Hurel, Louise Marie, and Santoro, Maurício, "Brazil, China and Internet Governance: Mapping Divergence and Convergence", *Journal of China and International Relations*, Vol.6, No.1, 2018, pp.98—115; IEA, *Energy Investments and Technology Transfer across Emerging Economies: The Case of Brazil and China*, IEA Partner Country Series, 2015, IEA, Paris; Marcondes, Danilo, and Barbosa, Pedro Henrique Batista, "Brazil-China Defense Cooperation: A Strategic Partnership in the Making?" *Journal of Latin American Geography*, Vol.17, No.2, 2018, pp.140—166; Medeiros, Sabrina Evangelista, et al., "Defense Economy and National Development: Exploring the Models and Synergies between China and Brazil", *Journal of China and International Relations*, Vol.6, No.1, 2018, pp.74—97; Raftopoulos, Malayna, and Riethof, Marieke, "Promoting Renewable Energy or Environmental Problems? Environmental Politics and Sustainability in Sino-Brazilian Relations", *Journal of China and International Relations*, Vol.4, JCIR Special Issue, 2016, pp.151—176; Wilkinson, John, et al., "Brazil and China: the Agribusiness Connection in the Southern Cone Context", *Third World Thematics: A TWQ Journal*, Vol.1, Issue 5, 2016, pp.726—745.

[2] Tatiana Rosito, *O Plano Decenal Brasil-China 2022—2031 Oportunidade de preparação e realinhamento*, 27 abril de 2020, Conselho Empresarial Brasil-China (CEBC), http://midias.cebri.org/arquivo/CartaBrasilChina_Ed25_27abr-TatianaRosito.pdf.

在同中国的重要关系中更好地满足巴西的战略利益。[1]

在此背景下，本书试图从评估巴西崛起、中巴战略伙伴关系演进、新兴大国合作等方面论述深化中巴战略伙伴关系的基础与可行性，进而分析两国在基础设施、多边治理、可持续发展、安全等领域的合作情况，提出相关的规划思路与建议，并初步探索两国地方层面的合作潜力以及两国开展全方位合作的挑战。本书期待通过对中巴战略伙伴关系的研究，为探索新兴大国合作动力与路径、中巴关系下阶段的政策制定提供一些助益。

本书旨在探索两国如何围绕大国地位和国内繁荣两大目标开展战略协调与全方位合作。本研究的重点和难点如下：（1）中巴两国如何通过构筑全方位合作破解在国际协作和经济合作中存在的战略互信不足问题。巴西对中国在其入常、去工业化等问题上的担心与期待，对对华经济依附的担忧，这些在很大程度上与战略认知和互信不足有关。（2）如何构筑中巴更全面、更紧密和更可持续的经济伙伴关系。巴西国内有影响力的圣保罗工业联盟和保守主义势力主张加强与美国、欧盟等先进经济体的经济关系，对中国制造业的竞争以及能源矿产等战略性资产、信息网络等领域的投资尤为警惕。（3）如何在巴西的社会层面构筑更多的知华友华和亲华力量需要更为细致的规划和公共外交的开展。（4）开展中巴全方位合作面临的主要挑战与风险管控。

本书力图在学术思想上从中巴发展全方位合作研究出发解释新兴大国合作的动力、难点和路径，在政策上为中国推进与巴西的全方位合作、加强新兴大国合作提供政策建议，试图探索不同国力、制度和文化的国家建设新型国家关系的政策选项。中巴全方位合作的规划服务于两国和平实现本国的大国抱负以及本国的可持续发展的核心任务，并结合这两大任务展开。为此，本书始终以中巴全面战略伙伴关系为主线，结合国内基础、多边合作、领域进展进行分析。

本书主要运用了访谈、研讨会、文献和数据分析等研究方法。笔者对

---

[1] Tatiana Rosito, *Bases para uma Estratégia de Longo Prazo do Brasil para a China*，CEBC Seção Brasileira，2020，https://www.cebc.org.br/tatianarosito/pt.html.

在两国全方位合作上有影响力的政府官员、智库人士和企业家等进行了访谈，以获取第一手的资料。结合不同时期的文献，笔者以动态的视角梳理中巴关系在不同阶段的合作基础，研判中巴全方位合作的难点与未来路径。根据研究计划和研究对象中国与巴西各自的国情变化，笔者从参加学术会议、搜集和整理文献、国外调研以及撰写相关学术文章与政策调研报告等方面开展工作。自 2015 年以来重点关注巴西陷入经济衰退和以总统弹劾为代表的国内政治经济危机，及其对中巴全面合作规划的影响，2017 年以来重点关注巴西中右翼力量上台后，对中国多边外交议程、中拉整体合作、新时代的内外战略以及如何认识经济全球化和拉美地区合作走势的看法，同时对近年来中巴全方位合作的成就与挑战进行分析评估。

结合两国全方位合作的形势变化，笔者积极参加了各类研讨会与调研活动，积极跟踪研究中巴战略伙伴关系的进展。笔者所在的上海国际问题研究院先后举办了"新形势下中拉关系的机遇与挑战"（2015 年 10 月）、"中拉经济关系"（2016 年 5 月）、"世界秩序转型中的金砖国家"（2017 年 7 月）、"国际秩序转型下的中美拉关系"（2019 年 10 月）、"'一带一路'倡议与拉美：概念、模式与议题（巴西专场）"（2020 年 6 月）等国际学术研讨会，会议邀请到世界银行拉美首席经济学家奥古斯托·德拉托雷以及布鲁金斯学会巴西问题专家哈罗德·特里恩库纳斯等知名专家与会，分别讨论了两国在中拉整体合作、拉美发展以及金砖国家合作机制等议题上的合作情况。笔者在英国、美国、巴西、德国、阿根廷、哥伦比亚、秘鲁、俄罗斯等国参加与中巴全方位合作有关的学术研讨会，就中国与巴西在全球治理中的合作议题进行调研，了解巴西等拉美新兴经济体如何看待"一带一路"倡议。此外，在文献整理分析之余，笔者还结合会议、出访等机会，对中外学术机构、企业与政界了解和关心中巴关系的人士进行访谈。

三、主要研究发现

（1）中巴战略伙伴关系旨在推动与维护国际体系的和平转型与包容

性，即谋求在国际体系和平转型中实现本国的国际贡献和国内经济的可持续发展。因此，两国战略伙伴关系应该突出全球性议程和追求可持续发展前景。

（2）中巴战略伙伴关系的深化面临诸多深层次挑战，需要加强包括中巴高层协调与合作委员会（以下简称"中巴高委会"）在内的战略沟通与协调。这些挑战主要表现为如何克服彼此的战略互信不足，如何切实评估巴西的大国地位，两国如何更好地开展国际协调与合作以实现共同发展，构建更为平衡、可持续的经济合作关系，如何在以美国为代表的第三方力量介入下坚持双方合作的自主性。

（3）在全球治理领域，中巴两国需要加强在国际发展合作、支持经济全球化、应对气候变化和推动国际金融机制改革等方面培育合作空间。

（4）中巴战略伙伴关系应助力彼此更顺畅地参与各自所在地区的发展合作。巴西关注亚太地区安全局势变化和经贸自由化进程，中国也密切注视巴西的拉美地区合作战略，特别是博索纳罗政府在南美地区合作思路上的变化对中拉整体合作造成了一定的影响。

（5）中巴在双边层面上应加强公共外交力度，增进双方社会、智库等各个层面的交往力度，培育两国全方位合作的社会基础。目前中巴关系的主要依托是经济领域的合作，而在社会层面的纽带仍然有待提升。尽管两国在体育、语言教学、文化等方面的交流有所增加，但巴西官员仍然表示中国是巴西对外关系史上首次出现的一个对巴西来说最为重要但又知之甚少的国家。两国智库和高校之间的学者互访、联合研究应在规划中予以强化。

（6）中巴战略伙伴关系的关键和重点是构筑更紧密、可持续的经济关系，唯此才能帮助两国合作克服国内意识形态和国外霸权干涉的干扰，为此必须提升中国对巴西经济运行规律的认识，并注重培育两国经济关系的全面性和可持续性。巴西经济给人以相对封闭和政府干涉的印象，实际上巴西经济的特色是自由市场与高度规制相结合，巴西在战略产业部门的私有化程度很高，目前最有影响力的巴西国企是巴西国有石油公司，但巴西国内仍然有主张私有化该企业的呼声。中国企业需提升按照市场规则赢得巴西市场的能力，贷款换资源或政府主导的合作模式在巴西很难行得通。在对巴西的经济战略规划中应该注意增加全行业投资和提升技术含量并重，注重贸易进出口平衡并加强金融等服务业部门的合作，加强科技合作对两国经济关系的引领作用。

（7）探索安全领域的合作，培育更高的政治互信，为两国发展合作创造更好的环境。两国在探索太空、联合国维和、航母运行、公共卫生安全等传统和非传统安全领域都有合作基础和空间，要善于将此转化为战略互信的支撑因素。巴西加强在南大西洋的军事存在，既有保护本国资源的考量，也有应对中国"深蓝力量"快速发展的长远考虑。巴西政府对金砖国家加强海洋和极地研究领域的合作前景特别看好。[1]中巴加强海上合作有利于引领金砖国家强化海洋安全合作的空间。

（8）中巴战略伙伴关系应关注可能的风险研判，如巴西外部抱负收缩、地缘政治环境变化和意识形态因素上升等，对于这些因素要研判其背后的社会、经济和宗教等因素，在妥善应对的基础上谋求合作的延续。比如，巴西经济减速与中国经济减速的原因不尽相同，但都面临外部需求萎缩和国内经济结构转型的挑战，双方在探索可持续发展和跨越中等收入陷阱等方面具有交流空间；双方虽有意识形态和发展模式的差异，但在金融开放、社会发展等诸多领域都各有特色，因此可以通过加强交流来了解、理解乃至学习彼此，实现两国的共同发展。

---

[1] 参见［巴西］奥利弗·施廷克尔：《金砖国家与全球秩序的未来》，钱亚平译，上海：上海人民出版社 2017 年版，第 96 页。

第一章

巴西崛起的评估与借鉴意义

第一节

———

研究巴西崛起的意义

　　"进入 21 世纪以来，自然条件优越、具有良好发展基础的巴西、墨西哥、阿根廷等拉美新兴大国，追寻适合本国国情的发展道路，谋求国家政治稳定、经济发展、社会民生改善的目标并取得进步，三国积极推动区域一体化建设，努力争取建立公正、合理的国际政治经济新秩序，在全球经济治理、可持续发展中施展着各自的影响力。"[1] 其中，巴西的综合实力最强，在国际舞台上最为活跃。研究巴西至少具有下述重要意义：一是有利于落实走出去战略，实现产能转移；二是有利于保障战略机遇期的资源能源和粮食供应；三是扩大市场，提高产品的国际竞争力；四是扩大政治影响力，在全球治理中发挥应有作用。[2]

　　———————

　　[1] 张明德：《拉美新兴大国的崛起及面临的挑战》，载《国际问题研究》2012 年第 5 期。
　　[2] 柴瑜：《巴西经济数字地图（2012—2013）》（前言），北京：科学出版社 2013 年版。

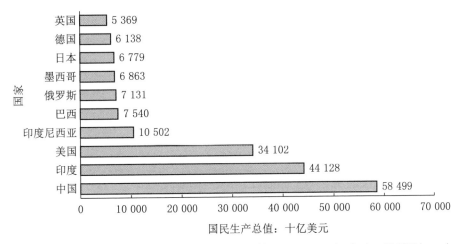

资料来源：普华永道 2017 年 2 月报告，https://www.pwc.com/gx/en/world-2050/assets/pwc-the-world-in-2050-full-report-feb-2017.pdf。

图 1.1　2050 年世界前十大经济体排名预测（按购买力平价计的国民生产总值）

　　巴西的大国地位问题是一个具有争议性的国际话题，巴西被戏称为"不严肃国家"的报道令巴西人蒙羞。[1]由于美国长期以来在拉美的主导地位和巴西政经状况的起伏不定，巴西一直以来被视为一个潜在的、属于未来的大国，而不是一个真正的、现实中的大国。"潜在的大国"几乎是国际社会对巴西国际地位的基本评判。这种认知与巴西自身的身份定位与国家实力密不可分。巴西自卡多佐总统执政以来，特别是在卢拉总统执政期间，已经在南美地区初步建立起领导地位，并在全球经济和国际机制中成长为一支活跃的领导力量。巴西日益增长的地区和全球影响力日益得到发达国家和新兴大国的关注，被视为国际经济力量均势变化的一个关键因素，但该国也因缺乏科技竞争力、联合国入常迟迟未获实质进展以及南美地区合作乏力而不受重视。[2]

　　随着新兴大国崛起步伐的加快，有关国际体系内权力转移的学术探讨

---

[1]　Larry Rohter, *Brazil on the Rise*, London：Palgrave Macmillan，2012，p.223.

[2]　Charles A. Kupchan, *No One's World*, New York：Oxford University Press，2012；Joseph S. Nye, Jr., *Is the American Century Over?* London：Polity Press，2015，pp.42—45；Oliver Stuenkel, *Post Western World How Emerging Powers Are Remaking Global Order*, London：Polity Press，2017.

主要针对中国和印度，而对同为金砖国家机制和二十国集团（Group of 20，G20）成员的巴西着墨不多。[1]这与巴西近年来在国际社会的活跃度和影响力不相适应，也不利于中巴构筑和落实具有全球影响的战略伙伴关系，探索巴西的大国地位与前景显得很有必要。自 2015 年以来，巴西开始深陷巴西国家石油公司腐败案丑闻，经济一蹶不振，2016 年时任巴西总统迪尔玛·罗塞夫遭弹劾下台，巴西的强国梦转眼间化为泡影。[2]尽管如此，美国的巴西专家仍然认为美国对巴西在全球治理中发挥建设性作用有所期许，并敦促美国领导人思考包括巴西在内的新兴大国对全球秩序的利害以及美国的对策。[3]在经历了特朗普时期美巴关系的短暂回暖之后，拜登政府注重推动全球气候谈判，巴西在应对气候变化上的重要性迅速引起美国智库专家的重视。[4]在中国日益成为全球性大国的过程中，对巴西国际地位和影响进行全面评估并提升两国关系的地区性与全球性内涵是题中应有之义。

第二节

———

巴西经济可持续发展面临挑战

一、 制约巴西大国梦想的经济基础

巴西的精英一直认为，凭借国家的规模、自然禀赋、人口、经济发展

---

［1］"金砖国家"是高盛公司 2003 年一份研究报告对新兴市场的简称，包括巴西、俄罗斯、印度和中国四国；"五国集团"是国外学术界针对近年来与八国集团进行对话的五个发展中国家的简称，包括中国、印度、巴西、墨西哥和南非。

［2］［美］戴维·马拉斯、哈罗德·特林库纳斯：《巴西的强国抱负》，熊芳华、蔡蕾译，张森根审校，杭州：浙江大学出版社 2018 年版，第 xiii 页。

［3］同上书，第 4—5 页。

［4］Studart, Rogerio and Myers, Margaret, "Reimagining China-Brazil Relations under the BRI: The Climate Imperative", *Asia Unbound*. January 19, 2021. https://www.cfr.org/blog/re-imagining-china-brazil-relations-under-bri-climate-imperative.

水平和军事潜力，巴西是大国的候选者。[1]巴西将扮演地区和世界领导这样的关键角色的观念已经在国民中深深扎根并超越了党派政治。20 世纪70 年代，随着巴西经济实力的增长，关于巴西的国际地位问题开始凸显。经济表现强劲的巴西获得 "崛起大国" "觉醒的巨人" "中等强国" "地区大国" 乃至 "主要大国" 等声誉。[2]但与这种声誉相伴随的是对巴西大国地位的不断质疑。比如单纯强调国家的禀赋并不能把巴西与墨西哥、印度尼西亚等国区分开来，缺乏大国的实际影响，军事力量较为有限，政治上在邻国中较为孤立等。极端的观点甚至认为巴西是被美国遏制的附属国或者试图扩展至太平洋的掠夺成性的帝国主义国家，当然这被认为是基于意识形态的和情绪性的反应，特别是那些不喜欢巴西 1964 年后的威权体制以及恐惧巴西权势潜力的人士常常如此。[3]归根结底，巴西大国声誉受损最关键的原因还是该国难以保持经济的持续快速发展。

要成为一个大国，必须有可使国家欣欣向荣的经济基础，特别是工业生产能力。巴西经济发展起起伏伏，始终未能建立起足够强大的工业与创新能力。巴西虽在 1967—1974 年间创造了年均增长 10% 的经济奇迹，初步建立了较为完整的工业体系，但受 1973 年石油价格上涨的影响，巴西经济背上了沉重的债务包袱，并在其后的 30 年里一直受外债和通货膨胀困扰。经历了 20 世纪 80 年代末的债务危机之后，巴西在卡多佐政府的领导下又有起色，尽管卢拉政府在资本账户的可兑换以及政府在收入分配中的作用方面有不同主张，但他继承了卡多佐时期的宏观经济纪律、市场经济以及对外开放经济等基本政策。[4]

卢拉总统任内，巴西在追求经济发展和社会公正的道路上有所进

---

［1］　Ronald M. Schneider, *Brazil：Foreign Policy of a Future World Power*, Boulder：Westview Press, 1976, pp.32—43.

［2］　参见张凡：《发展中大国国际战略初探：巴西个案》，载《拉丁美洲研究》2007 年第 1 期，第 21 页。

［3］　Riordan Roett, "Brazil Ascendant：International Relations and Geopolitics in the Late 20th Century", *Journal of International Affairs*, Vol.29, No.2, 1975, p.139.

［4］　John Williamson, "Lula's Brazil", *Foreign Affairs*, Vol.82, No.1, 2003, p.110.

步，成功完成"千年挑战计划"贫困人口减半的目标。以按照汇率计算的国内生产总值排序，巴西在 2008 年以 1.7 万亿美元位居世界第八大经济体。[1]巴西在生物能源、热带农作物培育、矿业、支线飞机和生物医药等领域也取得了长足进步。此外，位于巴西水域的南大西洋大陆架油田的发现，使得巴西石油储量翻了 3 倍，国民经济更为多元化，再度引发美国战略界对巴西崛起前景的看好。[2]巴西在 2007 年是仅次于中国的第二大外国直接投资对象国。

以巴西为代表的新兴经济体在 2008 年国际金融危机爆发后一度表现出韧性，但自 2011 年后普遍进入低速增长期。随着世界经济环境的持续恶化，困扰巴西经济发展的内部结构性因素开始显现，其经济在罗塞夫政府第二任期伊始表现出陷入衰退的不良势头。经济增速显著下降，多项经济指标趋于负值。通过 2008—2009 年国际金融危机后的"逆周期"刺激政策，2010 年巴西经济出现 7.5% 的高速增长，此后陷入高通胀和低速增长。2015 年，巴西经济陷入技术性衰退。[3]巴西央行 2015 年通货膨胀率达到 9.56%（巴西央行的管理目标是 4.5%，可上下浮动 2 个百分点），基准利率高达 14.25%，失业率达到 7.5%。截至 2015 年 9 月 21 日，巴西外汇储备水平为 3 709 亿美元，表现尚可。[4]巴西外汇储备没有大幅缩水在很大程度上是货币贬值增加了进口成本、进口规模大幅缩减所致。很多部门的数据出现急剧下降。建筑业最为严重，2015 年第二季度下降 8.4%，制造业下降 3.7%。[5]国际评级机构标准普尔公司当年将巴西主权信用评级降至"垃圾级"。

与单纯的经济减速不同，巴西经济遭遇了政治危机、腐败丑闻和经济下行的共同冲击。巴西建筑业之所以成为衰退最严重的行业，与该行业诸

---

[1]　http://siteresources.worldbank.org/DATASTATISTICS/Resources/GDP.pdf.

[2]　Juan de Onis, "Brazil's Big Moment", *Foreign Affairs*, Vol.87, No.6, 2008, pp.110—122.

[3]　参见巴西地理与统计局网站，http://saladeimprensa.ibge.gov.br/noticias。

[4]　参见巴西财政部数据，http://www.bcb.gov.br/?RP20150921。

[5]　The Economist Intelligence Unit, "Growth in an Uncertain Global Environment", http://www.eiu.com.

多大型公司卷入巴西国有石油公司 20 亿美元的腐败案有关。在该案中，巴西国有石油公司从虚高的建筑承包合同中获得回扣，并将约 21 亿美元输送给劳工党和巴西民主运动党的官员。卷入该丑闻的几大建筑公司高管被送入监狱，巴西三大政党的核心幕僚和政治人物面临监察机关的调查，政府因此推迟了旧建筑合同的执行和新建筑合同的审批，这些对就业市场造成了巨大冲击。2015 年，巴西国有石油公司承认由于管理失当损失了 170 亿美元，公司负债达到 1 000 亿美元，不得不缩减投资计划。[1]与经济不景气相伴随，罗塞夫总统被弹劾，巴西政坛陷入动荡期。在经历了特梅尔总统的短暂过渡之后，巴西迎来了饱受争议的博索纳罗政府。

二、 巴西经济屡造困扰重在内因

与俄罗斯长期遭遇外部制裁和过于偏重能源产业不同，巴西经济结构较为多元且内需市场强大，因此对其遭遇的经济困境需要更为全面的解读，特别是对巴西内部制约经济发展和政治体制层面的影响予以重视。事实上，一国内部的机制和政策环境对于经济发展的重要性日趋重要。解读巴西遭遇的经济困境，一方面可以帮助读者理解巴西崛起进程的困难性与复杂性，另一方面也可以理解金砖国家群体性崛起与合作的国内基础之重要性。

巴西经济表现不佳大体上可以分为外因和内因两种看法。主张外因论的观点认为，2008 年美国次贷危机以来，世界经济景气度降低，美国退出货币量化宽松政策预期和大宗商品价格超级周期结束，主要经济伙伴中国和阿根廷经济减速，这些因素是导致巴西经济增速下降的主要原因，对包括巴西在内的拉美诸多经济体都产生了不良影响。然而，这些外因并不能完全解释巴西 2011 年后的经济减速。除了世界经济减速对巴西出口增速造

---

[1] Lise Alves，"The Lava Jato（Carwash）Corruption Scheme alone Caused Losses of over US \$ 2.1 Billion to the Oil Giant"，in *The Rio Times*，April 23, 2015.

成消极影响外，巴西的外汇储备和外资流入巴西的数量一直保持在较高的水平。巴西经济增长对资源输出、消费需求依赖程度太高，还存在长期投资不足且公共投资弱化以及产业结构调整滞后等问题。[1]产业结构的调整非一朝一夕之功，特梅尔政府在政策上加强了对制造业、基础设施和科技创新等领域的投入，但并未取得明显好转。巴西出口对经济增长的拉动作用也很有限。[2]

考虑到内需在巴西经济增长中的主导地位，探究阻碍巴西经济增长的内部原因对改善巴西经济境遇更具现实性和政策意义。从内因的角度看，巴西经济陷入困境的原因大致包括下述几个方面：经济增长过度依赖消费需求，投资和贸易偏弱；财政对社会保障和福利支出负担过重；经济政策失当带来消极影响；巴西多党制联盟支撑下总统制的脆弱性和缺乏长远战略的规划与执行力；居高不下的营商成本。

1988年宪法种下了公共部门赤字的病根，它规定将现存的公共资源最大限度地分配给社会保障，从而减少了长期投资和经济重整的资源。该宪法加强了从联邦向州政府转移财政资源的趋势，且规定不能解雇所有受聘5年以上的政府雇员。若要实施永久性改善政府财政状况的改革，就必须修宪。[3]自劳工党执政以来，借助出口和税收增加的红利，巴西政府开展了慷慨的社会福利项目且放宽了银行的信贷，这些措施使约4 000万人脱离贫困，促进了巴西国内的消费需求。但与此同时，巴西公共支出占国内生产总值的比重上升到40%。政府在养老金上的支出达到国内生产总值的13%，居民在向养老金账户缴纳15年费用后，就能在退休后领取相当于退休前全额工资的养老金。2014年，罗塞夫总统签署法案，规定未来10年的年度教育支出提升至国内生产总值的10%，以提高学前和初级教育的投

[1] 苏振兴：《论拉美国家产业结构调整的必要性和紧迫性》，载《拉丁美洲研究》2015年第3期，第3—10页。

[2] "Brazil GDP Growth Rate：1996—2015"，http://www.tradingeconomics.com/brazil/gdp-growth.

[3] [美]维尔纳·贝尔：《巴西经济：增长与发展》（第七版），罗飞飞译，北京：石油工业出版社2014年版，第138—140页。

入，这一比例甚至远远超过多数发达国家对教育投入的标准。[1]这些高福利支出在经济增速趋缓后对财政的压力变得更加突出。[2]在削减财政开支的计划中，福利支出往往难以撼动，因此财政对科研和创新的投入会降低，然而这将对巴西的长远竞争力造成伤害。巴西国有石油公司的腐败案件和原油价格下降影响了政府科技项目的资金来源，比如"科学无国界"项目的奖学金支付受到影响，巴西科技部的预算被迫削减。[3]高福利政策不仅限制了政府财政政策选择的空间，同时还增加了紧缩政策的政治风险。

巴西副总统莫朗在美国威尔逊中心的研讨会上坦承巴西经济存在的两大问题，即低增长和公共账户恶化，其深层次原因是多年的经济管理失当。[4]私人投资的积极性没有被有效调动起来，自卢拉政府第二任期以来，在动员私人资本投资基础设施建设上犹豫不决，"增长加速计划"成效令人失望。[5]自 2012 年起，巴西政府大力提倡公私伙伴关系战略，承诺在基础设施领域为私人投资者提供优惠利率，还采取税收减免措施鼓励耐用商品的私人投资，但私人投资者的积极性始终不高。[6]私人投资者积极性不高也与政府政策的不确定性有很大关联。利率高企和紧缩性财政政策叠加，进一步加剧了经济复苏的困难。[7]

巴西经济增长也面临着以多党联合执政的总统制为代表的体制性约束。

---

[1] "Coming Soon: the World's Priciest Classrooms", http://www.economist.com/blogs/americasview/2012/10/education-spending-brazil.

[2] Lise Alves, "Brazil's Announcement to Reduce Deficit Receives Criticism", in *Rio Times*, September 18, 2015. http://riotimesonline.com/brazil-news/rio-politics.

[3] Herton Escobar, "Fiscal Crisis Has Brazilian Scientists Scrambling", in *Science*, Vol.349, No.6251, August 28, 2015, pp.909—910.

[4] "A Conversation with His Excellency Hamilton Mourao Vice President of the Federative Republic of Brazil", Wilson Center Brazil Institute, April 9, 2019.

[5] 参见 [巴西] 鲍里斯·福斯托、塞尔吉奥·福斯托：《巴西史》，郭存海译，上海：东方出版中心 2018 年版，第 340—341 页。

[6] Franklin Serrano and Ricardo Summa, "Aggregate Demand and the Slowdown of Brazilian Economic Growth from 2011—2014", in *Center for Economic and Policy Research*, August 2015, http://www.cepr.net/documents/publications/Brazil-2015-08.pdf.

[7] Ruchir Sharma, "Bearish on Brazil", *Foreign Affairs*, Vol.91, No.3, 2012, pp.80—86.

基于多党联盟的总统制具有内在的脆弱性，制定和执行长远战略的难度较大。与美国基于两党制的总统制不同，巴西基于政党联盟的总统制有着内在的缺陷：在经济增长较好的时期，党派联盟可以共享政治权力，但在经济不景气的条件下，政党合作的动能就容易下降。巴西32个政党活跃在政坛，这增加了经济困难时期达成政策共识的难度。罗塞夫和特梅尔任内的支持率都曾经低至个位数。前总统卡多佐甚至发表声明要求罗塞夫辞职或者承认经济政策失误。[1]政党的分散和复杂博弈降低了政党对总统执政的重要性，前总统博索纳罗甚至退出了自己所在的政党。

针对巴西选举法庭注册多达35个政党、国会政策跨党派协调难度大的情况，特梅尔政府也将选举改革列入修宪议程。特梅尔曾在2016年杭州G20峰会期间的采访中表示，他需要每天持续做出努力以维持与20个政党的联合，以便推进政府必须推动的改革议程。[2]巴西参议院在2017年10月3日投票支持宪法修正案，该修正案规定自2019年起将限制联邦、州和市立法机构政党的数量。这种限制不是直接的，而是一种门槛性的限制。因为它不反对政党在这些机构的代表存在，但限制政党获得联邦竞选基金资助的机会和使用竞选期间免费电视的时间。新的条例规定，只有在2018年联邦下院竞选中获得超过1.5%选票的政党才可以使用联邦竞选基金。此外，为了消除地区不平衡的影响，政党获得使用联邦竞选基金的门槛还包括获得至少9个州的不低于1%的选票，或者至少在9个州内当选至少1名下院议员。这种门槛限制在2033年之前还会逐步提升。[3]由于巴西政府2015年起禁止企业捐献政党竞选基金，小党对官方助选基金依赖度很

---

[1] Daniela Lima, "Former President Cardoso: Rousseff's Resignation Would Be 'Grand Gesture'", in *Folha De S. Paulo*, August 17, 2015.

[2] Brazil Gov News, "Statement Followed by a Press Conference with President Michel Temer after the First Working Session of the G20-Hangzhou, China", September 4, 2016, http://www.brazilgovnews.gov.br/presidency/interviews/2016/09/statement-followed-by-a-press-conference-with-president-michel-temer-after-the-first-working-session-of-the-g20-hangzhou-china.

[3] 参见 Michael Royster, "Brazil's Halfhearted Electoral 'Reform'", *Rio Times*, October 5, 2017。

高。巴西国会目前的选举方式是比例制，即以州为选区，国会两院议员席位基于各党派候选人选情确定的比例进行分配，由此导致约10%的议员因为党派身份而不是个人的选票优势进入国会。改革的方向是推出"选区制"，虽然也是以州为选区，但议员席位不取决于政党比例，而是仅考虑候选人个人获得的选票数量。这种改革方案最终会将小党排除在外，有利于知名度较高的国会现任议员赢得未来的选举，从长远来看，改革的目标是减少政党在国会的数量。

巴西居高不下的营商成本也饱受投资者诟病。所谓的"巴西成本"包括严格的劳工保护规则以及名目繁多而复杂的税收体系。企业解雇一名员工需向其支付此前一年的薪水，企业只有获得特殊执照才能获准令工人在周日工作；政府征收60多种税且税率和用途都不同，让企业疲于应付，巴西企业每年用于准备纳税的时间自2006年以来多达2 600小时。[1]在2019年世界经济论坛竞争力排名中，巴西仅列第71位。[2]相比之前的评级标准，以标准普尔为代表的评级机构越来越重视结构性因素，如一国的商业环境、政府能力和腐败水平等。结构性改革的路径，特别是资源依赖型新兴市场在经济多元化上的进展，成为重要的评级参考标准。尽管巴西近几届政府均致力于改善巴西的营商环境，但巴西经济发展还面临着诸多体制性障碍，包括税收、劳工和福利等方面的制度，而外部需求降低更加凸显了这些制约因素。

三、 巴西改善经济持续增长的主要措施

尽管特梅尔政府相对弱势、博索纳罗政府充满争议且民意支持率相对不高，但这两届政府仍在努力推动包括劳工、退休制度在内的改革，竭力带领巴西走出经济衰退和实现经济复苏，这使他们在工商界获得相当程度

[1] 巴西的基础设施赤字可参见 Mercedes Garcia-Escribano, et al., "Filling the Gap: Infrastructure Investment in Brazil", *IMF Working Paper*, WP/15/180, 2015。

[2] 中国商务部："巴西全球竞争力排名上升"，2019 年 10 月 18 日，http://www.mofcom.gov.cn/article/i/jyjl/l/201910/20191002905348.shtml。

的政治支持。他们推动的经济复苏和政治改革有利于国家的长远发展。尽管出现了前总统卢拉被判入狱难以参选等情况，但 2018 年 10 月按期举行大选展示了巴西政治秩序的稳定性。特梅尔政府在追求巴西增长上强调从内外两个方向做出努力，分别是强调国内责任和对外开放。在国内责任上，特梅尔政府选择通过负责任的方式把巴西带回发展轨道。在特梅尔看来，巴西的危机本质上是财政危机，财政平衡是实现社会包容性增长的条件，即财政责任对有效履行社会责任至关重要。在对外议程上，特梅尔政府强调有效的增长战略需要更大程度和更好地融入全球贸易和投资流动，这包括重振拉美地区的一体化进程和深化金砖国家经济层面的合作。[1]在国际舞台上，特梅尔活跃在金砖国家机制、G20 峰会和联合国等多边平台上，在表达了巴西对多边议程和规则的支持之余，重点传达了巴西回归增长的关键信息。

特梅尔意识到巴西面临经济增长和创造就业的艰巨挑战，这些挑战需要改革和强化竞争力来加以应对。[2]劳工法改革是特梅尔政府为应对挑战采取的核心改革议程之一。建立于 1945 年的劳工保护制度在巴西营商环境中颇受诟病，对劳工的过度保护伤害了企业的经营能力和效率。根据世界经济论坛《2016—2017 年度全球竞争力报告》，巴西劳动力市场效率排名第 117 位。巴西每年的劳资纠纷有 300 多万起，基尼系数约 0.5。[3]2017 年 7 月 11 日巴西参议院通过的巴西劳工法改革法案是该国约 70 年来首次对劳工法进行大规模改革。虽然劳工改革势在必行，但被动了奶酪的巴西劳工

---

[1] 米歇尔·特梅尔：《在金砖国家与新兴经济体和发展中国家领导人对话会上的演说》，2017 年 9 月 5 日，http://www2.planalto.gov.br/acompanhe-planalto/discursos/discursos-do-presidente-da-republica/discurso-do-presidente-da-republica-michel-temer-durante-dialogo-dos-chefes-de-estado-e-de-governo-do-brics-e-das-economias-emergentes-e-paises-em-desenvolvimento-xiamen-china。

[2] 参见 2017 年 2 月 7 日米歇尔·特梅尔在会见阿根廷总统马克里时做的媒体评论，http://www.brazilgovnews.gov.br/presidency/interviews/2017/02/press-remarks-by-the-president-of-the-republic-michel-temer-on-occasion-of-the-celebration-of-multiple-acts-with-the-president-of-the-argentine-republic-mauricio-macri。

[3] 参见棕禾：《巴西推行劳工及养老体系改革》，《劳动报·劳权周刊》2017 年 7 月 5 日。

并不开心。由于涉及劳工出勤、休假、薪酬等多项核心权益，该法案一经提出，即在 2017 年 4 月引发了该国 21 年来首次全国性大罢工。前总统罗塞夫和参议院的左翼政党领袖都批评新的劳工法案损害了劳工权益，认为这不仅不利于社会不平等痼疾的解决，而且把劳工变为法律意义上的奴隶。[1]然而，巴西参议院以 50 票赞成、26 票反对、1 票弃权的结果通过法案，这显示出国会对劳工法改革的多数支持。[2]

在财政、经济和劳工改革之余，改革议程也触及高中教育这一影响巴西劳动力素质的关键环节。[3]根据巴西教育部的数据，巴西在校高中生约为 800 万名，巴西 7—15 岁基础教育的辍学率为 1.9%，而高中教育的辍学率达到 6.8%。[4]巴西高中教育改革自 2010 年开始酝酿，但一直没有重大突破。特梅尔政府的教育改革方案是通过增加选修课内容、增加教学时长、增加高中技术学校等方式来增加高中教育对学生的吸引力。[5]2016 年 9 月 22 日，特梅尔签署高中教育改革方案，内容包括年度学时从 800 学时增加到 1 400 学时，必修课保留了葡萄牙语、数学和英语，原先的必修课还包括体育和艺术。新的方案于 2017 年 2 月生效。国家教育委员会还推进课程教学要求的全国统一标准，以改变各州各自为政的局面。2018 年 1 月，巴西联邦政府开支增加了 4.06 亿雷亚尔用于促进全日制中等教育计划，预计这

[1] 参见 TeleSUR，"Brazil Labor Reform Removes Rights Enjoyed for Decades"，July 12，2017. https://www.telesurtv.net/english/news/Brazil-Labor-Reform-Removes-Rights-Enjoyed-for-7-Decades-20170712-0024.html。

[2] 巴西劳工法改革的情况参见 Maria Loll，"Brazil Labor Reform: What You Need to Know about Law No.13，467/2017"，*Latin America Legal*，August 7，2017，https://www.latlegal.com/2017/08/brazil-labor-reform-what-you-need-to-know-about-law-no-134672017/。

[3] Peter Prengaman, Sarah Dilorenzo, "Brazilian Students Occupy High Schools Nationwide to Protest Budget Cuts", *Independent*，November 25，2016，http://www.independent.co.uk/news/world/americas/brazil-students-occupy-protest-high-schools-budget-cuts-austerity-policies-president-michel-temer-a7438431.html.

[4] Mariana Tokarnia and Pedro Peduzzi, "Brazil Government Sends High School Reform Proposal to Congress", *Agency Brazil*，September 22，2016. http://agenciabrasil.ebc.com.br/en/educacao/noticia/2016-09/brazil-government-sends-high-school-reform-proposal-congress.

[5] Lise Alves, "Brazilian Government Announces New Education Model", *Rio Times*，September 23，2016.

笔开销将可为巴西 26 个州和联邦区增加约 50 万名学生的入学机会。

巴西政治精英发生了观念转变，正在支持推动有利于国家长远发展的关键改革。特梅尔政府的财长恩里克·梅莱斯和博索纳罗政府的经济部长保罗·格德斯都倾向于更为市场化的改革路径。遗憾的是，巴西经济在 2020 年又遭遇了全球大流行的新冠病毒疫情冲击，截至 2020 年 9 月，巴西政府总体债务占国内生产总值比重增加达 90.6%。[1]在后疫情时代，巴西政府将会继续推动能源部门的改革，包括引入竞争降低巴西国有石油公司对该国能源部门的垄断、2 年内降低 40% 的油气价格、私有化燃料分配商、降低巴西国有石油公司的负债率、开发核电站等。巴西政府的目标是通过廉价能源推动工业部门的增长，从而改变以往政府主要靠促进消费而不是改善投资来实现增长的做法。预计巴西再工业化在未来 10 年有望创造 10% 的国内生产总值，并降低巴西经济的能耗。巴西能源基础设施严重滞后，其天然气管道只有 9 400 公里，而阿根廷的天然气管道长达 2.9 万公里。巴西政府还计划在 2050 年前建造 6 座核电站。尽管巴西政党碎片化，大多数政治家观念陈腐，国家对少数大型企业集团过度保护，政府部门为各大政党把持，但巴西仍然向前发展，特别是两大强劲的长期趋势似乎正形成合流，共同制造巴西红利：人口红利和全球对食品不断增长的需求。[2]

第三节

———

巴西大国身份定位的复杂性

巴西难以确立大国地位和影响也与该国国际身份复杂有关。人们通常

---

[1] 中央电视台新闻：《巴西政府总体债务占 GDP 比重增加达 90.6%》，2020 年 10 月 31 日，https://baijiahao.baidu.com/s?id＝1682030851705651811&wfr＝spider&for＝pc。

[2] ［巴西］鲍里斯·福斯托、塞尔吉奥·福斯托：《巴西史》，郭存海译，上海：东方出版中心 2018 年版，第 357—358 页。

认为巴西是一个兼具西方国家和南方国家特征的结合体。一方面，巴西是西方的一部分，无论是从文化传统还是民主制度来看都是如此。在历史上很长一段时间内，巴西的重要贸易伙伴主要是英国和美国等西方发达国家，与邻国的关系处于第二位。[1]拥有日本本土之外最大的日裔社区，有700万巴西人是黎巴嫩后裔，这些都被视为巴西作为西方世界一部分的证据，也是巴西软实力的重要内容。另一方面，巴西经济状况呈现出较为明显的发展中国家特征。巴西南部和东南部比较富裕，西北和内陆地方发展落后，初级产品铁矿、大豆和原油等是主要的出口创汇产品，国内贫富差距悬殊，腐败和失业问题较为严重。面对国内发展的挑战，巴西认识到大国之路还很遥远，巴西外交因而更倾向于从发展中国家的立场出发，重视外交事务实质性的独立，奉行"负责任的实用主义"。巴西在国际体系中更加关注能源需求、资本需求和贸易机会。[2]20世纪80年代末，基于国家有限的实力和资源，巴西把主要的战略资源都用在了民用事业的发展上，在国际事务中不再以追求威望为主，而改为追求成为国际合作中可信赖的伙伴。

这种复合身份常常导致关于谁是巴西外交政策主要对象的辩论，并在西方国家与南方国家间摇摆，这在一定程度上降低了巴西的全球影响力。巴西在历史上与西方国家保持着密切联系，在帝国时期与旧共和时期分别与英国和美国保持了密切的经济联系，其间，巴西主要关注的是与阿根廷的势力均衡以及与邻国的领土争端。1964年上台的右翼军人政权为了摆脱经济困境，把国家与国际市场特别是北美紧密地联系在一起，这样巴西对邻国以及发展中国家的国际议程参与有限。20世纪70年代巴西重新定位国际身份，明确了较为先进的发展中国家的定位，开始强调与发展中国家开展密切合作，特别是发展与能源生产国的关系，走上独立于美国的发展核

---

[1] Robert D. Bond, "Brazil's Relations with the Northern Tier Countries of South America", WA. Selcher eds., *Brazil in the International System*, Boulder: Westview Press, 1981, p.124.

[2] Paul B. Goodwin Jr., *Latin America*, Dubuque: McGraw-Hill/Dushkin, 2004, p.78.

能的道路，在联合国投亲阿拉伯国家的票。[1]为了降低本国能源的脆弱性，巴西在 80 年代开始认真考虑发展替代性能源的可能性。

随着国力的不断增强和多极化趋势的发展，巴西希望能够以发展中国家领导的身份参与国际体系的核心决策过程，发挥更大的国际作用。前总统卡多佐曾多次表示，巴西属于多极世界的一极，希望成为联合国安理会常任理事国。[2]卢拉政府在开展多元外交方面采取了积极进取的态度，发展同南美国家的睦邻友好关系与发展同其他新兴大国的关系是巴西"大国外交"的两个重点。[3]巴西在南方共同市场（以下简称"南共市"）的基础上，积极支持以南美国家联盟为代表的地区一体化，巩固了巴西的地区影响力。巴西与中国发展战略伙伴关系，与印度、南非共同发起"三国集团"，领导组建"二十国集团"，并与德国、日本和印度组成共同谋求联合国安理会常任理事国席位的"四国集团"。巴西经济与国际贸易市场、金融市场联系密切；巴西注重发展与美国、欧盟以及亚洲一些经济发展水平较高的国家和组织的关系，积极争取国际货币基金组织（International Monetary Fund，IMF）的支持。[4]由此，巴西在国际舞台上展现出积极的姿态。

巴西对大国地位的追求在争取联合国常任理事国席位受阻后，在国际舆论、大国领导人的评论和新兴的国际领导协调机制中得到某种程度的认可。根据美国国家情报委员会的未来预测，到 2025 年，按照国家力量占全球力量的比重大小，各国排名依次为：美国、中国、欧盟、印度、日本、俄罗斯和巴西。届时，作为南美的首要大国，巴西可能将施展更大的地区领导能力，但是在南美之外的世界事务中，除了日趋增长的能源生产者和基于农产品出口的贸易谈判角色外，巴西作为大国的能力有限。[5]卢拉成

---

[1] Ronald M. Schneider, *Brazil：Foreign Policy of a Future World Power*，Boulder：Westview Press，1976，p.2.

[2] Gilbert Le Gras, *The New New World*，Longdon：Reuters，2002，p.7.

[3] 吴志华：《巴西的"大国外交"战略》，载《拉丁美洲研究》2005 年第 4 期，第 11 页。

[4] 张育媛：《卢拉政府外交政策浅析》，载《拉丁美洲研究》2005 年第 2 期，第 54 页。

[5] 该排名规则主要考察各国的国内生产总值、防务开支、人口和技术，http://www.dni.gov/。

为奥巴马执政后第三位造访白宫的国家领导人，双方讨论涉及更多的是地区性和全球性议题。在伦敦 G20 峰会期间，胡锦涛主席在会见卢拉总统时指出，中巴关系越来越具有全球性影响。此外，巴西还是 G8＋5 对话会、发展中五国、金砖四国和二十国集团的成员，在国际发展、气候变化、贸易谈判以及国际货币基金组织改革等全球问题领域发挥着领导协调作用。在巴西进入特梅尔、博索纳罗等中右翼领导人执政时期后，巴西虽仍然保留在金砖国家合作机制之中，但该国政府的身份定位发生了很大变化。博索纳罗政府对巴西的定位从南方大国转向谋求西方大国身份，表现为争取加入经济合作与发展组织（以下简称"经合组织"）、弱化在世界贸易组织（World Trade Organization，WTO）中的发展中国家定位、减少对亚洲基础设施投资银行（以下简称"亚投行"）的份额认购、推动意识形态导向的拉美地区合作等诸多方面。

第四节

———

偏重软实力的崛起路径

巴西的大国地位因其硬实力不够而备受争议，然而巴西外交并未放弃对大国地位的孜孜以求，总体上奉行了务实与和平的外交思路，秉持全球视角看待外部事务，强调通过软实力的建设与运用增强该国的全球影响力。从军费支出、海外驻军以及在国际贸易中的份额来看，巴西总体上缺乏影响国际体系的结构性权力。巴西没有核武装，海外军事行动主要表现为领导和参与联合国的维和行动。巴西在世界贸易中的比重长期稳定在 1.5% 左右的水平。这种权力的局限促使巴西形成推动地区合作、注重国际组织、借重全球市场和重塑国际体系为主要特征的国际战略。美国学者将巴西的这种局限概括为巴西无法通过硬实力与软实力的有机结合实现崛起，巴西对软实力过度依赖。[1]这种战略使得巴西在国际体系中显得非常实用主义和高度国际化，在服务于本国发展利益的同时，也引发了国际社会对其到底能够为国际体系和全球问题的解决提供何种公共产品的疑虑。尽管面临上述局限和批评，巴西注重软实力的外交战略总体上为巴西赢得了较好的国际声誉。

一、 对外关系注重保持战略自主性

巴西学者认为巴西"追求自主"的历程始于 20 世纪 80 年代中期开始的民主政权，通过疏离主导国家、与主导国家合作设计关键国际制度以及在体系中开展多元化接触等策略来赢得自主，但不依附于体系中的主导国家。[2]在冷战鼎盛的六七十年代，面对两极格局作为世界秩序的强势特征，巴西的国际政策不得不强调认同美国和苏联的利益。[3]20 世纪 80 年代末，随着两极格局的终结，世界战略力量开始重新分化组合，经济全球化席卷全球，以及周边安全环境的改善，巴西转而推行"大国外交"，对外政策趋于活跃。

在地区层面，随着美国建立北美自由贸易区、推动美洲自由贸易区以及墨美进一步融合的地缘经济发展，巴西的地区战略在 90 年代把重点从拉美转向南美。[4]南共市在这种战略的指导下应运而生，这是巴西加强与邻国关系的又一战略举措，也是巴西为自身构筑的参与经济全球化以及加强在南美洲领导地位的战略平台。这有利于巴西成为地区合作中最主要的大

---

[1] 参见〔美〕戴维·马拉斯、哈罗德·特林库纳斯：《巴西的强国抱负》，熊芳华、蔡蕾译，张森根审校，杭州：浙江大学出版社 2018 年版，第 6 页。

[2] Tullo Vigevani and Gabriel Cepaluni, *Brazilian Foreign Policy in Changing Times：The Quest for Autonomy from Sarney to Lula*, Plymouth：Lexington Books, 2009.

[3] Carlos Estevam Martins, "Brazil and the United States from the 1960s to the 1970s," in Julio Colter and Richard R. Fagen ed., *Latin America & the United States：The Changing Political Relations*, Stanford：Stanford University Press, 1974, p. 298.

[4] 贺双荣：《巴西学者谈巴西外交战略》，载《拉丁美洲研究》1999 年第 6 期，第 58 页。

国，平衡北美经济的吸附力，并在国际生活中获得更大的独立性。巴西政府认为，按照发展日程、面临问题和所处环境的不同，西半球应该分成南美洲和北美洲来看，应促进南美洲国家的一体化进程，在此基础上再促进更为广泛的一体化进程。[1]卢拉政府继续推进地区一体化，深化南共市，举行南美国家首脑峰会，促进地区基础设施建设，从而减少与墨西哥对地区领导权的争夺，并增强与美国在美洲自由贸易区谈判中的自主性。巴西公司如今已经遍布南美，而巴西本身也成为南美经济的重要发动机和移民目的地。

在全球层面，巴西注重国际组织、着眼全球市场和重塑国际体系，力图为本国和发展中国家谋求更好的发展环境，并在应对全球性问题挑战中提供独特的领导力。与墨西哥、中美洲和加勒比国家注重与美国的经济一体化的战略不同，巴西更强调在参与全球化中实现本国发展的道路。[2]巴西在推动联合国安理会、国际货币基金组织的改革，世界贸易组织多哈回合谈判以及新兴大国国际协调合作机制建设中非常活跃。巴西的贸易结构较为多元化，美国、欧盟和亚洲是其主要贸易伙伴，巴西还加强了与中东、非洲国家的经济往来。巴西在对外战略上的多元均衡战略不仅仅是为本国创造更有利的国际发展环境，也有塑造更为公平合理的国际新秩序的战略考虑。

二、　国际战略偏重多边主义与外交投入

与多数发展中国家一样，巴西对多边机制的看法经历了由疑惧到倚重的转变。传统上巴西外交重视双边外交甚于多边外交，认为多边合作缺乏实质内容且不可信赖，多边外交主要被作为双边外交的补充形式。[3]巴西

---

[1]　参见〔巴西〕路易斯·奥古斯托·德卡斯特罗·内维斯：《巴西——发展中大国及其国际战略》，载《拉丁美洲研究》2005年第5期，第55页。
[2]　Leonardo Martinez-Diaz, Latin America: Coming of Age, *World Policy Journal*, Fall 2008, pp. 221—227.
[3]　参见 Wayne A. Selcher, *Brazil's Multilateral Relations: Between First and Third Worlds*, Boulder: Westview Press, 1978, p.6.

领导人深信主权的至高无上，对超国家主义抱有疑虑，认为巴西只有在部分重要领域获得更多独立性之后才可能从相互依存中获利。巴西还认为主要国际组织的核心决策权和规则制定权集中在少数国家手中会危及本国的国家利益。尽管对国际机制抱有疑虑，但与缺乏体系性物质能力的中等强国一样，巴西外交政策逐渐开始强调国际法和国际组织的重要性，并希望用基于规则、民主与和平解决争端的体系取代权力导向的国际秩序，提升发展中大国在国际机制中的话语权和决策权，强调运用多边主义增加自身作为全球行为体的重要性。越来越多的巴西精英认识到主权不在于提升本国不受外部影响的能力，而是有效参与各种国际机制的能力。

考虑到大国兴衰的经验和全球化的趋势，巴西在防务开支和军备建设上投入有限，更多资源被用在了国家经济发展和服务于此的外交事业之中。巴西外交界素以精英色彩浓厚闻名于世，与邻国的纠纷主要通过和平方式解决，在邻国众多的情况下塑造了稳定友好的周边环境。巴西长期以来在西半球事务上保持低姿态，这既是为了减少邻国的疑虑，也因为该国领导人志不在此。巴西领导精英设想本国将成为世界大国，而不是地区霸权国。然而，巴西对地区事务的淡漠并不能消解邻国对巴西权势的担忧，也不利于巴西的经济成长。其葡萄牙文化背景、南美第一大国的地位以及数量众多的邻国，特别是 20 世纪 70 年代中期的能源危机和经济困境，促使巴西与邻国的关系越来越受重视。巴西的地区战略逐渐将多边合作提升至更重要的层面。巴西参与地区组织的最初考虑主要是借助多边关系化解地区国家对巴西权力的恐惧。[1]在此背景下，巴西领导签署了共同开发亚马孙地区的《亚马孙条约》。

1978 年《亚马孙条约》的签署标志着巴西对地区组织的态度发生了积极转变。巴西军政府在 1964—1976 年间依赖军队和外资对亚马孙地区的开发曾引起邻国对巴西最终意图的高度疑虑。巴西外交部逐渐认识到单独开

---

[1] Robert D. Bond, "Brazil's Relations with the Northern Tier Countries of South America", WA. Selcher eds., *Brazil in the International System*, Boulder: Westview Press, 1981, p.136.

发亚马孙地区不仅成本巨大，而且仅同发达国家保持联系不能实现巴西的大国目标，扩大与发展中国家特别是与邻国的关系有利于实现本国石油供给和出口市场多元化的目标，通过经济合作不但可以加深与邻国的共同利益，而且有助于巴西在国际社会获得更大的谈判权。在这种战略考虑下，巴西以经济合作为主导，辅之以文化和外交策略，有效降低了邻国对巴西在南美扩张的疑虑，以此为地区的和平与稳定奠定了更加可靠的基础。[1]

那种对巴西在地区合作中完全缺乏领导力的指责有失偏颇。事实上，巴西在追求地区领导地位的过程中提供了较多的公共产品，并将这种领导地位制度化。南共市已经是南美地区最富影响力的地区组织，这与巴西对南共市的战略支持分不开。巴西从 20 世纪 90 年代开始致力于南美的基础设施建设，增加进口玻利维亚的天然气和委内瑞拉的石油，在阿根廷2002—2003 年的经济衰退中表现出耐心和善意，以此促进地区的经济联系与繁荣。巴西不仅通过和平谈判解决了与邻国的边界问题，而且在秘鲁与厄瓜多尔的领土争端中发挥了调节作用，这说明巴西与邻国的政治互信有了实质性提高。在巴西的推动下，2004 年《库斯科声明》决定成立以欧盟为发展方向的南美国家共同体，这标志着巴西在推动南美地区合作的道路上取得了重大突破。巴西在南美积极承担领导成本，促进地区稳定与合作，这在一定程度上使巴西在南美的领导地位制度化。

巴西虽将南美作为地区合作的战略重点，但并未画地为牢，而是通过奉行多边主义积极拓展外部联系和影响力。巴西在美洲自由贸易区谈判中担任双主席之一，对谈判的最终走向影响很大。由于美国在国内农产品市场开放度上不能满足具有农业竞争优势的巴西的期望，谈判在 2005 年宣告失败。在中美洲和加勒比地区，巴西积极推进与有关国家在开发生物燃料方面的合作。巴西呼吁美国结束对古巴的贸易制裁，鼓励古巴重新回到美洲大家庭中来，主要表现为吸收古巴参加里约集团以及支持古巴重返美洲

---

[1] Riordan Roett, "Brazil Ascendant: International Relations and Geopolitics in the Late 20th Century", *Journal of International Affairs*, Vol.29, No.2, 1975, p.149.

国家组织。巴西通过联合国维和行动以及食物援助在海地建立起影响力。作为奉行市场经济的温和左派领导人，卢拉在帮助美国改善与拉美左翼力量之间的关系方面被奥巴马政府给予厚望。在卢拉出访美国之前，哥伦比亚的保守势力甚至期望他对该国与美国发展自由贸易进行游说。[1]2019年6月，欧盟和南共市国家签署协议，历时20年之久的欧盟—南共市自贸协定谈判结束，双方在货物贸易、服务贸易、双向投资和政府采购等方面达成原则性共识，并承诺在未来5—15年内逐步降低现有关税水平。巴西希望通过自身的努力，推动美国以一种建设性和发展的眼光看待拉美，而不是仅仅考虑毒品走私和有组织犯罪问题，这体现了巴西作为拉美利益代言人的重要作用。

三、 国际形象注重和平外交与话语权构建

在国际安全领域，巴西在历史上最突出的成就是参与盟军作战，在当代最突出的成就则是积极参与联合国体系的维和与重建行动。巴西已参与46次各类型和区域的联合国维和行动，累计派遣约5.7万名维和人员。[2]巴西是联合国安理会中担任非常任理事国次数仅次于日本的国家。巴西在非洲的葡萄牙语国家和海地的维和与重建成绩为它赢得了良好的声誉，回击了外界对巴西在联合国集体安全体系内缺乏提供公共产品能力的质疑。参与联合国维和任务成为巴西进入全球安全治理体系、提升国际影响力的重要渠道之一。巴西还在其他多边场合谋求发挥积极作用，比如在巴西—印度—南非对话机制的框架下进行的反恐军事联合演习，巴西推动南美防务力量建设维护地区安全形势等。巴西虽然没有核武器，加入了核不扩散

---

[1]《奥巴马与巴西总统将在白宫会晤》，《今日美国》2009年3月14日，http://www.usatoday.com/news/washington/2009-03-14-obama-brazil-president_N.htm。

[2] Israel de Oliveira Andrade, Eduarda Passarelli Hamann, Matheus Augusto Soares, "A Participação do Brasil nas Operações de Paz das Nações Unidas: Evolução, Desafios e Oportunidades", *Texto Para Discussão*, No.2442, 2019.

协定,整体军力与主要大国仍有显著差距,但通过合理运用其有限的军事力量,巴西在国际社会树立起负责任大国的形象。

2010 年与土耳其联合为伊朗核危机提出替代性解决方案,是巴西试图在海地维和之外的国际安全议题上发挥重要作用的信号,尽管这是一次失败的尝试,但它在某种程度上为当前达成的美伊核协议提供了重要启示。在欧洲为叙利亚难民问题困扰之际,尽管巴西自身处于经济衰退之中,仍然基于人道主义和国内缺乏英语人才的考虑,在国内接受黎巴嫩和海地难民经验的基础上,成为世界大国中为数不多的宣布愿意接纳来自叙利亚难民的国家。在举世震惊的黎巴嫩首都贝鲁特港口爆炸发生后,作为拥有最大海外黎巴嫩移民和在该国执行维和任务的巴西,博索纳罗政府宣布对黎巴嫩提供援助,并邀请黎巴嫩裔前总统特梅尔出席有关活动。[1]在迎来第三个总统任期之后,卢拉再度积极参与解决国际安全领域的热点问题。卢拉就乌克兰危机提出了和平方案,并与中国达成了三点共识,即对话谈判是唯一可行出路,一切有利于和平解决危机的努力都应得到鼓励和支持,呼吁更多国家发挥建设性作用。[2]卢拉政府的上述努力总体上体现了全球南方在乌克兰危机中的外交立场与劝和促谈努力。

针对"保护的责任"实施中存在滥用武力的情形,巴西提出了颇具影响的"保护当中的责任"这一规范。"保护当中的责任"强调:预防性外交可以减少武装冲突及人员伤亡;国际社会须考虑所有的可用于保护平民的和平手段;在包括保护的责任在内的情形下使用武力须有联合国安理会授权或者例外情况下由联大授权;使用武力的授权必须在法律、操作和临时性上受限,军事行动的范围须遵守安理会和联合国大会及国际法的条文与精神;武力使用须产生尽可能小的暴力和不稳定,在任何情况下不能产生

---

[1] Lachlan Williams, "Bolsonaro Announces Aid to Lebanon, Invites ex-President Temer to Coordinate Mission", *The Rio Times*, Aug 10, 2020.

[2] 中国外交部:《中华人民共和国和巴西联邦共和国关于深化全面战略伙伴关系的联合声明(全文)》,2023 年 4 月 14 日,http://www.mfa.gov.cn/web/zyxw/202304/t20230414_11059627.shtml。

多于授权预防的危害等。[1]"保护当中的责任"概念有利于国际社会在运用"保护的责任"这一规范时，尽可能优先考虑和平手段并减少保护当中的危害，防止类似北约军队在解决利比亚危机中滥用联合国安理会授权现象的重演，这显然是一次有意义的重要尝试。虽然"保护当中的责任"尚未成为主流的国际规范，但该规范的提出反映了发展中世界的关切，也显示出来自全球南方的新兴大国试图在全球议程中提出自己偏好的国际规范的日益增长的雄心。[2]巴西的努力显示出金砖国家不仅要做国际规则的接受者，也要做国际规则的创立者。

在2013年斯诺登揭露美国监控巴西总统罗塞夫及其顾问的通信往来，入侵巴西矿产与能源部、巴西国有石油公司的官网后，巴西针对互联网安全议题进行了一系列公共外交活动，通过召开全球网络治理大会，推动在全球范围内就网络行为准则以及监管达成多边协议，成为首个在全球互联网治理中开展重要国际多边努力的金砖国家。巴西政府的互联网治理强调两点：一是强调互联网治理的国家安全，二是保护互联网用户的隐私权。围绕此目标，巴西在硬件和软件两个方面做了努力。硬件方面，巴西与欧盟达成协议，合作铺设一条从里斯本到福塔莱萨的海底电缆，将巴西和欧洲之间的互联网数据独立于美国；巴西还加入了建设金砖国家之间的海底光缆建设的计划，试图通过多元化获得网络空间的战略独立性。软件方面，通过在国内实施《互联网民法》，努力平衡用户、政府和企业的权利与义务，竭力保持互联网开放、去中心化的特性，强调互联网管理的系列原则，包括隐私保护和网络中立等，受到国际社会的较好评价。

作为当今国际体系中权力上升的国家，巴西更为关注国际安全治理机

---

[1] Government of Brazil, "Responsibility While Protecting Elements for the Development and Promotion of a Concept", *UNRIC Library Backgrounder*, 11 November 2011, http://www.un.org/ga/search/view_doc.asp?symbol=A/66/551.

[2] Andres Serbin and Andrei Serbin Pont, "Brazil's Responsibility While Protecting: A Failed Attempt of Global South Norm Innovation?" *Pensamiento Propio*, Vol.20, January-June 2015, pp.171—192.

制的结构性缺陷，希望提高在其中的发言权和分配权，而不是仅仅关注国际机制的低效、腐败等技术性问题。巴西认为联合国需要反映当今的现实，需要进行包括安理会在内的一系列改革。[1]巴西作为联合国的第十大会费缴纳者以及发展中国家最大的会费缴纳者准备承担作为联合国安理会永久性成员的责任和成本。[2]在联合国创建建设和平委员会和人权理事会后，巴西认为联合国应该集中进行安理会改革。[3]印度、巴西和南非对话论坛试图集三国之力在国际舞台上实现国家利益，并维护发展中国家的利益。[4]巴西外交注重在多边谈判场合和国际组织中的拉锯、博弈，这被视为多边主义仍具有生命力的象征以及平衡美国单边主义的一种力量。[5]巴西在三国对话论坛、金砖国家合作机制、发展中五国、G8＋5 对话机制以及二十国集团中的积极作为表明，巴西在重塑国际体系的进程中正在成为日趋活跃的全球性国家。

四、 国际经济重视多边谈判与可持续发展合作

巴西的国际经济布局是全球性的，呈现出发展中大国和发达国家并重、贸易布局覆盖全球的特征，这为巴西参与国际贸易谈判和全球经济治理提供了良好基础。卢拉总统曾表示："我们需要美国这样特殊的伙伴，欧盟那样强大的集团，但我们也需要与中国、印度、俄罗斯、南非、墨西哥这样的国家建立紧密的联系。"[6] 由于地缘和文化的联系，巴西与美国、欧盟

---

[1] ［巴西］路易斯·奥古斯托·德卡斯特罗·内维斯：《巴西——发展中大国及其国际战略》，载《拉丁美洲研究》2005 年第 5 期，第 56 页。

[2] 参见 http://www.mre.gov.br/ingles/politica_externa/grupos/onu/index.asp。

[3] 参见 http://www.ibsa-trilateral.org/rioministerial.htm。

[4] Chris Alden & Marco Antonio Vieira, "The New Diplomacy of the South: South Africa, Brazil, India and Trilateralism," *Third World Quarterly*, Vol.26, No.7, 2005, p.1091.

[5] 张凡：《发展中大国国际战略初探：巴西个案》，载《拉丁美洲研究》2007 年第 1 期，第 26—27 页。

[6] 周志伟：《卢拉政府外交政策评析及未来外交政策走向》，载《拉丁美洲研究》2006 年第 6 期，第 45 页。

的经贸关系一直比较紧密，但受制于美欧强势的保护主义立场，巴西作为农产品和生物燃料出口大国的优势难以体现。因此，巴西注重加强与发展中大国的关系以平衡对发达国家市场的依赖，有意识地加强了与中国、俄罗斯、印度和南非等国的经贸合作，进而将这种合作扩展到中东和非洲的葡萄牙语国家。中国在2009年已经超越美国成为巴西的第一大贸易伙伴。与新兴市场国家的合作已经成为巴西经济发展中最具活力的部分。迄今为止，虽然巴西的经济仍然低迷，但该国的外汇储备水平依然可观。

虽然巴西占全球贸易的比重只有1.5%，贸易对国内生产总值的贡献只有25%，但它却是世界贸易组织谈判中最为活跃的国家之一。巴西通过加强与新兴市场国家的联系，成功地把本国经济融入世界经济成长之中，力图最大限度地借重全球市场而非个别国家的市场。在1980年之前，巴西一直比较倚重发达国家主导的全球性贸易体制安排，国家经济建设的成功也使巴西更乐意做现存贸易体制的"搭车者"。[1]在1980—1986年间，美国开始推动把服务业、知识产权和投资加入贸易体制，这遭到巴西贸易保护主义势力的抵制，但此后巴西开始逐渐对知识产权持积极看法，并推动农业部门自由化。力图从国际贸易机制获益是巴西的既定战略，比如与印度就服务业达成结盟以及与阿根廷等国就农业达成结盟，并利用体制内优势积极挖掘争端解决机制的作用等。巴西在2003年世界贸易组织坎昆部长会议上领导创建了二十国集团，并成为多哈回合谈判中的关键成员。由于国际货币基金组织和世界银行的政策涉及发展中国家的经济发展，巴西认为应该增加发展中国家在其中的发言权，其领导人选也应基于个人才能和国际声望而不是国籍。

作为一个重要的新兴经济体和发展中大国，巴西不仅在国内发展方面成就斐然，而且是推动国际发展合作特别是可持续发展的重要力量。尽管在该国北部和东北部地区不尽如人意，但就国家整体落实千年发展目标而

---

[1] Robert D. Bond, "Brazil's Relations with the Northern Tier Countries of South America", WA. Selcher eds., *Brazil in the International System*, Boulder：Westview Press, 1981, p.137.

言，巴西在多项指标上均有较好表现。巴西的家庭补助金计划和母乳银行等做法在拉美和非洲有很多仿效者，获得国际社会的积极肯定。[1]巴西还积极推动国际发展合作，是重要的可持续发展理念的倡导国。过去 30 多年，巴西在推动有关可持续议题的国际讨论方面扮演了重要角色，特别是该国在 1992 年和 2012 年于里约热内卢分别承办了联合国关于环境与发展议题的两次重要国际会议。这两次会议不仅是国际社会在可持续发展领域付诸努力的重要见证，也是发展中国家支持可持续发展事业的重要体现。巴西向 60 多个国家提供发展援助，并在与不发达国家开展国际发展合作上得到了国际组织和发达国家的广泛参与和支持，形成了颇具推广价值的三方发展合作模式。

在推进可持续发展的进程中，国际社会对气候变化、粮食危机等全球问题的关注为巴西施展影响力提供了机遇。巴西是全球第七大温室气体排放国，同时它拥有"地球之肺"亚马孙森林面积的 70%以及经济环保的巨大生物燃料和清洁能源市场，这使得巴西深度卷入气候变化谈判进程。巴西是《京都议定书》的签约方，也是落实《巴黎协定》的重要力量。巴西在解决亚马孙森林面积减少问题上面临不少国内的困难和阻力，这难免影响到巴西在应对气候变化中的形象，但巴西力图通过国际合作来解决该问题，这是一种富有建设性的思路。巴西副总统莫朗在访美时重申了巴西参与应对气候变化和落实《巴黎协定》的承诺。[2]巴西拥有世界上最为广阔的可耕地面积，拥有非常成熟的农业生产和加工技术。

卢拉政府以来，巴西在国内外积极推动以反饥饿行动为代表的减贫努力，这为巴西赢得了世界性声誉。卢拉政府设置了社会发展与反饥饿部，并执行了一系列以消除饥饿、提高教育和促进社会包容为主要目标的社会政策，其中最主要的政策举措包括：第一，2003 年发起的"零饥饿"计划，

---

[1] Jonathan Tepperman，"Brazil's Antipoverty Breakthrough," *Foreign Affairs*，January/February 2016, pp.34—44.

[2] "A Conversation with His Excellency Hamilton Mourao Vice President of the Federative Republic of Brazil"，Wilson Center Brazil Institute，April 9，2019.

旨在为遭受营养不良和失业困扰的家庭提供食品或者食品券。第二，世界上最大的有条件现金转移计划——"家庭补助金"（Bolsa Família）项目，该项目执行 11 年来，75.4% 的补贴接受者找到了工作，2 200 万人脱离极端贫穷。由于有 87% 的受资助家庭把食物作为优先开支，因此该项目被认为改善了该国的食品安全和儿童营养状况。[1]第三，巴西的减贫政策强调改善教育、医疗等公共服务和增加贫困家庭的就业能力，谋求贫困人口获得脱贫能力。[2]

巴西的一个重要经验是从强调削减绝对贫穷的资金支持，转向从可持续的角度提升贫困人口脱贫所需的能力建设和社会包容。[3]巴西发展观日益朝全面和可持续发展方向转变。巴西认为极端贫困是多方面因素的结果，仅靠提高收入难以治本，食品与营养缺乏、教育不足、工作技能缺乏、参与劳工市场能力差、水电医疗和住房缺乏等都需要加以克服。巴西在降低热带雨林毁林率和保护生物物种方面的努力亦展现了该国在农业增长、环境保护和可持续发展之间寻求平衡的努力。

巴西推动可持续发展的另一个重要经验是多元利益攸关方的相互协作。前述"巴西无贫困"计划由巴西社会发展与反饥饿部负责协调，涉及 22 个政府部门、联邦与州和市结成伙伴关系，公共银行、私有部门以及社区高度参与。世界银行也为巴西"家庭补助金"项目提供技术和金融支持，参与设计其预防和治疗艾滋病项目，资助其贫困地区的可持续发展项目，并提升该国在执行社会政策中的结果导向型的管理能力。[4]巴西东北部的减贫规划孕育了社区驱动型发展模式，在实现发展任务的同时提升了地方的治理能力。巴西的基础设施建设也向国内外私人资本

---

[1] 巴西总统府网站，http://blog. planalto. gov. br/neri-o-propulsor-do-ganho-de-renda-do-brasileiro-e-o-trabalho-de-cada-um/，检索时间：2014 年 5 月 30 日。

[2][4] The World Bank, "Brazil Overview", April 21, 2014, http://www.worldbank.org/en/country/brazil/overview.

[3] 《"联合国千年发展目标背景下的国际减贫合作"边会成功举办》，国家发展与改革委员会，2012 年 6 月 18 日，http://dqs.ndrc.gov.cn/zttp/lhgkcxdh/dhxc/201206/t20120628_488096.html。

开放，以吸引投资和改善经营，旨在为巴西的长期发展奠定基础。巴西在国内减贫的成功经验辐射到拉美地区，该地区 18 个国家约 1.29 亿人享受着与巴西类似的家庭补贴项目。巴西重视贫困人口的教育、医疗、就业援助、职业技能培训以及包容弱势人群的经验得到了世界银行等国际机构的肯定。

值得注意的是，巴西强调软实力的对外战略在持有不同意识形态的政府均得以坚持和延续，反映了巴西政界对该战略达成了共识。特梅尔政府有一定的特殊性，经由弹劾案上台，执政时间短，但仍然延续了发展导向的对外战略。他致力于与太平洋联盟国家和欧盟开展合作[1]，在多边场合试图传递给世界的信号是巴西正在恢复增长，而且越来越高的经济自由度是巴西的发展趋势[2]。他在联合国强调社会政策对于巴西这样的国家必不可少，但国家执行社会政策的能力需要恢复。[3]巴西试图通过更多的国际合作和地区融合来应对全球的不确定性。[4]特梅尔政府支持太平洋联盟与南共市的接近，以便寻找建立地区价值链的可能性。[5]在外交议程上，特梅尔政府做出了调整，在保持对金砖国家合作机制的承诺之余，与太平洋联盟的关系有所强化，推动欧盟与南共市的贸易谈判，启动巴西加入经合组织的进程，这种调整思路和注重软实力的战略取向在博索纳罗政府得以延续。

---

[1][2] 参见米歇尔·特梅尔：《达沃斯：巴西归来》，新华网 2018 年 1 月 25 日，http://www.xinhuanet.com/world/2018-01/26/c_129800198.htm。

[3] 参见特梅尔总统在 2017 年 9 月 19 日第 72 届联大一般性辩论的致辞，https://gadebate.un.org/en/72/brazil。

[4] 参见 2017 年 2 月 7 日米歇尔·特梅尔在会见阿根廷总统马克里时做的媒体评论，http://www. brazilgovnews. gov. br/presidency/interviews/2017/02/press-remarks-by-the-president-of-the-republic-michel-temer-on-occasion-of-the-celebration-of-multiple-acts-with-the-president-of-the-argentine-republic-mauricio-macri。

[5] Colton Wade,"Mercosur and Pacific Alliance Push for Integration in Moment of Conver-gence", June 8, 2017, https://www.wilsoncenter.org/blog-post/mercosur-and-pacific-alliance-push-for-integration-moment-convergence。

第五节

————

巴西追求大国之路的经验与启示

作为新兴大国的典型代表，巴西受到的国际关注度远远低于中印两国，这主要是受制于拉美在国际地缘政治中相对被忽视的战略态势。世人把目光过多聚焦在北大西洋和太平洋两岸国家，而相对忽视了跨南大西洋关系以及拉美地区一体化的发展，而巴西在后者中扮演着领导角色。另外，非联合国安理会常任理事国的地位和放弃发展核武器的战略也限制了巴西作为潜在大国的影响力。尽管如此，巴西的发展模式和大国影响在区域和全球两个层面逐步展现，表现在可持续发展、气候变化、国际贸易谈判和国际维和等诸多领域。巴西大国之路的经验与启示值得深思。

第一，自然禀赋良好的巴西始终把追求以工业文明为核心的现代化作为强国之基，但依然未能摆脱经济结构的落后状况。

巴西被认为是最适合上帝居住的国家，这在表明其优异的自然禀赋的同时，也意味着该国经济容易依赖原材料出口，进而沦为经济强国的原材料供应国和消费市场的不利倾向。巴西的精英阶层对此有着清醒认识，只要内外条件允许，便大力推动本国的工业化。巴西是第三世界中最早卷入全球化、最早开始现代化的国家之一。巴西虽然是以相对和平的方式获得独立，但之后很长一段时间却不得不以与英国的贸易关系换取本国的国家安全，帝国早期的工业化努力在英国产品的强势竞争下几乎没有发展空间。1865 年巴拉圭战争之后，巴西赢弱的工业能力促使帝国政府加强该国的工业发展。1930 年世界经济危机进一步放大了巴西咖啡经济的脆弱性，瓦加斯政府大力促进工业化，开启进口替代工业化进程。包括巴西国有石油公司、巴西淡水河谷公司等一批至今仍然极具影响力的巴西企业得以建立。巴西在两次世界大战中的立场选择也主要是基于如何更好地服务于该国的经济发展利益。1964 年军人政权建立后，经济发展被视为国家安全的核心因素，提高工业生产能力被置于国家发展的优先地位，巴西经济步入高速增长的"奇迹"期。军政府垮台后，巴西政府在稳定宏观经济之余，通过私有化、国际化和加速工业发展等战略，使得巴西工业在生物能源、航空、采矿、深海石油开发和汽车等多个产业部门保持着较强的国际竞争力，工业多样化得到一定程度的增强。尽管如此，研发滞后、资本形成率低仍然制约着巴西经济竞争力的提升。

第二，巴西作为身居边缘的"外围大国"注重大国外交，并竭力提高本国在其中的独立性与平衡性，但地区基础较弱。

在相当长的一段历史时期内，巴西是国际政治的对象而不是角色。国际体系被少数强国主导的事实，迫使巴西把外交的注意力主要集中在处理与这些强国的关系上。在巴西独立后的19世纪的大部分时间里，巴西最重要的外交和贸易伙伴是英国。直到19世纪最后10年，与美国的外交关系才开始取得重大突破，并逐渐成为巴西最重要的外交关系。美国在巴西外交中的最重要地位直到卢拉时期才受到真正的挑战，而其国际背景正是以金砖国家为代表的新兴大国群体性崛起，中国超越美国成为巴西的第一大贸易伙伴，巴西的外交选择随之增多。尽管巴西作为盟国一员远赴欧洲战场、在冷战中站在西方阵营中，但巴西对美国在拉美推动霸权主义、反对巴西的核计划以及忽视巴西国际地位诉求的做法并不满意，不愿在对美关系中居于从属地位。夸德罗斯赢得1960年总统大选后，通过向中国派出贸易代表团、承认非洲新独立国家和访问古巴等方式展示了巴西对外政策的独立性。此后数十年间，巴西还通过领导南美地区合作和加强多元化外交等方式，逐步确立了在南美事务中的领导地位和比较均衡的对外贸易格局，从而在实际上大大提升了巴西在大国关系中的独立性。卢拉政府坚持美国开放国内农产品市场的谈判立场，最终导致美国倡导的美洲自由贸易区计划流产。注重大国外交使得巴西能够了解和学习国际体系最为先进的内容，而珍视独立性又使得巴西保持了潜在大国的特质，防止本国成为大国角逐的牺牲品。然而，注重大国外交和全球治理在某种程度上损害了巴西在地区合作中的战略投入。

第三，巴西注重地区合作、全球视野和以国际机制、规范为代表的软实力，但软硬实力失衡限制了其综合影响力。

面对邻国众多且外部大国深刻介入地区事务的不利局面，巴西的地区战略经历了从领土政治向地区合作的战略转型，逐步确立了地区合作的领导权。南美摆脱殖民统治之后，各国对于领土的纷争一直是地区事务的头等大事。巴西针对边界问题曾先后参加过巴拉圭战争和拉普拉塔战争，最终通过谈判顺利解决了与所有邻国的边界纠纷，为此后发挥地区大国领导作用乃至扮演世界角色奠定了较好的基础。南共市和南美国家联盟等地区合作机制在巴西的领导下得以建立和发展。随着国家实力的提升和冷战结束后全球化的勃兴，巴西的外交视野愈发广阔。在卢拉执政期间，巴西的全球影响力得到显著增强，巴西与非洲、中东和亚洲的关系得到全面加强，巴西还在二十国集团、金砖国家、世界气候变化大会和世界贸易组织等多边机制中扮演着重要角色。巴西在消除饥饿、推动可持续发展、捍卫人权、防止核扩散和国际维和等重要领域享有国际声誉和影响力。巴西外交团队也素以专业性强而享誉国际。尽管上述软实力一定程度上弥补了硬实力的不足，使得巴西在实现崛起进程中面临的国际压力不像其他崛起国那么大，但相应的影响力也难免受损。

经过不懈奋斗与探索，巴西仍在试图甩掉"未来大国"的帽子，成为国际体系中有着不可忽视的现实影响力的国家。展望今后的大国之路，巴西仍然面临着不少困难。其一，巴西经济短期内难以摆脱二元结构，经济结构调整任务仍然艰巨。巴西经济对原材料和初级产品出口的依赖程度仍然很高，工业产品的国际竞争力仍需提高，这种情况在世界经济增长乏力的形势下显得尤为脆弱。其二，巴西发挥全球影响的愿望与国家可支配资源之间存在不小的落差。巴西用倚重软实力的路径来谋求强国地位，是出于巴西自身捉襟见肘的境况，绝非完全的求胜之策。[1]扮演更大的领导角

---

[1] 张森根：《巴西的强国梦：回顾与展望》，载［美］戴维·马拉斯、哈罗德·特林库纳斯：《巴西的强国抱负》，熊芳华、蔡蕾译，张森根审校，杭州：浙江大学出版社2018年版，第Ⅶ页。

色要求巴西更加开放本国经济并提供更多的国际公共产品，显然巴西还没有完全准备好。随着中产阶级的崛起，提升教育、基础设施和医疗等国内议程的紧迫性在不断提升。巴西仍然是一个受制于低效率、繁文缛节、制度不良和市场竞争不足的国家，除非这些重大的增长阻碍能够得以解决，否则巴西的前景依然不容乐观。[1]其三，国际体系转型的渐进性、曲折性与艰巨性增加了巴西大国梦实现的难度。巴西大国梦的实现在很大程度上受制于国际体系的转型，欧美经济转圜后改革国际体系的意愿降低，保护主义和民粹主义在大西洋两岸都开始出现，而金砖国家的合作尚处于初步阶段，巴西可资利用的国际资源尚待开拓。

---

[1]〔智〕塞巴斯蒂安·爱德华兹：《掉队的拉美》，郭金兴译，北京：中信出版集团 2019 年版，第 248 页。

第二章

中巴战略伙伴关系的深化

在 21 世纪以来中国的诸多合作中，中国与巴西的战略合作独树一帜，成为外界观察中国对外关系的重要案例。本章试图从双方的经济合作历程、去工业化议题以及战略协作等角度比较全面地分析中巴战略伙伴关系，进而更好地思考如何深化中巴战略伙伴关系。

第一节

———

中巴战略伙伴关系的经济维度

作为崛起中的重要新兴经济体，借助经济全球化趋势与各自更为进取的全球战略，中国与巴西的经济合作日趋深化，合作范围从双边经贸拓展至世界经济治理，成为南南合作的典范。中巴经济合作是两国关系全面发展的重要引擎与支撑，也是新兴经济体开展国际合作的典范。

一、 建交以来的双边经贸与技术合作

（一）第一阶段：1974—1984 年

1949 年后很长一段时间内，中巴两国虽有民间贸易来往，但双边贸易额很小，对彼此缺乏深入了解，也不是各自经济外交的优先选择对象。1961 年，巴西政府开始了与社会主义国家建交的步伐，巴西副总统若昂·古拉特访华，两国签订了银行间贸易协定，但对贸易的推动作用不大。[1] 1964 年巴西军事政变后，巴西国内的反共意识形态阻碍了两国商业关系的进一步发展，尽管巴西迎来了经济高速增长期，但这种势头直至 20 世纪 70 年代中期因国际石油危机才出现逆转。

经济实力的增长与外部环境的挑战促使巴西经济外交以更加广阔的视野来应对新的局面。埃内斯托·盖泽尔军政府的外长安东尼奥·弗朗西斯科奉行负责的务实主义，主张巴西寻求扩大战略伙伴以在国际多边场合增加与富裕的欧美国家谈判的筹码，认为作为联合国安理会常任理事国的中国是巴西不能忽视的。[2] 在这种大的战略思维推动下，20 世纪 70 年代初巴西工商界积极要求同中国建立贸易关系，巴西商业代表团于 1971 年和 1972 年两度访问中国。随着中美关系的逐步解冻以及巴西国内商业界的推动，巴西军政府对华政策出现松动，中巴两国于 1972 年恢复了直接贸易，1974 年建立外交关系，中巴关系由此摆脱冷战阴影，逐渐迈入正轨。

中巴建交的主要考虑和即时效应主要是政治层面的，经济层面的实质

---

[1] Rodrigo Tavares Maciel and Dani K. Nedal. "China and Brazil: Two Trajectories of a 'Strategic Partnership'", in Adrian H. Hearn and José Luis León-Manríquez, eds., *China Engages Latin America*, Colorado: Lynne Rienner Publishers, Inc., 2011, p.237.

[2] Tullo Vigevani and Gabriel Cepaluni, *Brazilian Foreign Policy in Changing Times*, New York, Lexington Books, 2009, p.7; Rodrigo Tavares Maciel and Dani K. Nedal, "China and Brazil: Two Trajectories of a 'Strategic Partnership'", in Adrian H. Hearn and José Luis León-Manríquez, eds., *China Engages Latin America*, Colorado: Lynne Rienner Publishers, Inc., 2011, p.238.

性交往在建交后很长一段时间内较为羸弱。直到 1978 年中巴两国才签订了一个放松贸易限制的协定。进入 20 世纪 80 年代后，中巴两国的贸易开始有了更加实质和持续的发展，但囿于两国对外开放的规模有限，两国的贸易额仍然不高。一个比较有趣的现象是，与今天巴西作为石油出口国、中国作为石油进口国的情形大不相同，当时外汇有限的巴西亟须进口石油，而作为石油净出口国的中国为巴西预留了 2 万桶石油的额度。[1]

（二）第二阶段：1984—1995 年

各国的政治雄心和角逐之间的相互影响，包括它们在合作方面的努力，确立了市场和经济力量在其中运作的政治关系框架。[2]国家必须关注权力关系及其经济基础的变动，从而不断调整自身的国家利益和国际战略。20 世纪 80 年代中后期，巴西开始由军人政府向文人政府过渡的民主转型，但在经济上却处于危机状态，进口替代政策已经难以为继。高通胀、外债和社会动荡困扰着巴西经济的发展前景。巴西文人政府在国内重点推进经济自由化，在国际上则重点加强地区合作和对美关系，中国的对外关系重点也主要是美欧关系和吸引周边邻国的投资，中巴两国在这个阶段都不是对方的战略优先。尽管如此，中巴两国也开始逐渐在战略上探索双方关系的重要性。中国和巴西之间虽没有重大的安全合作需求，但两国政治合作的需求对于双方经济合作的影响不容忽视。

1986 年 9 月，巴西中国工商总会在巴中两国领导人的共同倡导下在巴西成立，促进了巴西与中国在经贸、文化、体育各领域的交流。1993 年，中国时任国家主席江泽民将中巴关系界定为战略伙伴关系。中国在巴西开展经济合作始于 1984 年，主要包括承包工程和劳务合作。以扩大投资和加

---

[1] Rodrigo Tavares Maciel and Dani K. Nedal, "China and Brazil: Two Trajectories of a 'Strategic Partnership'", in Adrian H. Hearn and José Luis León-Manríquez, eds., *China Engages Latin America*, Colorado: Lynne Rienner Publishers, Inc., 2011, p.239.

[2] ［美］罗伯特·吉尔平：《全球政治经济学》，杨宇光、杨炯译，上海：上海人民出版社 2006 年版，第 17 页。

强贸易、技术方面的合作为目的，巴西和中国间的贸易代表团往来频繁。总体而言，巴西在该阶段更多地从国际政治的视角看待中国的重要性，而将经济合作放在了次要的位置。

（三）第三阶段：1995—2003 年

在卡多佐的任期内，通过一系列私有化改革以及旨在控制通胀的财政努力，虽然遭遇 1997 年亚洲金融危机的严重冲击，但巴西经济的元气逐渐得到恢复，对外经济开放度有所提升。中国经济在该阶段也迎来了高速成长期，对外贸易处于扩展期，并于 2001 年加入世界贸易组织，为中巴两国贸易的增长创造了更好的条件。在对外事务上与中国类似，巴西外交的主要精力仍然集中在构建良好的邻国关系以及处理对美关系，但两国旨在促进贸易的官方交往显著增多。在欧美企业主导巴西大豆流通体系，而中巴大豆贸易正在兴起的情况下，巴西采取了将中国贸易商直接引入产地介绍给大豆生产者的做法，有力地促进了两国大豆贸易的发展。

中国和巴西的经济关系逐渐在起点很低的基础上取得进展，两国年均贸易额从 20 世纪 80 年代的 7.55 亿美元增长到 90 年代的 14.94 亿美元。在贸易结构方面，巴西对华出口商品中原材料和初级产品占据主导地位，而中国对巴西出口商品中，机器设备和制成品等占据主导地位。进入 21 世纪以来，中巴贸易额增速明显且巴西占据顺差，2001—2003 年，巴西在中巴贸易中的顺差依次为 10 亿美元、15.4 亿美元和 37 亿美元。[1]随着中国正式加入世界贸易组织，中国与巴西的经济关系迅速升温。2001 年，在巴西的出口对象国中，中国从第 12 位跃居第 6 位。中国与巴西还在制造业领域开展技术合作，巴西大型车辆公司"马可波罗"来华传授车体组装的技术。巴西在汽车零部件和飞机制造等领域的比较优势越来越被中方重视。

在这一阶段，中巴两国的投资额还十分有限，但两国企业已开始探索

---

[1] 参见李放、卜凡鹏主编：《巴西"美洲豹"的腾飞》，北京：民主与建设出版社 2013 年版，第 65—66 页。

在对方国家开展投资等业务。巴西是中国在拉美对外直接投资的最大接受国，截至 2002 年底，中国在巴西投资兴办的贸易公司和企业共 67 家，协议投资金额为 1.57 亿美元，实际投资 1.19 亿美元，主要项目有宝钢集团投资的宝华矿山股份有限公司、华为公司投资的华为巴西电信有限公司和格力公司投资的格力电器巴西有限公司等。1999 年 12 月，中国五矿集团公司在巴西成立了第二家海外区域控股公司"中国五矿南美控股有限公司"。巴西在华投资项目 277 个，合同投资额 2.47 亿美元，实际投资额 0.72 亿美元，在华投资的主要企业有巴西航空工业公司、恩布拉格压缩机公司和马可波罗汽车公司等。1995 年，巴西恩布拉格公司与北京雪花电子器械集团建立了生产压缩机的合资企业。2002 年，巴西安博威公司与哈尔滨飞机工业有限公司在哈尔滨联合投资设立生产支线飞机的哈飞安博威工业有限公司。

（四）第四阶段：2003 年至今

志在推动国际秩序更加民主化和实现巴西大国地位的卢拉政府上台后，其对华政策得到了有效的落实，中巴经济关系的政治引领和机制保障变得更加有力，为经济合作的深化起到了保驾护航的作用。除了巴西国内经济政策变得更趋成熟等内部原因之外，巴西的崛起也要部分地归功于中国对巴西出口的强烈需求。[1] 2004 年巴西承认中国为市场经济国家，是做出这一姿态的为数不多的主要经济体。巴西政府之所以能够克服国内利益集团存在巨大争议的困难，甘冒"去工业化"加剧的风险，是因为它主要从国家长远利益和国际格局变化来考虑该问题。巴西重视中国在未来国际体系中的重要地位，认为中国是其南南合作战略的重要伙伴。2005—2013 年期间，巴中贸易额年均增长率达到 23%。巴西贸易和投资促进公司、国家农业委员会、国家交通委员会、巴西农业研究所、巴伊亚州政府等巴西公私机构在华设立分部以吸引中国投资。在 2008 年国际金融危机和 2020 年新冠病毒疫情的大背景下，中巴经贸关系不仅没有沦为保护主义的牺牲品，反

---

[1] Riordan Roett, *The New Brazil*, Washington D.C.：Brookings Institution Press, 2010, p.96.

而成为各自应对危机的重要依托，经济关系更为均衡和有力，在经贸、投资和金融合作等领域均取得了历史性的成就。

中巴两国的利益共同点远远超过贸易，迈入快车道的投资在两国的经济关系中变得更加重要。进入21世纪以来，中国与巴西经济关系的一个重要特征是投资增长迅速并呈现出多元化的势头，两国经济关系以贸易为主的旧格局有所改变，形成投资与贸易并重的新格局。中国企业在该阶段开始加速全球布局，特别是2008年国际金融危机之后，国外资产价格下降，产能和资金富裕的中国企业加快了全球扩张的步伐。巴西规模可观的国内消费市场、制造业基础以及该国与拉美地区国家的贸易网络吸引了中国投资者的目光。

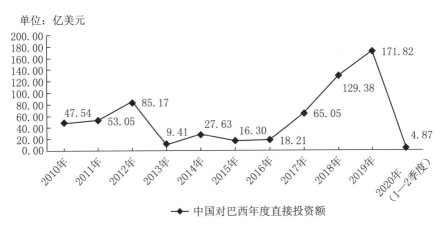

资料来源：巴西政府的投资信息网（Rede Nacional de Informaçôes Sobre o Investimento），https://app.powerbi.com/（数据截止到2020年第2季度）。

图2.1　中国对巴西年度直接投资额（2010—2020年）

一般认为，2010年是中国在巴西投资的一个转折点。该年，巴西成为中国在拉丁美洲的最大投资国，中国当年在巴西的投资达126亿美元，是中国此前在巴西投资总额的大约20倍。2010年，国有企业占据中国在巴西投资总额的93%。[1]这些投资主要来自中国石油集团、中国石化集团和国

　[1]　Barros de Castro，Antonio，ed.，*Chinese Investment in Brazil*，RJ：Conselho Empresarial Brasil-China，May，2011.

家电网等 3 家大型中资能源公司，投资方式是从巴西的外企中购得经营权。2013 年以来，中国对巴投资呈现出多元化的特点，超越了传统的矿产、农业和能源等领域，涉及通信、电力、汽车和基础设施等众多行业。华为技术有限公司、中兴通讯股份有限公司、格力电器股份有限公司、嘉陵工业股份有限公司、江淮汽车集团股份有限公司、奇瑞汽车股份有限公司、国家电网以及中国石化集团等一大批中资企业已在巴西立足。巴西政府设立的位于亚马孙州的玛瑙斯经济特区也吸引了包括格力公司在内的中国企业的投资。在国内互联网企业大发展的情况下，中国企业也开始重视拥有全球第五大互联网市场的巴西，百度继 2012 年上线葡萄牙语版搜索引擎之后，又涉足巴西的电商市场。

中国足球队虽无缘巴西主办的 2014 年世界杯，然而巴西世界杯并不缺乏中国的经济元素。除中国企业英利集团成为该届杯赛的官方赞助商之外，还有包括美的集团、中国北车股份有限公司、三一重工股份有限公司等 31 家中企参与杯赛相关的城市交通、场馆建设和赛事用品等多个环节。相对于比赛用球和吉祥物等传统产品而言，华为的通信服务、同方威视的安检设备、中联重科的尖端机械、湖南南车的新能源客车、新亚胜的液晶显示器和英利的光伏系统不仅满足了巴西对世界杯中科技与环保等元素的追求，而且体现出中国制造的新水准。杯赛的中国元素也从一个侧面反映了中巴经济关系近年来取得的巨大进步。

在中巴更加重视两国经济关系的新形势下，虽然中巴双向投资均有进展，但中国对巴西的投资更为强劲，巴西对华投资也取得了一定进展但总额不是很大。在 2000—2017 年间，巴西占中国对拉美直接投资的 44%。[1]中国对巴西的投资主要包括能源、矿产、农业、基础设施、制造业等行业。巴西在华投资主要包括压缩机生产、煤炭、房地产、汽车零部件生产、纺织服装等项目。巴西淡水河谷公司、巴西国有石油公司、巴西航空公司、

---

[1] Enrique Dussel Peters,"Monitor of Chinese OFDI in Latin America and the Caribbean 2018", *Academic Network of Latin America and the Caribbean*，2018.

巴西食品公司等都陆续进入中国市场，合作设立的厂商包括哈尔滨巴西航空公司制造厂、南通巴西万高电机制造公司、南通巴西沃托兰廷水泥厂、常州的马可波罗客车零部件制造厂，以及在安徽池州和辽宁大连的巴西镁业的生产部门。巴西公司的这些投资显示出其重视中国巨型消费市场的战略眼光。

　　贸易是驱动中巴经济合作的第一大引擎。中国是巴西第一大贸易伙伴，同时巴西也是中国在拉美地区最大的贸易伙伴。2009 年 1—6 月，受 2008 年全球金融危机的影响，巴西货物进出口额比上年同期下降 25.9%，但中巴双边货物进出口额增长 5.3%，显示出中巴贸易依存度逆势上升。中国商务部网站的国别贸易简讯显示，自 2009 年 6 月起中国取代美国成为巴西第一大贸易伙伴、最大的出口目的地和第二大进口来源国。[1]2009 年以来，中国一直是巴西最大的贸易伙伴，之前美国占据该地位长达 80 年。[2]自 2012 年起，中国作为巴西第一大贸易伙伴，不仅是该国第一大出口目的地，而且是该国第一大进口来源国。据中国海关统计，2019 年，中巴双边贸易额为 1 153.42 亿美元。中国主要出口机械设备、计算机与通信技术设备、仪器仪表、纺织品、钢材、运输工具等，主要进口铁矿砂及其精矿、大豆、原油、纸浆、豆油、飞机等。[3]

　　2014 年 7 月 17 日发表的《中华人民共和国和巴西联邦共和国关于进一步深化中巴全面战略伙伴关系的联合声明》第 11 条正式宣布中国国际贸易促进委员会（以下简称"中国贸促会"）在巴西设立代表处。驻巴西代表处是中国贸促会在海外设立的第 17 个代表处，是继俄罗斯之后在金砖国家设立的第 2 个代表处。代表处的设立体现了中巴两国对深化双边经贸合作的高度重视。中国的进口需求是拉动巴西经济增长的驱动力，也是巴西受

［1］　中国商务部：《2009 年 6 月巴西贸易简讯》，http://countryreport.mofcom.gov.cn/new/view110209.asp?news_id＝15603。

［2］　Daniel Cardoso, "China-Brazil: A Strategic Partnership in an Evolving World Order", *East Asia*, Vol.30, No.1, 2013, pp.35—51.

［3］　数据引自中国外交部网站，https://www.fmprc.gov.cn/web/gjhdq_676201/gj_676203/nmz_680924/1206_680974/sbgx_680978/。

表 2.1 巴西前十大贸易伙伴年度变化表（2009—2020 年）

排名＼年份	2009	2010	2011	2012	2013	2014	2015	2016	2017	2018	2019	2020
1	中国	中国	中国	中国	中国	中国	中国	中国	中国	中国	中国	中国
2	美国	美国	美国	美国	美国	美国	美国	美国	美国	美国	美国	美国
3	阿根廷	阿根廷	阿根廷	阿根廷	阿根廷	阿根廷	阿根廷	阿根廷	阿根廷	阿根廷	阿根廷	德国
4	德国	德国	德国	德国	德国	德国	德国	德国	德国	德国	德国	巴西
5	日本	日本	日本	韩国	荷兰	荷兰	荷兰	荷兰	荷兰	荷兰	荷兰	荷兰
6	荷兰	韩国	韩国	日本	日本	日本	日本	韩国	日本	智利	日本	韩国
7	意大利	荷兰	荷兰	荷兰	韩国	韩国	韩国	日本	墨西哥	墨西哥	墨西哥	日本
8	法国	意大利	意大利	意大利	印度	印度	墨西哥	墨西哥	智利	韩国	智利	阿根廷
9	英国	法国	智利	印度	墨西哥	意大利	意大利	意大利	韩国	日本	韩国	墨西哥
10	印度	智利	法国	墨西哥	尼日利亚	尼日利亚	印度	智利	印度	西班牙	意大利	智利

注：2020 年排名第四的巴西属于该国"复进口"情况所致。

资料来源：综合中国商务部国别贸易报告和巴西政府的数据，http：//comexstat.mdic.gov.br/en/geral。

2008 年全球经济衰退影响较小的主要原因。巴西的大公司也从中国的购买订单中获益匪浅。比如，巴西淡水河谷成长为世界上最大的采矿公司之一；巴西石油不仅石油产能激增、石油出口量大幅增加，还成功收获了中国对其深海油田的巨额投资；巴西航空则在中国建立了第一个海外飞机制造厂，中国也成为继美国之后该公司支线飞机的第二大购买国。

单位：亿美元

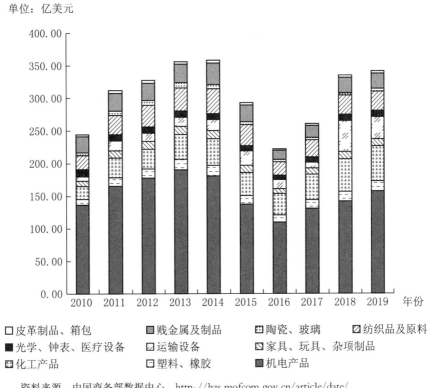

皮革制品、箱包 　贱金属及制品 　陶瓷、玻璃 　纺织品及原料
光学、钟表、医疗设备 　运输设备 　家具、玩具、杂项制品
化工产品 　塑料、橡胶 　机电产品

资料来源：中国商务部数据中心，http://hzs.mofcom.gov.cn/article/date/。

图 2.2　中国对巴西年度出口产品主要类别（2010—2019 年）

进入 21 世纪以来，巴西成为中国的主要铁矿石进口来源国，与地理位置上更加接近中国的澳大利亚同等重要。2008 年全球金融危机爆发之前，中国制造业和房地产业正处于高峰期，对巴西铁矿石的需求量非常大。巴西和澳大利亚等国的铁矿石公司作为供给方开展合作，共同提高铁矿石的出口价格，中国钢铁公司由于对铁矿石的刚性需求在价格谈判中处于劣势。在这种形势下，为了更加接近钢材销售市场和得到原材料，巴西淡水河谷公司与中国宝钢等一些钢铁公司相互入股，开拓对方国家的市场。湛江与巴西淡水河谷公司联手建设中国南方铁矿石物流中心。2014 年 9 月 26 日，巴西淡水河谷公司与中国招商局集团签署超大型矿砂船合作协议，双方同意签署为期 25 年的租赁协议，中国招商局集团建造 10 艘超大型货轮从巴西运输铁矿石至中国。[1]在包括中国和印度在内的亚洲市场日益重要之际，巴西在战略上越来越重视与亚洲的基础设施互联互通建设，拟议中的"两

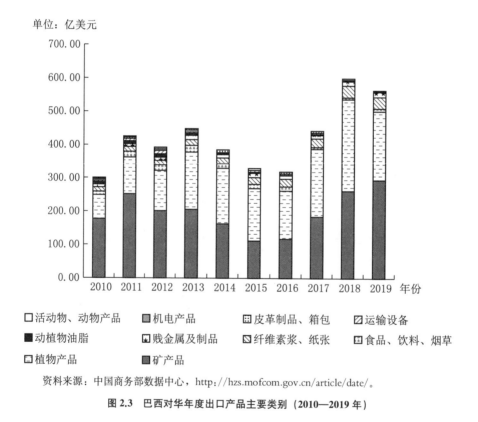

单位：亿美元

资料来源：中国商务部数据中心，http://hzs.mofcom.gov.cn/article/date/。

图 2.3　巴西对华年度出口产品主要类别（2010—2019 年）

---

［1］　中国国际贸易促进委员会：《淡水河谷与招商局集团签署超大型矿砂船合作协议》，2014年 10 月 20 日，http://www.ccpit.org/Contents/Channel_3421/2014/1020/423500/content_423500.htm。

洋铁路"[1]以及巴西对南美基础设施建设的重视都服务于强化中巴贸易纽带的需要。特朗普政府发起对华贸易战后，巴西在农产品和铁矿石输华上不受影响，为中国的原材料供应安全做出了重要贡献。

随着中巴两国贸易和投资关系的深化，两国的金融合作和人文交流也得到了长足发展。巴西最大的国家银行巴西银行于 2004 年 10 月在上海开设代事处，2014 年升格为分行，为中国企业提供在巴西各地的金融服务。中国银行、中国工商银行、中国建设银行等都在巴西设立了机构。2009 年，中国国家开发银行与中国石化集团、巴西国有石油公司合作，成功运作了100 亿美元"贷款换石油"的大额石油合作项目，开启了中巴互利合作的新纪元。[2]在发现储量丰富的盐下层油田后，巴西有望成为石油输出国组织之外最具实力的石油出口国，金融合作对于推动两国在石油产业上的合作作用巨大。2013 年 3 月，中巴两国央行签署 1 900 亿元人民币/600 亿巴西雷亚尔双边本币互换协议，金额约相当于中巴年度贸易额的一半，为期 3年，在国际支付发生困难的情况下可以动用，这对于人民币国际化和维护巴西的金融安全具有重要意义。2017 年 5 月，中巴扩大产能合作基金宣布启动，规模 200 亿美元，由双方共同出资、共同管理，该基金尚需得到巴西联邦立法机构的批准。2019 年 9 月，在巴西政府放宽外资在巴设立金融机构的限制后，徐工集团开创性地在巴西设立独资银行，拓展本地融资租赁等金融业务。

由于两国间贸易量迅速增长且日渐庞大，同时国际上又缺乏对美联储政策的制约手段，中巴两国开始探索切实在日常贸易中使用对方货币结算的具体措施。国内钢铁企业铁矿石进口使用人民币结算也不断取得进展。2020 年 5 月上旬，中国宝武钢铁集团下属宝钢股份在与澳大利亚力拓集团

---

[1]　"两洋铁路"是指横跨南美洲大陆，连接太平洋岸及大西洋岸的铁路建设项目。2014 年 7月，习近平主席访问巴西时建议中国、巴西和秘鲁三国就两洋铁路项目组建联合工作组。2015 年 5 月，李克强总理访问南美期间签署横跨巴西、秘鲁连接大西洋和太平洋的两洋铁路可行性研究合作文件。

[2]　新华社：《金融助力，中巴互利合作开启新纪元》，http://www.bdb.com.cn。

单位：亿美元

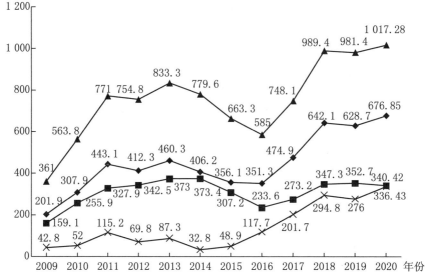

资料来源：综合巴西经济部外贸秘书处和中国商务部历年国别报告数据。

图 2.4　中巴年度双边贸易量及盈余（2009—2020 年）

完成首单以区块链技术实现的人民币跨境结算后，中国宝武钢铁集团与包括巴西在内的全球三大铁矿石供应商之间都已经实现人民币跨境结算，金额合计超过 5 亿元。[1]

二、中巴国际经济合作的主要进展

回顾中国和巴西的经济交往历史可以发现，中国不仅仅看到了巴西作为原材料、能源供应方与巨大消费市场的重要地位，也日趋重视巴西在国际经济秩序转型中的战略影响。随着巴西国际战略在卢拉执政时期转向大国外交，中巴战略伙伴关系得到深化和拓展，其国际性和全球性得以逐渐

---

[1]　参见中国人民银行：《2020 年人民币国际化报告》，2020 年 8 月 14 日，第 19 页。

体现。中巴两国在联合国、"中国—拉美企业家高峰会"、"中国—葡语国家经贸合作论坛"、美洲国家组织、金砖国家峰会、二十国集团和基础四国合作机制等较有代表性的多边机制中开展了广泛的合作，推动和完善国际经济治理体系，协力推动主要国际经济机制向有利于金砖国家和发展中国家的方向转型，两国多边合作的全球影响日益凸显。2012 年中巴两国政府《联合声明》将两国关系从战略伙伴关系升级为全面战略伙伴关系，标志着两国关系的国际性和全球性内涵更加突出。

中国和巴西是南方世界、发展中国家的重要经济体和代表，两国在推动南南合作中扮演了重要角色。两国在历史上都支持发展中国家关于 200 海里专属经济区权益的主张，主张发达国家应该在国际发展和应对气候变化中承担更多的义务，在国际经济体系中维护新兴市场和发展中国家的权益。鉴于中国和巴西在国际经济体系中发挥主要作用大体发生在 21 世纪以来，本部分主要探讨两国在进入 21 世纪以来的国际多边经济合作及其影响。

第一，中国和巴西作为新兴发展中大国具有众多战略契合点，双方的合作已经成为南南合作的典型，代表了冷战后大国经济合作的发展趋势。

中国提出了走和平发展道路和推动建设和谐世界、构建人类命运共同体的国际战略，巴西在卢拉的头两个总统任期也力图强化该国在建立国际新秩序中的影响力，两国均强调现存国际经济政治秩序变革的和平性与渐进性。中巴两国分享身为发展中大国、地区性大国和世界事务中的主要国家等共同的身份认同。在这种相似的身份界定基础上，中巴两国对于国际体系的看法相近，均重视参与全球化和国际合作在实现各自国家崛起中的作用，重视维持与主要大国的合作关系，注重借助新兴大国的合作来推动国际关系的民主化和实现各自的大国目标。作为发展中大国，中巴两国的国际影响力近年来获得显著提升，但也面临着作为"不完全大国"能力不足的困境，因此需要在战略上相互借重。

作为发展中大国之间建立的第一个战略伙伴关系，中巴致力于发展持久、稳固和战略性的双边合作，对于其后国际上战略伙伴关系的兴起起到了示范和带动作用。自 1993 年建立战略伙伴关系以来，两国领导人持续关注双边关系的战略重要性，从互补与合作的角度看待两国存在的差异，为构建和巩固双边战略合作提供政治支持。双方互为对方重要的贸易伙伴，且均为世界主要经济体，代表了新时期南南合作水平的实质提升。中巴两国发展国际合作并非为了争夺霸权，而主要是致力于合作应对全球性挑战，推动国际关系的民主化，为本国谋求更为多元、平衡和具有全球性的对外经济关系。

第二，中巴发展国际合作得到了各自国家实力提升、相互经济关系密切和发展规划细致的有力支撑。

在国家实力方面，中国是世界第二大经济体，巴西 2011 年一度成为世界第六大经济体。在后冷战时期的国际关系中，经济实力是基础，经济外交盛行，中巴经济实力的提升为两国开展国际合作、发挥大国作用提供了良好的基础和更多的可支配资源。在世界经济遭遇 2008 年金融危机冲击的情况下，中巴两国在二十国集团的框架下为世界经济复苏做出了努力，还通过金砖合作的框架向国际货币基金组织注资。正是国家实力的提升，将巴西从国际货币基金组织的救助国转变为施援国，而且共同提升了金砖国家合作机制的影响力。在进入 21 世纪以来，巴西政府大力推动兼顾发展、稳定和社会公正的经济政策，推进财税和社会福利等多项改革，初步培育了一个主要由国内消费市场带动的大型经济体，发展模式的国际影响力得到提升。

中巴经贸关系日趋密切、金融合作的内容增多，成为推动世界经济均衡、健康发展的重要驱动力量。在 2013 年金砖国家南非峰会期间，中巴签署了一项价值 300 亿美元的货币互换协议，金额约相当于中巴年度贸易额的一半，对于人民币的国际化具有积极影响。巴西成为首个与中国签订此类货币协议的最大经济体，推动此类协议超越了中国的周边地区，此前主要的签署方是中国香港、韩国、澳大利亚、马来西亚和新加坡。中巴两国作为世界主要经济体开展此类货币合作，对于国际货币体系多元化也具有重要推动作用。2013 年 6 月 25 日，在美联储酝酿推出量化宽松的货币政策引发部分新兴经济体出现资本外逃的形势下，巴西总统罗塞夫与中国国家主席习近平通电话，就稳定国际金融形势和金砖国家合作交换意见，达成加强财经领域沟通合作与加快金融安全网建设的共识，对促进世界经济健康发展产生积极影响。当前，在拜登政府连续推出大规模经济纾困和刺激计划的形势下，加强中巴两国的财经对话与合作正逢其时。

第三，中巴国际合作在多边框架中发展迅速，成为各自参与国际体系和全球治理的重要支撑。

在战略伙伴建立之初，中巴两国已认识到双边关系具有产生全球性影响的前景。随着中巴两国综合国力的大幅提升，这些预期的潜力正在逐步转化为现实的国际影响力。国际社会已经更加经常性地把两国看作重要的全球性行为体，进而要求两国在解决诸如世界经济、气候变化、环境保护、国际安全等主要全球性议题上发挥影响力。例如，2011 年美国对外关系委员会的研究报告建议美国决策者认真对待巴西的全球性大国地位，加强与巴西的全方位合作，支持巴西成为联合国常任理事国。[1]

国际上也兴起了中国责任论，希望中国在广泛的全球性事务中发挥领导作用。[2]面对国际社会的期待和本国海外利益的拓展，多边性或全球性议题成为中巴高层对话的重要内容。根据两国《2010 年至 2014 年共同行动计划》，诸如武器控制、气候变化以及在联合国、世界贸易组织和 G20 峰会内开展协作等被纳入双边合作议程，以此确保两国以及更广泛的发展中国家的权益，并推动亚洲与拉美之间跨地区的合作。巴西支持中国成为美洲国家组织观察员和加入美洲开发银行，中国也支持巴西申请加入亚投行。2013 年金砖国家峰会期间，巴西总统罗塞夫表示巴西支持成立中拉论坛，这是中方自 2012 年 6 月倡议成立该论坛以来取得的最重要的进展。考虑到巴西力拒美洲自由贸易区的历史，巴方支持论坛的重要性尤为可贵。中

---

〔1〕 Council on Foreign Relations, "Global Brazil and U.S.-Brazil Relations", *Independent Task Force Report*, No.66, July 2011.

〔2〕 牛海彬：《"中国责任论"析论》，载《现代国际关系》2007 年第 3 期，第 46—50 页。

国—拉美和加勒比国家共同体（以下简称"拉共体"）论坛自成立以来运作良好，得到了智利、墨西哥等国的大力支持，该论坛在未来的顺利和持续运作离不开巴西的积极参与和支持。

中国和巴西作为两个重要的新兴发展中国家，在从联合国到金砖国家机制等多边框架内开展了广泛的合作。[1]中巴两国还在"基础四国"、联合国可持续发展大会以及联合国气候大会等多边框架下，就国际气候变化谈判、可持续发展政策等议题加强协调与合作。作为最具影响力的新兴经济体，中巴两国通过金砖国家合作机制和二十国集团等多边机制，就主要国际金融机制改革、合作应对全球金融危机以及推动联合国千年发展目标等议题保持了战略协作。在双方的共同努力下，中巴两国成为 2010 年世界银行和国际货币机制投票权与份额改革最大的获益方。在包括中国在内的金砖国家的共同努力下，巴西人罗伯托·阿泽维多得以当选世界贸易组织总干事。中国和巴西与美国、欧盟、加拿大、日本及印度一道在世界贸易组织谈判中扮演着重要角色。

中巴国际合作的成果正在外溢至各自所在地区之外的区域，并借助金砖国家峰会等多边机制平台提供国际公共产品，两国国际合作的全球性内涵初步显现。以两国战略合作对非洲地区的影响为例，作为早期南南合作的典范，中巴联合研制地球资源卫星项目成绩斐然，并免费向非洲国家提供图像服务。该项目使巴西成为世界上为数不多的在国土监测领域建立基本遥感数据的国家。国际社会通常关注中国和印度在非洲影响力的上升，然而巴西在非洲影响力的上升也很明显，特别是卢拉头两个总统任期的巴非关系获得了全方位提升。[2]巴西发展与非洲大陆包括政治和军事在内的全方位关系体现了其战略抱负，即担当南大西洋区域乃至发展中世界领袖和争取联合国安理会常任理事国席位。过去十余年，非洲在中巴两国对外

---

[1] 金彪：《浅析中国和巴西多边框架内的合作》，载《拉丁美洲研究》2012 年第 2 期，第 47—52 页。

[2] Niu Haibin, "Brazil and Africa: Partnership for Sustainable Growth", *Global Review*, Spring 2013, pp.6—10.

战略中的重要性均有大幅提升，两国在非洲也已经形成了一种合作加竞争的关系。为了更好地对这种新的关系进行管理，中巴两国已经进行了多轮副外长级的非洲事务磋商。[1]自2013年以来，非洲议题作为金砖国家峰会持续关注的议程，不仅体现了金砖国家集体对非洲地区重视程度的提高，也为中巴两国提供了一个协调对非政策的多边机制平台。随着金砖国家倡议筹建的金砖国家新开发银行顺利运转，中国和巴西将借助这一合作机制向非洲地区提供机制化的公共产品，深度参与非洲的发展议程，进一步提升两国在国际发展领域的话语权。

三、　中巴经济合作的启示

中巴两国21世纪以来发生了日趋深刻的经济联系，中国在制造业竞争、原材料需求和贸易盈余三方面都给巴西国内的经济生活带来了深刻影响，两国经济发展的相关性迅速提升。由于日益增长的经济规模和愈加活跃的外交姿态，中国和巴西正在对国际经济决策过程施加更大的影响。作为金砖国家合作机制中比较独特的成员，中国和巴西的经济实力最为接近、地缘政治矛盾最小，而且是经济关系最为密切的一对金砖国家。在全球化进程中，中巴两国的国际经济合作在地域和议题两方面都达到了全球性伙伴的程度，对理解当今新兴大国的合作趋势颇具启示意义。

首先，在展望中巴经济关系的未来时，双方在努力超越互补性之余，不应忽视或贬低互补性的重要性，而应坚持市场化导向。后者的生命力基于各自的比较优势以及经济发展趋势。在自然资源日趋稀缺的世界里，巴西的资源优势以及相关科技不可忽视。除了深海石油等传统能源继续扮演重要角色之外，巴西对于中国未来的粮食安全也非常重要。巴西是世界上能够以可持续发展方式扩大农业耕种面积的少数重要国家，这在很大程度

---

[1]　中国外交部网站："China, Brazil Hold Consultations on African Affairs", December 11, 2012, http://www.fmprc.gov.cn/eng/zxxx/t998088.htm。

上归功于该国的农业技术优势。中巴农业合作在投资领域已有所斩获，并正在积极推进农业领域的科技合作。[1]随着城镇化和消费对经济增长引擎作用的提升，中国对于肉、糖、皮革等农业类产品的需求空间巨大，而且国内市场对此类巴西产品的开放度和需求都还有很大的增长空间。继2011年商讨从巴西进口猪肉之后，中国质检总局与巴西签订协议，巴西玉米获得出口中国的检验检疫资格。从更广泛的贸易格局来看，巴西苦于无力向欧盟和美国出口农产品，因此中国对农产品的需求对巴西来说是非常难得的。在中国面临美国的贸易打压和新冠病毒疫情造成粮食出口保护主义的形势下，巴西作为一个中性、安全和稳定的食品和能源供应者，既是巴西未来增长的持续保障，也对中国的粮食安全战略相当重要。为此，两国需积极为农业投资合作排除法律障碍，加强农产品运输通道建设，完善检验检疫和通关便利化措施，兼顾原住民、环境等可持续发展需求。

另外，中国和巴西的贸易开放程度要得到极大提高尚需时日。巴西仍然是一个内驱型经济体，贸易对经济增长的贡献度有限，巴西贸易仅占全球贸易的1%。2011年，巴西进口占其国内生产总值的比重仅为13%。巴西制造业部门不希望政府开放贸易，担心外部竞争，这种情形对中巴贸易造成了比较负面的影响。[2]南共市与欧盟的自由贸易协定能够签订，主要是因为欧盟可能会比较多地进口巴西工业制成品，巴西与中国的自由贸易协定则为时尚早。巴西虽然是最早承认中国市场经济地位的主要经济体，但囿于巴西对中国竞争力的担忧，其对中国市场经济地位的承诺并未落实。中国商品在进入巴西时面临着反倾销措施的严重困扰。巴西一直希望中国

---

[1] 有关中巴农业合作的文献可参见：Mario Jales, Marcos Sawaya Jank, Shunli Yao and Colin Carter, "Agriculture in Brazil and China: Challenges and Opportunities", *INTAL Working Papers* 1296, Inter-American Development Bank, INTAL, 2006；郭洁：《中国与拉丁美洲的农业合作》，北京大学国际战略研究院印制，2016年3月；Marcos Sawaya Jank, Pei Guo, Silvia H.G. De Miranda, ed., *China-Brazil Partnership on Agriculture and Food Security*, Universidade de São Paulo, 2020.

[2] Carol Wise, *Dragonomics: How Latin America Is Maximinzing (or Missing Out on) China's International Development Strategy*, New Haven: Yale University Press, 2020, pp.153—190.

能够降低对成品的关税，以便巴西向中国出口更多的加工食品和豆油，但中国对于巴西服务业和农业产品的全面开放也尚需时日。在这种情况下，继续注重经济的互补性有利于两国经济关系的持久性。

其次，中国需要继续加强对巴西的投资，不仅投资于基础设施和能源矿产领域，而且要广泛地进入制造业和服务业的投资，谋求更多共赢的空间。巴西经济虽然不够开放，但制造业和服务业比较完善，而且通过10余年的社会发展政策培育了一个新兴的中产阶级，这是一个巨大的新兴消费市场。在贸易不够开放的情形下，中国企业通过投资巴西能够绕过贸易壁垒进入巨大的巴西国内市场。当然，这并非一条坦途。巴西工业基础有利于投资，但也有经商环境较差的问题。巴西社会对于外国公司投资能源和土地存有戒心。比如，2013年10月，巴西海上桑托斯盆地利布拉油田开采权竞标，这是巴西第一次采用产品分成合同进行招标，规定巴西国有股份必须占到30%以上并且是唯一作业者作为核心基础，给政府留成最多的公司将有更大的中标可能性。据此规定，此次竞标在巴西国有石油公司握有40%股份，道达尔能源（20%）、荷兰皇家壳牌集团（20%）、中国石油集团（10%）和中国海洋石油集团（10%）联合竞标的情况下，仍然引发了巴西民间的抗议活动。抗议者认为政府允许外资进入石油生产领域是出卖本国利益。巴西政府近年来对外资购买土地的面积和途径、投资的当地内容、外国劳工签证和矿业活动等出台了限制或规范措施。这些举措客观上增加了中国企业投资巴西土地和矿产的难度和成本。此外，与各国投资一样，中国企业投资巴西还要面临所谓的"巴西成本"问题，即高估的货币、高利率、高税收、不充足的基础设施、教育质量不高和严格的劳工法等。

在巴西当前的投资环境下，中国投资者采取伙伴关系和本土化战略对于企业长远发展将更为有利。建立伙伴关系是更好的取得成功的办法，在华投资的拥有良好中国伙伴的巴西企业都比较成功。文化差异和缺乏了解也是中国企业投资巴西时要面对的情况，所以与巴西当地企业结成合作伙伴会遭遇较少的挫折。中巴经贸合作是以严格的市场准则为基础的。[1]此外，中国投资进入巴西在做好前期调研工作的基础上，最关键的还是要建立自身的核心竞争力，价格竞争容易遭到同行抵制，应做好投资战略升级的准备，树立好现代企业责任的观念。

中巴 40 余年的经济合作启示我们，大国的经济合作是一个既受制于国际格局、又能够影响格局走向的开放进程。中巴经济合作呈现出全面发展的态势，亦面临着寻求可持续发展之道的深刻挑战。中巴经济合作的深化体现了两国对各自在国际经济秩序转型中战略影响的借重，中巴经济合作的国际性和全球性逐渐显现，成为推动和完善国际经济治理体系的积极力量。中巴经济合作的历程表明，中巴双方须从推动国际体系转型和完善全球治理机制的战略高度、积极与互补的角度看待相互的差异性，努力成为一支开放、合作与进步的新型国际力量。

第二节

———

"去工业化"议题对中巴关系的影响

2008 年全球金融危机以来，"去工业化"现象引发主要经济体的强烈关注，"去工业化"成为世界主要经济体的一个重要政策议题。[2]工业部门在创造就业和保持国际竞争力上的重要性被重新认识。在此背景下，2011 年美国出台再工业化政策，巴西发布《工业强国计划（2011—2014）》，而中国的工业部门加快走向全球。伴随民粹主义的兴起和经济全球化的深入发展，美

---

[1] [巴西] 路易斯·安东尼奥·保利诺：《金砖国家机制下巴中经贸合作：新特点和新趋势》，载程晶主编：《巴西发展报告（2017—2018）》，北京：社会科学文献出版社 2018 年版，第 256 页。

[2] "去工业化"主要是指，具备相当工业能力的经济体由于主动或者被动的原因，出现国内工业部门空心化或者弱化的现象。它既有国内的原因，也有全球化的背景。

日等国政府甚至试图出资鼓励本国在华跨国企业搬回国内,推动本国制造业复苏。"去工业化"现象之所以引发广泛关注,是因为它涉及技术能力的地理分布,关乎未来的国际经济秩序。值得注意的是,美国、日本、巴西等国在思考其"去工业化"问题时,均不同程度地将该问题归咎于与中国的经贸关系。这种情况表明,"去工业化"议题在中国对外关系中的重要性上升,反映了中国作为新兴制造业大国的国际困境。鉴于工业部门在各自发展和崛起战略中的重要性,正确应对该议题,关乎中巴战略伙伴关系的可持续性和稳固性。本节试图在中巴战略伙伴关系的框架下,探讨"去工业化"问题的政经因素与应对之道,进而探求其对构建新型大国关系和推进经济全球化的启示。

一、"去工业化"议题的经济解读

围绕巴西"去工业化"现象,中巴经贸关系中的一些深层次矛盾也开始显现。巴西去工业化现象有两个表现:一是制造业在国内产值中份额的显著下降;二是工业制成品在对外贸易中份额的显著下降。后一个表现在中巴贸易中非常突出。巴西政府的统计数据显示,初级产品在巴西对华出口中占比呈现上升趋势,而且从事对华进口的巴西公司要远远多于从事对华出口的巴西公司,两者在 2010 年的比例约为 10∶1。[1]巴西在对华贸易中虽享有巨额顺差,但出口商品主要是初级产品,而中国向巴西出售的产品多为制造业产品。由此不难理解,与印度关注对华贸易逆差问题不同,巴西更多关注的是对华贸易模式问题。当前及未来一段时间内,巴西固然担忧中国经济减速带来的进口需求减少,但其更深层次的忧虑,却来自中巴贸易模式对该国"去工业化"现象的影响。[2]在 2020 年上半年因新冠病

[1] 巴西政府简报,http://www.brasil.gov.br/para/press/files/fact-sheet-brazil-china-trade。

[2] Rhys Jenkins and Alexandre de Freitas Barbosa, "Fear for Manufacturing? China and the Future of Industry in Brazil and Latin America", in Julia C. Strauss and Ariel C. Armony, ed., *From the Great Wall to the New World*：*China and Latin America in the 21st Century*，Cambridge：Cambridge University Press，2012，pp.59—81.

毒疫情导致外部需求急剧下降的情况下，巴西对华出口维持了高水平，也进一步增加了巴西对华经济依赖。[1]博索纳罗总统在坦言中国是巴西未来一部分的同时，也呼吁巴西对华出口的拓展和多样化。[2]

事实上，巴西的"去工业化"现象有着深刻的国内原因。落后的基础设施、汇率升值、储蓄率和投资率低、利率过高、高等教育偏重文科等都难辞其咎。巴西政府和智库人士虽对此心知肚明，但依然对该现象中的中国因素颇有微词。为了应对在制造业领域的国际竞争压力，巴西财政部长曼特加于2010年提出"货币战争"概念。他以此指责包括中国在内的贸易伙伴故意压低其货币，以增强各自出口产品的竞争力。巴西近年来还努力推动在世界贸易组织框架下讨论汇率问题。罗塞夫政府对华政策的核心议题，始终聚焦于如何增加对华制成品的出口，改善对华贸易结构。2011年9月，巴西外贸委员会宣布一系列限制进口措施，涉及产品大部分来自中国，以保护本国工业。针对中国企业利用南共市的贸易便利，在成本更加低廉的成员国设厂，然后将产品出口到巴西市场的做法，巴西政府仿效加拿大的经验，利用贸易壁垒鼓励中国公司前往巴西本土投资，从而促进巴西的工业化。奇瑞汽车股份有限公司受此影响，调整了其在乌拉圭设厂再出口巴西的战略，转而在巴西投资设厂。在新冠病毒疫情蔓延的2020年上半年，中国超越巴西成为阿根廷的首要贸易伙伴，这引发了巴西工业界担心失去邻国出口市场的担忧。这些来自巴西政要和商界的反应，深刻地反映了巴西各界对于中巴经贸合作的如下忧虑。

忧虑之一是中巴贸易结构"南北色彩"日趋严重的发展态势，长此以往将加深巴西对初级产品出口的依赖，加剧"去工业化"现象。巴西国家开发银行的研究报告认为，中巴贸易的深化出现了两个不利于巴西的趋势：一是巴西从中国进口的产品正在从劳动力密集型产品向知识和技术密集型

［1］ Jose Roberto Castro, "Pandemic Makes Brazil Even More Reliant on China", *The Brazilian Report*, August 3, 2020.

［2］ AFP, "Bolsonaro Says Chin Part of Brazil's Future", November 14, 2019, https://news.ya-hoo.com/bolsonaro-says-china-part-brazils-future-224545612.html.

产品升级；二是巴西的知识和技术密集行业不但在国内受到中国同类进口产品的竞争，而且在全球市场上也受到冲击，这加深了巴西对出口初级产品的依赖。[1]中国因素不仅加剧了巴西对其贸易出口产品结构恶化的忧虑，而且引发了巴西对其地区贸易布局的担忧。据巴西媒体报道，2020年4月中国首次超过巴西成为阿根廷的最大贸易伙伴。[2]中国政府曾于2012年提出与南共市签订自由贸易区的意向，但巴阿分歧表明，要实现该意向，必须降低巴西对"去工业化"效应的忧虑。

忧虑之二是中巴贸易将加剧巴西的"去工业化"进程，危及巴西的可持续发展、国民福利和国际竞争力。工业化是现代国家财富与竞争力的基础，巴西政府特别注重工业化。这一方面是基于巴西的大国抱负，不愿意沦为其他大国的原材料供应国；另一方面，巴西从自身和其他大国的发展获得启示。中巴两国30年前经济实力相当，如今却相差甚远，因此巴西特别重视中国成功发展的经验，并将其归结为制造业的繁荣。2008年全球金融危机爆发后，美欧等发达国家试图通过再工业化重振竞争力，也令巴西深受震动。从巴西的国内发展议程来看，初级产品出口部门吸纳就业的能力有限，而且报酬偏低，只有强化工业部门的竞争力，才有望提高社会就业率和竞争力。此外，受到中国产品冲击的巴西本土企业和欧美企业，抱团游说巴西政府采取贸易保护政策。圣保罗工业联盟和国家工业联盟是巴西国内对华贸易批评声音最高的两个行业协会。工业部门的代表反对认可中国的市场经济地位。私有部门咨询委员会在赋予中国市场经济地位的法律程序中至关重要，国际工业联盟是该委员会的重要成员。在巴西对华贸易产业格局中，初级产品出口部门受益，制造业部门面临中国同行的有力竞争。因此，巴西制造业的前途不可避免地成为两国关系的重要议题。

巴西政府的忧虑表明，两国在经济领域的战略合作基础亟须巩固，使

---

[1] Puga, Fernando and Marcelo Nascimento, "Visão do Desenvolvimento：o Efeito China Sobre as Importações brasileiras", *BNDES Report*，December 20, 2010.

[2] Juan Martinez, "Could China Replace Brazil as Argentina's Main Trading Partner?" *The Rio Times*，August 9，2020.

之更具可持续性。在中巴战略伙伴关系的框架下，巴西的主要思路是中国减少对进口巴西制成品的限制，同时增加对巴西各领域特别是基础设施和先进制造业的直接投资。这一思路得到中方的认同。两国 2012 年 6 月签署的《联合声明》认为，扩大和促进双边贸易和投资多元化是互利的，强调两国贸易和投资对提高对象国产品附加值意义重大。近年来，中巴双向投资均有进展，特别是中国对巴西的投资呈现出快速增长和流向多元的特点。2019 年，巴西总统博索纳罗在访华期间延续了吸引中国投资的诉求，表示希望双方扩大贸易和投资，深化在科学技术、航天、体育等重要领域的合作，巴西将打开市场，欢迎中国企业积极参与巴西基础设施和油气领域投资合作，欢迎更多中国游客赴巴旅游并给予免签待遇，并感谢中方在国际场合为巴西等发展中国家仗义执言。[1]

二、"去工业化"议题的政治考量

"去工业化"议题对国家的发展与崛起具有战略影响。因此，涉及该议题的国家间关系必然呈现出政治与经济互动的特色。在世界经济高度相互依赖的今天，紧密的经贸关系未必总是能够发挥压舱石的作用。政治关系对经济合作的重大影响，不仅体现在既有大国与新兴大国的关系之中，而且也反映在新兴大国的关系之中。美国政府排斥华为参与 5G 国际市场的做法，充分说明美国及其盟国通常让潜在的经济冲突服从于维持政治和安全合作的需要。中巴之间虽没有重大的安全合作需求，但两国政治合作的需求对于双方经济合作的影响也不容忽视。

从积极影响来看，中巴经济关系的政治引领和机制保障较为有力，为经济合作的深化起到保驾护航的作用。巴西重视中国在未来国际体系中的重要地位，视中国为南南合作战略的重要伙伴。两国的一系列具有战略意

---

[1] 央视网：《习近平举行仪式欢迎巴西总统访华并同其举行会谈》，2019 年 10 月 25 日。http://news.cctv.com/2019/10/25/ART/WDizyoVosHWUJSyjG2e9191025.shtml/。

义的大项目合作展现和巩固了两国的战略互信。2009 年，中国国家开发银行与中国石化集团、巴西国有石油公司合作，成功运作了 100 亿美元的大额石油合作项目，开启了中巴互利合作的新纪元。[1]巴西有望成为石油输出国组织之外最具实力的石油出口国，中巴两国的石油合作具有重要意义。除继续开展地球资源卫星项目合作外，中巴合资公司 2012 年获准在华生产支线公务机，两国在高技术领域合作的良好传统得以延续。需要指出的是，在卫星和客机合作的最初阶段，像巴西这样兼具技术优势和合作意愿的国家少之又少。2013 年 3 月，中巴签署价值 300 亿美元的双边货币互换协议，金额约相当于中巴年度贸易额的一半，对于人民币国际化具有重要影响。2017 年，中巴设立规模高达 200 亿美元的双边扩大产能合作基金。很难想象，没有高度的政治共识，此类战略项目合作能够顺利实现。

2012 年中巴两国政府《联合声明》将两国关系升级为全面战略伙伴关系。这不是一次从战略伙伴关系到全面战略伙伴的简单升级，而是一次旨在解决新时期两国关系定位与矛盾的战略升级。首先，升级是对两国关系全球性和战略性影响的再确认。自 2008 年全球金融危机以来，两国通过政治协调，有效管控在人民币汇率问题上的分歧。两国还通过金砖国家和 G20 峰会等新的多边平台，协力推动主要国际经济机制向有利于金砖国家和发展中国家的方向转型。在国际金融危机的大背景下，中巴经贸关系不仅没有沦为保护主义的牺牲品，反而成为各自应对危机的重要依托，在经贸、投资和金融合作等领域均取得了历史性成就。其次，升级也是为了应对两国关系在全球化深入发展条件下的新挑战，即两国作为新兴经济体面临的合作水平提升、可持续性加强的挑战。2011 年，中巴《十年合作规划》（以下简称《规划》）出台，明确了 2012—2021 年双方在科技与创新、经济合作及人文交流方面的优先领域和重点项目。细观《规划》文本与合作项目排序，它非常强调从提升两国可持续发展和保持在世界经济中竞争力的视角看待两国合作。《规划》鼓励双边贸易多元化，特别是鼓励巴西高附

———————————

[1]　新华社：《金融助力，中巴互利合作开启新纪元》，http://www.bdb.com.cn。

加值产品对华出口。《规划》还制定了双边贸易额的增长目标。世界主要经济体之间能够达成如此长时段、全面性的合作规划实属罕见。

在描述上述积极图景的同时，中巴政治关系变动对经济合作的消极影响或挑战也不容忽视。如前所述，巴西2004年做出承认中国市场经济地位的承诺，主要是基于政治和外交目的，而非经济目的。在未能达到预期的政治目的后，巴西在中国市场经济地位问题上的立场有所倒退。[1]巴西政府虽然正式承认中国的市场经济地位，却没有修改国内相关法律、法规，仍然根据1995年的1602号法令的规定，在接受企业申诉、对中国产品实行反倾销调查时，将第三国同类产品价格作为参考指数。2012年巴西共发起16起反倾销调查，其中13起针对中国产品；中国商务部公平贸易局曾向巴方表达了我方关切，涉及巴方对中国市场经济地位的落实与近期对华产品反倾销调查等问题，希望巴方认真考虑在尼龙长丝、大蒜和陶瓷餐具等反倾销案件中中国企业的行业市场经济地位申请。[2]美中围绕华为参与5G国际市场的纷争也蔓延到了巴西。如前所述，华为进入巴西市场较早，为巴西的互联网基础设施发展贡献良多，巴西官方也认为华为设备质优价廉富有竞争力，但在美国的施压之下，巴西政府推迟了该国5G公开招标的时间表，试图静观美中博弈的结果，并表示将在技术和成本之外加入国家安全和地缘政治的考量。[3]

值得忧虑的是，巴西的中国观正在发生微妙变化。与卢拉政府（2003—2010年）更多从机遇论来看待中国不同，罗塞夫政府对中国的看法趋于机遇与挑战并重。前者强调从政治与战略合作的大局来看待贸易政策。

---

[1] 中国签订的入世议定书包括"15年市场经济地位过渡期"的条款，这意味着凡是未承认中国完全市场经济地位的世贸成员国，一旦要对中国企业发起反倾销诉讼，就可利用第三国（通常是市场经济国家）的更高价格来替代中国价格。按照入世协议，到2016年，中国将自动获得完全市场经济地位。为了尽早更加平等地参与世界贸易、免受反倾销之害，市场经济地位是中国处理与世界主要经济体关系的一个核心关切。

[2] 《"中国制造"难进巴西？》，《国际商报》2013年5月1日。

[3] Oliver Stuenkel, "In Spite of Bolsonaro, China Quietly Deepens Its Influence in Brazil", *America Quarterly*, November 11, 2019.

后者更加务实、更加强调培育本国制造业的竞争力，强调战略与政治合作应该建立在平衡和互利的经济合作基础之上。巴西战略界人士对中巴合作战略效应的评估变得更加谨慎。巴西前总统卡多佐认为，巴西不应完全从南南合作的框架来看待中巴合作，因为中国已经不再是南方国家，而是一个有着自身利益的大国，中巴关系的非均衡性超出了大多数人的认知。[1]近年来，两国在重要国际议程上的互动加剧了巴西战略界的忧虑。诸如两国在巴西入常、多哈回合谈判等议题上的立场分歧，促使巴西从更加现实主义的外交政策立场出发来看待两国关系。[2]在这种气氛下，巴西战略界对中巴战略合作之相对获益的关注上升，担忧巴西在经济关系上形成对中国的单方面、不对称依赖。巴西前外长阿莫林在总结卢拉政府（2003—2010年）的外交遗产时表示，巴西缺乏对中巴关系的全面评估，认为对华关系将是巴西未来的重要挑战之一。[3]

围绕新冠病毒疫情的溯源问题，巴西一些政客与美国政府沆瀣一气，在社交媒体上对中国政府、中国共产党乃至中国人民发起带有意识形态和种族歧视色彩的攻击，成为新时期中巴关系实现稳定发展的不和谐音。[4]巴西新一代政治家的中国观趋于复杂并处于转变之中。深度参与中巴经贸合作的农业、矿业等部门对巴西博索纳罗政府涉华态度十分担忧和敏感，莫朗副总统甚至通过专程访华来打消这种顾虑。[5]近年来，中国对巴西的投资也逐渐扩展至汽车及电信等领域，巴西出口投资促进局商务总监佩斯塔纳表示，这些行业是巴西经济的未来，但对于一些具有战略意义的项目，

---

[1] Brian Winter and Brian Ellsworth, "Brazil and China：A Young Marriage on the Rocks", *Reuters*，February 3，2011，http://www.reuters.com/.

[2] 在多哈回合谈判中，中国优先关注农产品的长期稳定供应，巴西则关注促使富裕国家减少农业补贴；中国对巴西在多哈回合谈判中加入工业议题的主张持不同看法。

[3] Paticia Campos Mello, "Celso Amorim：'Precisamos Repensar Nossa Relacao com a China'", *O Estado de Sao Paulo*，27 de novembro de 2010。

[4] 参见 Yang Wanming, "Cercamento a Huawei Obstrui o Progresso e Não Se Trata de Segurança", *Folha De S. Paulo*，August 8，2020。

[5] Oliver Stuenkel, "In Spite of Bolsonaro, China Quietly Deepens Its Influence in Brazil", *America Quarterly*，November 11，2019.

巴西政府不得不做一些决定并找到合适的解决方案。[1]这种对中巴政治关系上的重新评估与定位的态势，对于管理中巴战略伙伴关系提出了新的挑战，也使两国在制造业领域的竞争与合作变得更加敏感。考虑到五眼联盟国家及英日印等国在评估中国企业投资时加强国家安全考量的态势，中巴目前经济合作的气氛相对较好，但也不能因此轻视政治关系变化带来的潜在挑战。

三、"去工业化"议题的潜在影响

首先，要充分认识到中巴贸易产品结构改善的重要性与长期性。作为新兴的制造业大国和具有相对竞争优势的经济大国，中国在处理对巴经济关系时需要有更加长远的考虑。在维持贸易基本平衡的基础上，不仅要看到巴西作为原材料、能源供应方与巨大消费市场的重要地位，更要看到巴西在国际经济秩序转型中的战略影响。中国需要主动和切实地关注巴西对中巴贸易结构和模式"去工业化"的忧虑。中巴经济关系的发展方向不应是新的"南北关系"，而是共同崛起、共同走可持续发展道路的新型国家关系。中巴贸易产品结构若持续地"去工业化"，必将损及巴西对与中国发展自由贸易关系的信心。更有甚者，会影响到巴西对中国与拉美地区发展更大范围内自由贸易协定的前景。巴西成功阻击美国克林顿政府美洲自由贸易区议程就是前车之鉴。在巴西竞争力提升和中巴比较优势转型尚需时日的情况下，中巴投资合作的迅速发展是矫正贸易产品结构的重要途径。中巴战略伙伴关系需要从政治引领与机制保障两方面，推动中巴双向投资合作的健康发展。

其次，中巴需要做好投资战略升级的准备。中国企业在投资巴西市场上取得的成绩非常可喜，特别是表现出投资产业的多元化和迅速增长的投

---

[1] 高雅：《巴西经济开出"双边协议"药方，中国市场是最高级别优先对象》，《第一财经》2019 年 10 月 30 日。

资规模。巴西鼓励外来投资投入基础设施建设和能源产业，此外，也注重更具环保、节能和技术升级带动作用的先进制造业投资。这对中国的先进制造业发展和"走出去"战略提出了更高的要求。先进制造业只有走出国门，才会赢得投资目的地国的更多信任，并能够适应投资地的环保等高标准。巴西各州近年来积极开展次国家政府外交，主动寻求对华经济合作的机遇。[1]巴西联邦政府正在规范各州积极争取中国大项目投资的混乱局面，一旦整顿见效，中国在巴西的投资环境将更具可预见性。此外，以往中国企业的"走出去"战略偏重投资环境不大成熟，但投资成本较低、竞争对手弱小或缺失的非成熟市场。随着中国越来越需要在巴西、墨西哥等比较成熟的新兴大市场进行投资，提升企业在竞争较充分、法规较健全、行业协会强大的成熟市场的能力，对于中国企业今后成功"走出去"更为关键。

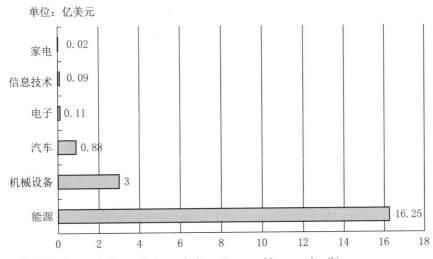

资料来源：CEBC，https://cebc.org.br/investimentos-chineses-no-brasil/。

图 2.5　中国对巴西投资产业分布情况（2014 年）

---

[1] 参见［巴西］若泽·内尔松·贝萨·马亚：《巴西与中国的次国家政府外交：以塞阿拉州和福建省（1996—2016）为例》，载谌华侨主编：《中国与巴西发展与聚焦》，北京：时事出版社 2017 年版，第 59—78 页。

单位：亿美元

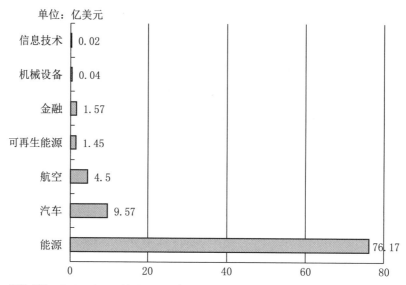

资料来源：CEBC，https://cebc.org.br/investimentos-chineses-no-brasil/。

图 2.6 中国对巴西投资产业分布情况（2015 年）

单位：亿美元

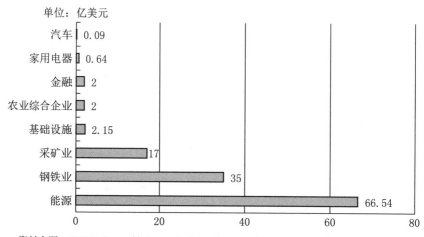

资料来源：CEBC，https://cebc.org.br/investimentos-chineses-no-brasil/。

图 2.7 中国对巴西投资产业分布情况（2016 年）

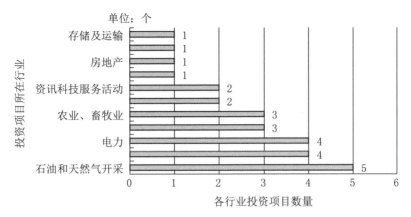

资料来源：CEBC，https://cebc.org.br/investimentos-chineses-no-brasil/。

图 2.8 中国在巴西投资项目行业分布情况（2017 年）

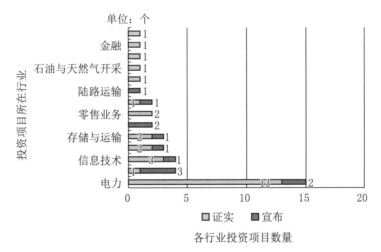

资料来源：CEBC，https://cebc.org.br/investimentos-chineses-no-brasil/。

图 2.9 中国在巴西投资项目行业分布情况（2018 年）

从 2014—2018 年中国在巴西投资的行业分布情况来看，在能源、电力行业占据显著比重的同时，产业分布正在朝更加全面和均衡的方向演变。中国对巴西的投资在 2020 年因新冠病毒疫情的冲击出现了急剧下降，但在 2021 年实现了快速的恢复性增长，在传统的石油、电力行业之外，信息技术和汽车制造成为最显著的增长点。

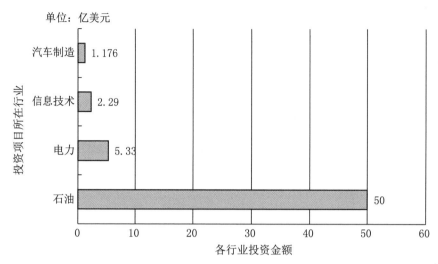

资料来源：CEBC，https://cebc.org.br/investimentos-chineses-no-brasil/。

图 2.10　中国在巴西投资项目行业分布图（2021 年）

再次，基于两国迅速增长和庞大的贸易量、缺乏国际制约的美联储量化宽松政策等因素，中巴需切实地探索在双边贸易和投资中使用对方货币结算的可行途径，并探索签署自由贸易协定的可能性。中巴 2013 年签署了价值 300 亿美元的货币互换协定，虽然数额巨大，但为期只有 3 年，且仅限于在国际支付发生困难的情况下才会动用。在协议到期后，巴西并没有选择续签，这可以从巴西能够稳定地从对华贸易中获取外汇得以解释，因而并不能说明中巴经贸纽带变差。

此外，中巴等金砖国家目前推动的主要是贸易和投资便利化，与美国推动的跨太平洋伙伴关系协定、跨大西洋贸易与投资协定的合作层级还有相当差距。中巴对于美国推动的新一轮贸易自由协定非常关注，巴西政府因此表达了加快推动南共市与欧盟自由贸易协定谈判进程的愿望，以应对这种新的变化。中巴在短期内不具备参与高层级贸易协定条件的情况下，应该加强政治和战略协调，在推动中巴双边或者中国/南共市的自由贸易协定谈判上有新思路或者突破。即便从最消极的前景来看，中巴至少应当避免这样的局面，即在拉美或者非洲等新兴市场地区发展恶性的商业竞争。

最后，中巴应设法降低各自的贸易保护主义，特别是非关税壁垒，推进国内营商环境的改善，将两国在经济领域的竞争与合作放在更加自由、公平与规范的环境下进行。中巴之间存在相互抱怨对方奉行保护主义的情况，这不利于各自企业充分利用两国市场集合的规模效应提升竞争力。进而言之，也不利于为中巴建立双边自由贸易协定创造条件，更不利于参加更高层次的自由贸易与投资安排。中巴在传统上都比较注重国家干预经济的模式，目前这种情况已经大大改善，市场的基础性作用和激发中小企业的活力都受到当前政府的重视。依靠保护主义发展民族工业的战略更适合工业化初期的情况，在中巴已经成长为新兴经济体的情况下，两国应该探索在更加自由、公平与规范的环境下携手发展的可能性。中巴双方应该充分就反倾销措施的使用进行沟通、保持克制，防止损害经济合作的大局。中方作为更具竞争优势和市场规模的一方，对于巴西在对华出口产品初级产品化导致的有外汇无就业的窘境可给予足够重视，必要时给予适度开放国内市场的照顾。对于巴西国内出台的投资引导法规和措施，只要不是特别申明针对中国的特别措施，就要避免对号入座，引发不必要的争议。

"去工业化"议题是中巴经济关系走向深入必须回答的问题，也是构建更为平衡、可持续的中巴全面战略伙伴关系的重要内容。该议题也反映了如何看待中国因素对拉美发展的影响这一更广泛的关注。[1]在全球化深入发展的条件下，相对成熟的大国战略合作均需要较高的战略共识、厚实的经济基础和完善的机制保障作为支撑。其中，平衡、互利与可持续的经济关系最为重要，政治关系理应服务于它。中国通过投资深度参与巴西经济之后，两国经济关系的样貌可能会发生较大的变化，巴西不再那么依赖国内市场和大宗原材料出口，而是借助中国的资本与技术更好地参与到全球价值链的中间地带，从而实现更高质量的增长。

---

[1]　[英]莱斯·詹金斯：《拉丁美洲与中国：一种新的依附关系？》，郝诗楠译，载《国外理论动态》2014年第2期，第65—73页。

第三节

————

中巴协调的战略性

战略伙伴通常意味着合作是长期、稳定、超越意识形态与个别事件的、互利共赢和立足长远的国家间关系。[1]中巴合作不仅有利于实现各自的大国目标，而且有利于推动国际体系的积极变革。与此同时，在经济全球化深入发展的条件下，中巴的战略合作基础和战略互信仍有待加强，需要寻求两国关系的可持续发展之道。自建立战略伙伴关系以来，中巴两国在各自实力增长和活跃外交的支撑下，表现出较高的战略契合度、有力的机制支撑和丰富的全球性内涵，成为南南合作的典型，代表了冷战后大国关系的发展趋势。中巴两国的战略协调取得了如下主要进展。

第一，中国和巴西作为新兴发展中大国，其战略协调表现出较高的战略契合度。中巴战略伙伴关系服务于两国试图在维护世界和平与发展、推动国际体系转型中扮演更大角色的雄心。中国提出了走和平发展道路和推动建设和谐世界的国际战略，巴西在卢拉时期（2003—2010 年）也大大强化了该国外交的全球性。中巴两国分享身为发展中大国、地区性大国和世界事务中的主要国家等共同的身份认同。在这种相似的身份界定基础上，中巴两国对于国际体系的看法相近，在实现各自国家崛起中，均重视参与全球化和国际合作的作用，重视维持与主要大国的合作关系，注重借助新兴大国的合作来推动国际关系的民主化和实现各自的大国目标。作为发展中大国，中巴两国的国际影响力近年来获得显著提升，但也面临着作为新兴大国能力和经验不足的困境，因此需要在战略上相互借重。

正是出于上述战略上的契合，自 1993 年建立战略伙伴关系以来，两国领

---

[1] Yanran Xu, *China's Strategic Partnerships in Latin America：Case Studies of China's Oil Diplomacy in Arengina，Brazil，Mexico and Venezuela，1990 to 2015*，Plymouth：Lexington Books，2017.

导人持续关注双边关系的战略重要性，从互补与合作的角度看待两国存在的差异，为构建和巩固双边战略合作提供政治支持。作为发展中大国之间建立的第一个战略伙伴关系，中巴致力于发展持久、稳固和战略性的双边合作，为其后国际上战略伙伴关系的勃兴起到了示范和带动作用。作为后冷战时期新型大国关系，战略伙伴关系的实质并非为了冲突和霸权，而是致力于合作应对全球性挑战，推动国际关系的民主化，谋求更为多元、平衡和具有全球性的对外关系。中巴战略伙伴关系代表了后冷战时期大国关系的发展趋势。

第二，国家实力提升、经济合作密切和细致的战略规划，奠定了中巴战略合作的基础。在国家实力方面，中国是世界第二大经济体，巴西2011年成为世界第六大经济体。在后冷战时期的国际关系中，经济实力是基础，经济外交盛行，中巴经济实力的提升为两国开展战略合作、发挥大国作用提供了良好的基础和更多的可支配资源。中国经济逐渐从新常态转变为高质量增长，巴西则在经历了衰退之后进入缓慢复苏的轨道。鉴于"金砖失色论"可能危及国际社会对金砖国家合作的信心[1]，在此可对巴西经济前景稍作分析。巴西经济的确遇到了困难，但困难更多与外部经济环境恶化和国内经济转型等因素有关，其经济长期发展的基础较为坚实。巴西经济长期向好的根本因素还在于该国较好的制度和治理优势。

科技合作对中巴战略伙伴关系的支撑作用日趋明显。巴西是中国在拉美地区共建联合实验室最多的国家，双方建有农业联合实验室、气候变化和能源创新技术中心、纳米研究中心、南美空间天气实验室、气象卫星联合中心等，并正在筹建生物技术中心。[2]巴西驻华大使塞尔吉奥·塞拉曾表示，科技合作是巴方寻求与中国建立"战略伙伴关系"的重要因素。[3]双方围绕太空、水利、电力传输、信息技术和数字经济等重点领域已经或

---

[1] Ruchir Sharma，"Broken BRICs：Why the Rest Stopped Rising"，in *Foreign Affairs*，Vol.91，No.6，November/December，2012，pp.2—7.

[2] 陈一鸣："中巴经贸合作不断深化"，载《人民日报》2023年4月12日第3版。

[3] 参见周志伟：《中国与巴西关系的"三维"结构：内涵及政策思路》，载丁浩等编：《中国与葡语国家合作发展报告（2019）》，北京：社会科学文献出版社2019年版。

正在开展深度合作。全球速卖通与巴西金融支付公司伊班克斯合作，为两国消费者提供跨境支付解决方案。围绕华为是否获准参加巴西 5G 竞标的争议，巴西副总统汉密尔顿·莫朗于 2020 年 8 月 3 日公开为华为参与建设巴西 5G 互联网网络的竞标辩护，称华为很适合这项工程，这也反映了巴西不愿在新一代通信技术发展上受制于人、落后于人的心态。[1]此外，中巴两国的有关机构围绕抗击新冠病毒疫情、研发疫苗深度合作，这是有利于两国国民生命安全的大事。

在机制保障方面，中巴战略合作得到了机制建设和长期规划的保障。2004 年双方建立中国—巴西高层协调与合作委员会。2007 年两国建立并启动战略对话机制。2010 年两国签署《2010 年至 2014 年共同行动计划》。2012 年双方签署两国政府《十年合作规划》。2013 年两国决定建立中巴工商论坛，并确定两国外长年度会晤机制。由于巴西政局动荡导致中巴高委会对话陷入停滞，2019 年巴西副总统莫朗访华期间，与中国国家副主席王岐山共同主持了中巴高委会第五次会议，双方同意推动"一带一路"倡议与巴西"投资伙伴计划"等发展规划对接，中巴关系的高层引领机制得以恢复。中巴关系的深化也在文化领域得到官方的肯定，2018 年 6 月，巴西总统特梅尔签署法令将每年的 8 月 15 日定为"中国移民日"，以此肯定 1900 年以来华人移民对当地社会的贡献。巴西华人还在 2016 年成立了巴西—中国交流协会，促进两国人民世代友好。

在上一个 10 年共同行动计划即将完成之际，双方政府非常有必要对两国全方位合作的指导进行规划。巴西方面也认识到开展战略规划的重要性，"世界秩序的历史性转变在很大程度上与中国和亚洲在世界的崛起有关，如果不针对这些变局进行规划，就会付出巨大的机会成本，其冲击会远远超出贸易和投资所能感受到的直接影响"[2]。巴西经济部主管生产和竞争力

---

[1] 中国日报网：《巴西副总统欢迎华为参与 5G 竞标，称不惧美方威胁》，http://language. chinadaily.com.cn/a/202008/08/WS5f2df910a31083481725f0df.html。

[2] Tatiana Rosito, *Bases para uma Estratégia de Longo Prazo do Brasil para a China*, CEBC Seção Brasileira, 2020, https://www.cebc.org.br/tatianarosito/pt.html。

表2.2 中巴外交文件规划的重要合作领域和内容（2004—2023年）

年份	文件	重要合作领域和内容							
		政治	经贸	科技	多边	能源	人文	安全	非传统安全
2004	联合公报	成立中巴高委会	长期稳定、合作质量	外空、卫星、遥感	巴西在联合国的作用；多哈谈判；中拉关系和亚拉合作；中国和南共市对话机制	无	人权领域交流	无	无
2009	联合公报	强调中巴高委会合作用；决定制订行动计划	贸易多样化，政策对话，国际财经合作	科技合作，空间合作	应对国际金融危机；反对贸易保护主义	无	教育文化、新闻、旅游和体育	无	无
2010	联合新闻公报	签署《2010年至2014年共同行动计划》；建立法机构合作	高附加值，多样化，农产品贸易，基础设施	航空、空间、纳米、农科与可再生能源	加强在多边和地区事务中的对话和合作	能矿合作；可再生能源	体育赛事、运动员培训；司法合作	军事交流与合作	无
2011	联合公报	签署多领域合作文件；落实共同行动计划	多样化，拓展投资领域	农科，空间，信息通信技术	二十国集团；多哈回合谈判	加强能矿领域合作	检疫、教育，创意产业、体育，旅游和人权	2010年成立中巴国防部交流与合作联委会框架	无
2012	联合声明	确立全面战略伙伴关系；签署《十年合作规划》	多元化，在华公务机项目投产；决定建立双边本币互换机制	科技创新，同意讨论航天合作十年规划	就可持续发展政策观点加强国家机制；支持对联合国进行广泛改革	无	社会政策交流，人权磋商和议会交流；强调人文交流重要性	就防务合作达成共识	无

（续表）

年份	文件	重要合作领域和内容							
		政治	经贸	科技	多边	能源	人文	安全	非传统安全
2014	联合声明	重申高委会的作用；定期磋商机制性磋商	双向投资和多元化，高科技和高附加值；航空；农业合作	强调在科创领域的合作	南美建设基础设施网络；多哈回合谈判；2015年后发展议程；国际金融体系改革	强调能矿合作潜力	质检；文体	加强培训和防务产品等合作	互联网安全治理；气候变化议定书
2015	联合声明	重视外长级全面战略对话	铁路；航空；宏观经济稳定；农业	科技、创新领域合作；共同发展新技术	多哈回合谈判；二十国集团；中拉论坛；亚投行	强调能矿领域合作的潜力	卫生；教育；旅行证件便利化	战略性议题对话；推动共同行动	合作应对网络安全威胁；2015年后发展议程；气候变化议定书
2019	联合声明	重启高委会机制；更新行动计划与合作规划	贸易多元化与互补性	科学家交流；企业间合作	支持联合国全面改革；二十国集团成员国应加强合作	无	加强文教体合作；加强留学生交流	无	无
2023	关于深化全面战略伙伴关系的联合声明	增进政治互信；推动全人类共同价值；加强地方、城市和立法机构等领域的交流	发展政策对接；贸易多样化、便利化和提高附加值；促进服务贸易及农产品贸易	电子商务、低碳经济、数字经济；农业科技；联合研发	加强多边协调；为中拉论坛峰会维护；创造条件；多边贸易体制	以公平公正方式进行能源转型和减排并加强合作	合作制作电视片和电影；科教机构和留学生交流	对话谈判是解决乌克兰危机的唯一可行出路	决定在中巴高委会下成立环境和气候变化分委会；粮食、卫生等领域合作

资料来源：中国外交部网站。

的特别秘书处制订并实施了解决妨碍巴西经济增长的"2019—2022特别行动计划",主要包括以下6个方面:(1)通过修改法律,简化手续,减少妨碍企业生产力和竞争力的障碍;(2)提高人力资源素质,提高就业率;(3)增强市场竞争和效率;(4)改善基础设施,建设具有国际水平的基础设施;(5)通过创新、数字化和增强管理能力促进企业现代化;(6)通过创新和可持续的方式促进中小企业发展。[1]巴西政府2018年发布了《2020—2031年国家经济和社会发展战略》,突出国家均衡发展、《2030年可持续发展议程》。巴西的发展战略规划与中国的"十四五"发展规划在理念上有相通之处,这为两国制订未来10年的行动计划与合作规划奠定了良好的基础。2004—2019年两国的政策性文件也印证了双方合作领域日趋广泛、合作理念不断契合的发展态势。

第三,中巴战略合作在多边框架中发展迅速,成为各自参与国际体系和全球治理的重要支撑。在战略伙伴建立之初,中巴两国已认识到双边关系具有产生全球性影响的前景。实力资源或者主要行为体间力量分布的任何明显变化,都有可能改变国际体系的运作。[2]随着中巴两国综合国力的大幅提升,这些预期的潜力正在逐步转化为现实的国际影响力。面对国际社会的期待和本国海外利益的拓展,多边性或全球性议题成为中巴高层对话的重要内容。诸如武器控制、气候变化以及在联合国、世界贸易组织和G20峰会内开展协作等被纳入双边合作议程,以确保两国以及更广泛的发展中国家的权益,并推动亚洲与拉丁美洲之间的跨地区合作。巴西支持中国成为美洲国家组织观察员并加入美洲开发银行,中国也支持巴西加入亚洲开发银行。

中国和巴西作为两个重要的新兴发展中国家,在从联合国到金砖国家机制等多边框架内开展了广泛的合作。[3]中巴两国支持对联合国进行广泛

---

[1]　中国商务部:《巴西促进经济增长的2019—2022特别行动计划》,2019年10月18日,http://br.mofcom.gov.cn/article/jmxw/201910/20191002905349.shtml。

[2]　[美]约翰·罗尔克:《世界舞台上的国际政治》,宋伟等译,北京:北京大学出版社2005年版,第90页。

[3]　金彪:《浅析中国和巴西多边框架内的合作》,载《拉丁美洲研究》2012年第2期,第47—52页。

改革，包括优先扩大发展中国家在安理会的代表性，以使其更加高效、有力地应对当前全球性挑战，中国理解并支持巴西希望在联合国中发挥更大作用的愿望。[1]中巴两国还在"基础四国"、联合国可持续发展大会以及联合国气候大会等多边框架下，就国际气候变化谈判、可持续发展政策等议题加强协调与合作。中巴战略合作的成果正在外溢至各自所在地区之外的区域，并借助金砖国家峰会等多边机制平台提供国际公共产品，中巴战略合作的全球性内涵初步显现。非洲和拉丁美洲都是两国共同参与的金砖国家合作机制的重点关注地区。

第四节

——

中巴战略伙伴关系的经验与启示

总体上，中国与巴西相距遥远、文化迥异，但两国关系却源远流长。早在 16 世纪葡萄牙海上贸易时期，两国人民已有经贸往来，澳门成为重要的物流纽带。19 世纪初，一些华人在巴西参与种茶和建设铁路等经济活动，至今在里约热内卢还有纪念这段历史的中华亭。引进华工是巴西早期对华重要需求，今日的巴西则希望中国企业投资巴西时能多雇用当地人，这个小的变化透露了两国关系的巨变。[2]巴西与 1949 年之前的中国也保持着外交关系，但受制于当时中国的积贫积弱，两国关系缺乏实质性的内容。[3]

---

[1] 中国外交部网站：《中华人民共和国政府和巴西联邦共和国政府联合声明》，2012 年 6 月 21 日，http://www.mfa.gov.cn/chn/pds/ziliao/1179/t944304.htm。

[2] 关于巴西的华工问题可参见杜娟：《废奴前后巴西关于外来劳动力问题的争论》，载《拉丁美洲研究》2019 年第 2 期，第 111—132 页。

[3] 1974 年之前中巴关系的发展情况可参见张宝宇：《中巴关系发展历程：过去、现在与未来》，载刘国枝主编：《巴西发展与拉美现代化研究》，武汉：长江出版社 2016 年版，第 1—7 页。

1974 年中国与巴西正式建交以来，两国关系才迎来真正的历史机遇。建交 40 余年来，随着两国所处国际格局和各自综合国力和外交优先的变化，两国关系表现出前期缓慢而后期加速的特征，并在 21 世纪以来快速成长为南南合作、新兴大国合作的典范。具体而言，中巴关系 70 余年的主要经验启示如下。

第一，意识形态因素始终对两国关系有潜在和复杂的影响。在 1949—1974 年这段未建交时期，巴西历届政府总体上意识形态色彩较为突出，杜特拉政府甚至宣布国内共产党为非法组织，将巴西定位为冷战格局下西方阵营的一部分。即便民族主义色彩浓厚的瓦加斯政府上台后，也强调保持与西方世界一致性的重要性。在拉美各国反美、反独裁形势高涨后，巴西副总统古拉特于 1961 年访华，根据双方的协议，中国派遣了 9 名工作人员赴巴西从事友好工作。1964 年，巴西政变，当局制造了震惊世界的"中国九人案"，以莫须有的罪名迫害这 9 位从事两国友好工作的中国人。巴西前总统博索纳罗对社会主义道路并不认同，还在选前对中国在巴西的经济存在表达忧虑，为两国关系的发展蒙上了一层阴影。事实证明，只有采取淡化意识形态、注重国家利益的相处之道，才能搞好国家间关系。在两国关系有所转机和大力发展的时期，巴西当时的德罗斯政府、盖泽尔政府、卢拉政府、罗塞夫政府均奉行相对独立和务实的对外政策。中国在 1974 年提出"三个世界"划分的理论后，对外战略与意识形态逐渐保持相对分离，外交关系的范围逐渐扩展到全球奉行不同意识形态的国家，这也为发展中巴两国关系创造了更好的条件。

第二，国际格局与国家实力的变化对两国关系的走向更具决定性影响力。在两国未建交时期、建交后最初 20 年这两个时间段内，中国与巴西的关系之所以没有取得大的进展，主要原因是受制于国际格局两极化以及两国各自的国家实力较弱的结构性因素。纵观巴西外交战略史，历届政府均非常强调借助外国资本和技术来实现本国的发展。近代中国也有"师夷长技以制夷""西学为用"的借助外国技术发展本国的传统。由于新中国诞生于内外交困之中，1949 年后相继优先借助与苏美欧日等强国和地区的经贸关系来实现自身发展，不具备向外输出资本和技术的自主能力。实力相对较弱，缺乏技术与资本储备的中国，在很长的一段时期内难以成为巴西对外交往的优先选择。在中国有能力实施"走出去"战略后，巴西也将眼光转向南方世界和亚太地区，中巴关系逐渐迎来迅速发展的黄金时期，这并不是历史的巧合，而是国家实力发生变化后两国对外战略调整的结果。巴西从卢拉政府起也逐渐赢得新兴大国的声誉，外交的全球性视野日益突出，两国关系超越双边的互动维度逐渐显现。

第三，中巴关系的未来在于从人类命运共同体的高度、从两国互为机遇与依托的角度，推动两国关系切实服务于两国的共同崛起与人类社会问题的合理解决。两国关系的持续发展和制度化保障，使得中巴关系获得了自主性发展的动力源，而不是完全受制于国际结构的变化。比如，两国战略伙伴关系升级为全面战略伙伴关系，两国贸易额超过 1 000 亿美元，两国经贸关系涉及诸多产业部门，这些发展促使两国关系的可持续性和自主发展能力显著增强。

中巴关系有着乐观的发展前景，这可以从下述几点来看。首先，双方认识到两国在经济上相互依存的现实和不断深化的前景。其次，两国都属于发展中国家，都面临着发展经济、改善民生、消除贫困的艰巨任务，而且视彼此为各自发展的机遇。最后，两国都从国际体系转型和新兴市场崛起的视角看待彼此，较少从意识形态和政治制度来计较孰优孰劣。中巴两国关系的发展不仅仅服务于两国人民，也有助于人类社会的进步。正如习近平主席在庆祝中巴建交 45 周年的贺电中指出的："我高度重视发展中巴关系，愿同博索纳罗总统共同擘画中巴关系蓝图，推动中巴全面战略伙伴关系迈上更高水平，造福两国和两国人民，为维护世界和平、稳定、繁荣作出新贡献。"[1]

---

[1] 央视网：《习近平同巴西总统博索纳罗就中巴建交 45 周年互致贺电》，2019 年 8 月 15 日。

第五节

————

对深化中巴全面战略伙伴关系的思考

一、 妥善应对第三方因素的介入

21 世纪第一个十年后，中国与巴西等拉美国家经贸关系的快速发展引发了美国外交学界的持续关注，为美国政府拉美政策的调整奠定了研究基础。[1]小布什政府时期和奥巴马政府第一任期，美国分别遭受了"9·11"恐怖袭击和 2008 年全球金融危机的打击，美国无暇关注拉美。[2]这种情况直到奥巴马政府第二任期末才有所改变，特朗普政府延续了这种态势，但在外交策略上发生了明显的改变。[3]围绕委内瑞拉问题、全球化以及中国影响等议题，美巴的战略互动趋于强化，初步呈现出右翼执政力量在美洲乃至全球层面的战略性接近和联动态势，增加了拉美在地区稳定、发展模式和对外战略等方面的复杂性。这种联动态势给中巴关系带来了消极影响。

特朗普政府对拉美的政策也有着很强的地缘政治和大国竞争的考虑。这些考虑在美国智库和学界酝酿已久，他们一再对中国在拉美的利益拓展对拉美的工业化进程、民主质量和发展模式的影响发出警示乃至反制

---

[1] Juan de Onis，"China's Latin Connection"，*World Affairs*，January/February 2014，pp.62—68；Ted Piccone，"The Geopolitics of China's Rise in Latin America"，*Geoeconomics and Global Issues*，November 2016，etc.

[2] 21 世纪以来的美拉关系可参见 Luis Fernando Vargas-Alzate，"Washington and Latin America：A Considerable Indifference"，*Analisis Politico*，No.86，2016，pp.35—51。

[3] 参见特朗普政府《国家安全战略 2017》，https://www. whitehouse. gov/wp-content/uploads/2017/12/NSS-Final-12-18-2017-0905-2.pdf；Rex W. Tillerson，"U.S. Engagement in the Western Hemisphere"，Remarks at University of Texas at Austin，February 1，2018. https://usoas.usmission.gov/secretary-tillerson-delivers-address-u-s-engagement-western-hemisphere/。

的建议。[1]美中经济与安全评估委员会也专门开展了中拉互动的研究，在肯定美国在拉美的对华相对优势及从中拉基础设施投资获益之余，也强调了中拉关系将会削弱美国在拉美软实力和战略影响力的担忧。[2]可以说，讨论中巴关系的一个大的国际背景就是美国发起的对华大国竞争战略。

该战略在拉美的有效实施有赖于该地区出现兼具意愿和能力的关键性合作国，博索纳罗政府领导下的巴西被认为是此类国家。在该战略提出的两年时间内因缺乏此类国家而难以大力实施，阿根廷的马克里政府、秘鲁的库琴斯基政府分别受制于国内的经济危机和反腐危机，难以成为得力伙伴，而且两国政府任内都维系和强化了对华纽带。《美墨加协定》的"非市场"条款虽然体现了该战略在北美的进展，但墨西哥很快迎来了强调不干涉内政的洛佩斯左翼政权，在对外战略上更加强调独立性。直到博索纳罗政府在巴西上台后，特朗普政府认为出现了在南美实施该战略的机会。

特朗普政府主要通过采取以下举措拉拢巴西：一是美国政府在全球和地区安全、人权和宗教事务中给予巴西更高地位和话语权，将巴西打造成美国开展对华地缘战略和意识形态竞争的重要支点。美国通过支持巴西在"利马集团"[3]涉委内瑞拉事务的领导地位，支持巴西主持2020年2月华沙进程工作组会议以便巴西参与中东地区安全事务，支持巴西的非北约盟友身份和对经合组织成员国地位的申请，试图诱使巴西疏离中国主导的亚投行、金砖国家合作机制和中拉论坛等机制，达到更好地掌控美洲地区事

[1] R. Evan Ellis, "America's Strategy for Latin America and the Caribbean", *Air & Space Power Journal*, 2016; Evan Ellis, "It's Time to Think Strategically about Countering Chinese Advances in Latin America", *Global Americans*, February 2, 2018; Ted Piccone, "The Geopolitics of China's Rise in Latin America", *Geoeconomics and Global Issues*, November 2016; Ashley J. Tellis, Alison Szalwinski and Michael Wills, *U.S.-China Competition for Global Influence*, NBR 2020.

[2] Katherine Koleski, "China's Engagement with Latin America and the Caribbean", *U.S.-China Economic and Security Review Commission Staff Research Report*, October 17, 2018.

[3] "利马集团"包括阿根廷、巴西、加拿大、智利、哥伦比亚、哥斯达黎加、危地马拉、洪都拉斯、墨西哥、巴拿马、巴拉圭和秘鲁，成立目的是批评和抵制委内瑞拉马杜罗政府2017年7月推动国民宪法大会的选举。

务的战略效果，遏制中拉关系积极发展的势头。比如，美方通过支持巴西加入经合组织迫使巴西放弃在世界贸易组织中坚持发展中国家的立场，从而间接对继续在世界贸易组织中坚持发展中国家权益的中国施压。

二是美国政府利用博索纳罗政府在意识形态和价值观上亲美的趋向，在对巴关系中强调价值观和世界观相近的重要性，通过推动双边战略对话、密集的政治外交交往渲染巴西的大国地位。美方强调的价值观包括：自由与民主原则、主权原则、保护价值观原则、经济开放与市场经济原则。其中的主权原则主要是强调亚马孙雨林的发展权益高于环境权益，认可巴西通过该地区的发展实现环境保护的路径，并设立由私人资本牵头的为期11年的1亿美元的投资基金，用来支持亚马孙地区的生物多样性和环境保护。在自由与民主原则上，美国与巴西一道利用"利马集团"和经济制裁等手段打压古巴、委内瑞拉等亲华国家，并取消原本拟在成都举行的美洲开发银行年会。美国政府还通过高调进行美巴战略伙伴对话、推动双边企业家首席执行官论坛、邀请巴西高官赴美出席宗教自由国际论坛等方式彰显巴西的国际存在感，达到拉拢巴西、培育双方合作点的目的。

三是美国政府在经济事务上，贬斥中巴经济合作模式，同时力促美巴经济合作升级。中国在巴西基础设施建设领域的投资很大程度上服务于巴西对华初级产品的出口需求，比如中国交通建设集团在巴西圣路易斯港口的投资服务于谷物的运输，但这被美国部分政客描述为新殖民主义和缺乏可持续性，并迎合博索纳罗先前的民族主义论调，抹黑中国在巴西投资基础设施的目的为掠夺巴西资源。美国一些政客和智库人士还散布中国经济悲观论，强调巴西把中国作为主要经济伙伴的危险性，比如中国经济减速和依赖消费可能会减少对巴西原材料的需求，甚至将中国对巴西农产品的需求描述为博索纳罗政府奉行损害亚马孙雨林政策的根本原因。与此同时，美国积极加强美巴经贸和科技合作，讨论双边自由贸易区的可行性、深化数字经济合作、举办能源论坛、降低生物燃料的贸易壁垒、建立双边科技合作联合委员会、建立5G生态系统等倡议纷纷浮出水面，试图向巴西显示美国作为经济合作伙伴的种种好处。美国政府高级官员对巴西采用中国华为公司的设备和技术公开提出安全警告，特朗普 2019 年 3 月在华盛顿会见博索纳罗总统时也提到该问题。[1]

白宫在 2020 年 5 月 20 日发布的《美国对华战略方针》报告中，首次以官方文件形式将"繁荣非洲""美洲增长"和所谓印太地区的"经由能源增进发展与增长"三大区域性倡议并列，作为美国落实对华全球经济竞争战略的地区方略，与中国加强在主要发展中地区的竞争。[2]其中，"美洲增长"倡议于 2018 年提出，聚焦拉美能源投资；在 2019 年 11 月宣布"蓝点网络"倡议后，美旋即推出"美洲增长"倡议扩展升级版，新增交通和信息通信技术两个重点领域，适用全政府路径，意图在拉美复制中国合作模式，展开对华正面竞争。巴西等八国已与美国签订政府间谅解备忘录。[3]在升级版的"美洲增长"倡议中，美国意图模仿、对冲中国"一带一路"倡议。美国总统拜登也发起了全球基础设施建设的倡议，以便与"一带一路"倡议开展竞争。

中国在认识到美国对拉美的新战略的竞争性和消极面之余，也要认识到其局限性，坚持奉行以自身为主、符合中巴两国发展需求的对巴西战略。美国新战略的局限性表现在以下几个方面：（1）拜登政府突出意识形态和气候议程，这与博索纳罗政府的右翼民粹主义存在紧张关系；拜登政府虽然在维护民主和气候变化上与卢拉政府（2023 年至今）有共同语言，但双方在乌克兰问题、发展融资和对华政策等方面的理念不尽相同。（2）美国国内的政党斗争限制了美国政府对拉美政策的效力。民主党在限制非法移民、重拾门罗主义以及如何看待民粹主义的巴西总统博索纳罗等问题上，

---

[1] Lisandra Paraguassu, "Brazil Will Not Bar Huawei from 5G Network", June 8, 2019, https://www.reuters.com/article/us-huawei-tech-brazil/brazil-will-not-bar-huawei-from-5g-network-vice-president-idUSKCN1T82BJ.

[2] 白宫网站："United States Strategic Approach to the People's Republic of China", May 26, 2020, https://www.whitehouse.gov/articles/united-states-strategic-approach-to-the-peoples-republic-of-china/。

[3] 关于美国在拉美开展对华竞争思路的讨论参见 Max Nathanson, "How to Respond to Chinese Investment in Latin America", *Foreign Policy*, No.28, 2018。

都与共和党人存在着较大分歧，降低了美国改善对巴关系的可靠度和可信度。(3) 美国对拉美的战略调整虽重在开展对华战略竞争，但涉及领域太过宽泛，至少包括意识形态、非法移民、禁毒、打击有组织犯罪、反恐、经济、反腐、对华竞争等领域，在美巴之间难以形成共同的优先行动领域，因此也难以取得阶段性成效和重大成果。

中国可继续尊重和支持巴西等拉美国家的经济自主性。以卢拉为代表的巴西政治家在外交政策中非常强调自尊自信。[1]即便是巴西右翼力量，也不甘做"美国后院"。"中国威胁美国后院论"实质上反映的是美国对中国崛起的深层担忧。[2]在以巴西为代表的右翼力量炒作意识形态分歧和模式之争、拉美左右翼政权平分秋色的背景下，中国倡导基于国家利益、平等互利与可持续发展的务实主义，可有效避免陷入意识形态和发展模式的争论。面对巨大的能源、基础设施领域发展赤字，巴西的主流民意是取务实态度，期待同时从中美两国的倡议中获益。巴西虽未与中国签署备忘录，但与中国企业在基础设施、能源等领域有着实质性合作。

巴西不愿在对华关系上完全听从美国的建议。从历史上看，巴西历来反对制裁，并经常公开反对美国对古巴的经济禁运，把国家逼到墙角不是最具建设性的方法。[3]面向未来，巴西等拉美国家认为在美中权力竞争范式后，巴西的重要性会上升但仍处于边缘位置，甚至会在美中竞争中受损。[4]巴西更多地是从本国利益出发对国际形势进行判断。美国保护主义和两国商业利益差异等结构性障碍可能影响到两国关系的发展。[5]巴西等

---

[1] Ted G. Goertzel, *Brazil's Lula*, Brown Walker Press, 2011, p.99.

[2] 吴洪英：《中国威胁美国后院论》，载《现代国际关系》2005 年第 12 期，第 11 页。

[3] 参见［巴西］奥利弗·施廷克尔：《金砖国家与全球秩序的未来》，钱亚平译，上海：上海人民出版社 2017 年版，第 178 页。

[4] Jose Leon-Manriquez, Luis F. Alvarez, "Mao's Steps in Monroe's Backyard: Towards a United States-China Hegemonic Struggle in Latin America?" *Revista Brasileira de Politica Internacional*, Vol.57, 2014, pp.9—27.

[5] 参见［巴西］梭朗吉·雷丝·费雷拉、图罗·维杰瓦尼：《国内和国际变革中的巴西与美国关系》，载刘国枝主编：《巴西发展报告（2016）》，北京：社会科学文献出版社 2017 年版，第 58—69 页。

拉美国家在向外看，而美国在向内看。[1]2019年巴西金砖国家峰会期间，中巴签署了促进建立投资发展平台的合作备忘录，这表明中国作为巴西首要贸易伙伴的地位限制了右翼力量在对华问题上追随美国的政治空间。

中国可从共建"人类命运共同体"的高度，努力营造中美巴乃至中欧巴良性互动的大国关系格局。拉美虽有"美国后院"、涉台国家和新兴市场密集等元素，但仍属于中美互动的新兴地区，尚不存在特别严重的地缘政治和安全冲突。欧盟也开始关注中巴、中拉关系的进展。[2]中国应该争取在巴西等拉美国家的支持下塑造多方共处、合作发展的示范区，展示中国对未来世界秩序的愿景。

拉美出现的很多左翼政府与中国有汇合点：国家在经济生活中被赋予重要角色，中拉在发展模式上选择了相同的方向，即调和国家与市场的关系。[3]然而，在世界经济表现低迷的情形下，拉美左翼政府在应对经济减速的挑战上缺乏应对能力，没有找到适当的经济发展模式来帮助国家摆脱怪圈，陷入发展道路上的再次迷失，从而为右翼力量的上台提供了空间。[4]巴西等拉美国家的中间偏右力量上台执政后，其执政思路比较强调市场的作用和重视发展对美经济关系。巴西视中国为对手还是盟友，仍然存在不确定性，取决于各种环境，取决于超级大国美国，巴西学者对如何看待"新权力极"的判断仍然有效。[5]

巴西右翼保守力量不满左翼力量轻视或者破坏对美关系，右翼力量在巴西掌权后试图修复和强化与美国的关系，但并不想破坏与中国的伙

[1] Peter Schedhter and Jason Marczak, "Beyond the Headlines a Strategy for US Engagement with Latin America in the Trump Era", *Atlantic Council Strategy Paper*, No.9, March 2017.

[2] Detlef Nolte, "China Is Challenging But（Still）Not Displacing Europe in Latin America", *GIGA Focus*, No.1, February 2018, pp.1—13.

[3] [澳]约恩·多施、大卫·古德曼：《中国和拉丁美洲：互补、竞争和全球化》，张春满译，载《国外理论动态》2014年第2期，第75页。

[4] 参见高波：《发展道路上的再次迷失——2015年拉美地区形势综述》，载《拉丁美洲研究》2016年第1期，第1—14页。

[5] 参见[巴西]萨缪尔·皮涅伊罗·吉马良斯：《巨人时代的巴西挑战》，陈笃庆等译，北京：当代世界出版社2011年版，第212页。

伴关系。[1]这种情况类似于卢拉和罗塞夫时期的外交策略，即巴西重视和信任对华关系，但不愿破坏对美关系。[2]巴西重视对美欧贸易中高附加值产品的出口，这是对华贸易的弱项。符合双方需求的战略是中国继续构筑贸易、投资与金融合作并重的战略，推动进口商品的多元化，加强双方在基础设施、新能源和信息技术等更具可持续发展性领域的产能与资本合作。战略沟通的重点是说明中国的巴西政策不是基于地缘政治和意识形态，而是立足于共同发展和参与全球治理；同时说明中国经济发展战略的调整及其机遇，包括高质量发展，逐步形成以国内大循环为主体、国内国际双循环相互促进的新发展格局等发展战略的核心内涵及合作机遇，增强对方发展对华经济合作的信心。

在战略上，中国应重视巴西的国际地位和自主性，不反对该国加入经合组织的努力，从重要新兴市场力量和新兴大国的定位强化中巴战略伙伴关系，并表明愿依托巴西领导地位强化与南共市、南美进步论坛等机制进行对话的姿态。巴西申请加入经合组织并不是看重它是"富国俱乐部"，而是认为该组织在社会包容、可持续的城市发展、交通基础设施、老龄化、移民和互联网等议题上的政策讨论，可以加强巴西的国内改革进程。[3]在被问及巴西对中美贸易摩擦的态度时，巴西经济部长格德斯的回答是："巴西的立场是：我们这边。"[4]巴西前总统卡多佐在新冠病毒疫情下的世界秩序视频研讨会上表示，巴西是西方世界的一部分，但仍然有自己的利益，会保持自主空间。从博索纳罗执政后的表现来看，他虽然秉持保守主义和民族主义的价值观，但还是积极寻求帮助巴西经济融入世界经济特别是亚

---

[1] Julia Lindner, "Bolsonaro: 'Nosso grande parceiro é a China, em segundo lugar os Estados Unidos'", *O Estado de S. Paulo*, March 14, 2019.

[2] Jose Augusto Guilhon-Albuquerque, "US., China and Brazil: Do We Need Three to Samba?" in David B.H. Denoon, eds., *China, the United States, and the Future of Latin America*, New York: New York University Press, 2017, pp.162—184.

[3] Aloysio Nunes Ferreira, "A Renewed Brazil in a Renewed OECD", January 16, 2018, http://www.itamaraty.gov.br.

[4] Patricia Campos Mello, "Brazil Does Not Know If to Position in Cold Tech War between US and China", *Folha de S. Paulo*, April 26, 2020.

太经济，这是该政府对外战略的主要方面和积极因素。意识形态和民族主义色彩浓厚的前外长阿劳若也公开对中国坚持外交独立性表示赞赏。[1]

中国应积极防范美巴可能采取的涉华重大消极举措，通过积极做工作防止中巴关系出现倒退。在委内瑞拉问题上，两国可以加强二轨或者智库层面的对话，增进对彼此政治立场与经济考量的了解，防止美巴联合"利马集团"在委内瑞拉问题上联合对华施压，或对参与与马杜罗政权有关的经营活动的中国企业进行制裁。鉴于美国以减少情报分享、禁止巴西公司参与美国军事合同等威胁巴西允许华为公司落地巴西等情况，中国可探讨与巴西加强军事合作力度的可能性，在卫星、太空、装备等方面探索中巴互利共赢的合作空间，在科技创新等领域部分加强合作。[2]

二、 坚定对两国友好发展前景的信心

在巴西政治局势不断演化的过程中，中国认识到巴西政局的关键因素仍然在于寻求经济增长的出路，而中国是解决这一问题的关键外部伙伴，需要坚定两国友好发展前景的信心。中巴两国经济的互补性使中巴友好关系能够持续发展，顺利度过政治动荡和短期经济冲击。[3]鉴于中国已经成长为巴西重要的贸易与投资伙伴，美国资本回流国内和石油出口的势头明显，巴西右翼力量不会贸然损害与中国的经济纽带。法国、爱尔兰、德国的农业利益集团对于欧盟与南共市的贸易协定较为抵触，此外巴西政府处理亚马孙雨林火灾不力，引发法国等国的批评和利用贸易协定在环保方面的预防性原则条款施压，鉴于此，巴西的农业集团特别担心中国步欧洲国家后尘，在环境保护问题上对进口巴西农产品施压。对华友好的左翼力量

[1] Minister of Foreign Affairs, "Opinion：Bolsonaro Not Elected to Leave Country Equal", January 7, 2019，http://www.itamaraty.gov.br.

[2] 美国施压巴西的情况可参见秦芮：《美国威胁巴西：用华为有"后果"》，载《环球时报》2020年7月31日第3版。

[3] [巴西]克劳迪奥·普提：《对中国—巴西关系的思考》，载谌华侨主编：《中国与巴西发展与聚焦》，北京：时事出版社2017年版，第126页。

仍然活跃在巴西政治舞台，仍然在三权分立和联邦制的机制中拥有话语权，提升社会公平的主张仍有生命力。对多极化和南南合作持积极看法的卢拉开启第三个总统任期后，中巴全面战略伙伴关系迎来了新的发展机遇。符合中方利益的战略是利用中国资本、产能、技术和市场优势，积极参与巴西经济转型的进程，在互利共赢中进一步深化中巴关系。

中国应支持巴西各派政治力量通过政治对话稳定政局，集中精力处理经济议题，推进市场化和产业结构多元化进程，确保中国利益不受该国政治生活的损害，增进两国的相互了解。从历史经验来看，巴西更容易取务实主义的执政立场，卢拉是左翼政治家但奉行温和的国内发展政策，博索纳罗政府可能受制于国内外因素的制约也选择务实主义。[1]巴西近年来整体上显示出更加开放的态势。[2]中方可继续强化与巴西政府开展各层面对话，交换治国理政和对外战略思路，以增进与各党派的战略互信。巴西的政治稳定有利于中方开展国际产能和金融合作。中国与巴西新政权的整体合作能够维持动能，根本原因在于中国是可以信赖的发展伙伴，中国也对巴西民众和政治家选择的发展道路表示尊重。新冠病毒疫情再次证明政府不能失位，需要重新强调政府效能。[3]中巴加强政府间协调有助于把握中巴关系的航向。

中国在涉及发展与环境矛盾这一问题时，对外表态兼顾了巴西国内亲华农业部门与雨林保护政治势力的利益，避免持单纯支持农业或单纯支持环境的极端立场，这一立场颇受博索纳罗政府的欢迎。农业部门是影响博索纳罗政府对华政策的关键利益集团，正是他们的游说确保博索纳罗政府在对华战略上采取务实态度。中国理解和尊重巴西把发展放在更重要位置的执政思路，也愿意与巴西合作应对可持续发展的挑战，加强科技合作力

---

[1]　关于民粹主义对巴西政治的影响可参见［智］塞巴斯蒂安·爱德华兹：《掉队的拉美》，郭金兴译，北京：中信出版集团 2019 年版，第 217—229 页。

[2]　Peter Schedhter and Jason Marczak, "Beyond the Headlines a Strategy for US Engagement with Latin America in the Trump Era", *Atlantic Council Strategy Paper*, No.9, March 2017.

[3]　参见［日］弗朗西斯·福山：《大流行和政治秩序》，载《外交》2020 年 7—8 月双月刊。

度，根据共同但有区别的责任原则来履行《巴黎协定》。

中国政府从积极角度看待巴西政局的调整变化，更加亲近市场和更具效率的博索纳罗政府有利于中国企业开拓巴西市场，而更注重社会公平和可持续发展的卢拉新政府有利于增进双方的战略互信，拓展两国企业在气候变化、可再生能源和5G等领域的发展合作，增强两国在金砖国家机制和全球治理体系内的战略协作。对华经济纽带是拉美左翼的两大遗产，右翼保守力量将会予以继承，但在实现手段上会更加注重市场和法治。一些学者根据中国对于巴西经济的重要性，判断巴西新政府不太可能扭转劳工党政府对金砖合作的政策方针。在巴西的经济政策调整已经初见成效，市场对外来资本更加友好的形势下，中国在对巴西的经济交往中需要进一步保持战略定力和坚定两国经济互利共赢合作的信心。中国在对巴西经济关系上进一步加强两国贸易的产品范围和便利程度，加强对巴西投资的社会发展带动效益，不仅可以分享巴西经济发展的红利，也能以发展红利促进两国关系的改善与巩固。比如，可以开放中国市场对巴西豆饼的进口，中国与阿根廷的类似合作曾引起巴西的关注与羡慕，它也迫切寻求对中国出口豆饼的可能性。在我国国内肉制品需求旺盛和美中贸易战仍未彻底解决的形势下，加强两国的农业合作也将是一个双赢的举措。

"一带一路"合作更需注重双边路径。由于国内基础设施赤字、经济增长乏力，且为地缘经济枢纽，巴西等拉美大国都具备"一带一路"合作重点对象国的潜质，其不愿商签"一带一路"合作谅解备忘录，很可能是顾忌美国态度。对此，中国可采用变通方式对接对方发展规划，按照"五通"的路径实质性地推动双边合作，同时邀请代表出席"一带一路"国际合作高峰论坛，增进巴西对"一带一路"倡议的认同和参与。

强化社会治安正在成为巴西的重要政治议题，也是"一带一路"走进拉美的着力点。巴西城市化率普遍较高，但受制于贫困、设备和警力的局限，社会治安普遍很差，降低暴力犯罪正在成为优先政治事项。借助巴西等拉美国家对于公共安全的迫切需求，中方可在做好合规化工作的基础上，带动技术和设备走出去，通过安全合作增进战略互信。

在务实合作之余，也需重视治国理政、发展合作上的战略沟通。一些研究表明，中国的许多经济政策都适用于南共市国家，诸如加大对基础设施的投资力度、建立出口导向型经济、增加自主创新投入等。[1]中国农业科学院也翻译了介绍巴西标志性的粮食安全政策倡议"零饥饿计划"，供中国读者参考了解。[2]巴西政府对于双方共建"一带一路"的最大挑战来自意识形态层面，但中巴仍有强烈的发展经验交流、实现共同发展的战略需求。巴西政府力主降低进口关税和融入世界经济，这是该国经济政策值得肯定之处。

巴西经济复苏仍然乏力，农业利益集团希望维持好的对华关系，巴西政府希望继续受益于中国的进口与投资需求。农业部门在巴西经济增长和对外贸易中占据重要地位，面对一个更加亲美和意识形态化的博索纳罗政府，巴西农业利益集团努力稳定博索纳罗政府的对华关系，并通过副总统莫朗和国会的代表制约博索纳罗政府的涉华言行。尽管博索纳罗在竞选阶段公开展示亲美疏华立场，但上任后的对华立场渐趋理性务实，这与巴西农业利益集团的游说和施压密不可分。崇尚本国发展优先和轻视气候议程的博索纳罗政府总体上也高度依赖巴西农业部门的支持，这一政经纽带使得农业利益集团在影响博索纳罗对华政策上有一定的作用空间。虽然巴西政府在国际上仍持批评社会主义和南南合作的意识形态立场，但都将批评对象限制在本国和拉美地区内的左翼力量，竭力避免将矛头对准中国，总体上对华维持务实合作的战略姿态。

博索纳罗政府虽面临诸多争议，但内外议程推进较为顺利，国内局势稳定向好，这为提升中巴关系提供了有力的国内支撑。博索纳罗自称球员教练，将经济、外交、立法等事务交给专业团队负责，这减少了他重视社媒和意识形态的不利影响。对内，养老金改革方案已经国会下院批准，国内私有化改革进展较为顺利；对外，积极构建自由贸易网络，在处理对华、

---

[1] 参见高江龙：《中国经济增长政策对南共市国家的适用性研究》，载《拉丁美洲研究》2018年第6期，第80—95页。

[2] [巴西]若泽·格拉济阿诺·达席尔瓦等：《零饥饿计划：巴西的经验》，北京：中国农业科学技术出版社2014年版。

中东问题上的立场渐趋温和，逐渐获得国内农业利益集团的认可。

博索纳罗政府总体上期待稳定的大国关系，注重从全球大国、主要经济体的角度看待中国的国际作用。在中美巴三方关系上，巴政府寻求比较平衡的对美、对华关系，避免成为中美角力的受害者。巴西作为大国中比较弱势的一方，在维持公平合理的国际秩序上与中国有共同语言。在联合国粮食及农业组织负责人人选问题上，巴西支持中国候选人。巴西政府在香港、新疆、华为公司等问题上也没有随美西方起舞。巴西诸多产业部门涌现大量投资机会，中巴经贸合作提质升级面临新机遇。一是巴西能源部门正推动重大改革，包括石油部门引入竞争者、建设核电站等建设廉价能源的战略规划，以此支持再工业化进程。二是巴西重启因反腐行动陷入停滞的基础设施建设项目，并在政府层面认为中国具备参与项目的兴趣、资本和经验，包括城市供水系统、电力传输与分配、港口和铁路建设等。[1]

三、 共同维护中拉整体合作的态势

在聚焦双边合作之际，也要维护好以中拉论坛为代表的多边机制性平台的理念、机制与政策引领作用，促进拉美地区投资环境的优化，与巴西共同促进拉美的地区合作进程。创立中拉论坛的本意在于管理和引导日趋复杂、庞大的中拉合作议程，减少双边关系中的交易成本，增加交往行为中的可预期性。中国在传统的双边议程中并不习惯影响他国的内政与政策，这就要求赋予多边平台在构筑共识、协调理念与政策等方面的功能。与美洲国家组织、欧盟与南共市的自贸协定相比，中拉论坛在机制化乃至法制化程度上还处于起步阶段，国家间关系主要还是通过平等协商和构筑共识来协调，是一种软性的合作机制。中拉论坛这种灵活性部分来源于中拉合作的理论化、政策化或机制化程度还不高，但它已经成为双方讨论和协调、

[1] Renato Baumann, "A Golden Opportunity for China and Brazil", *China Daily*, November 14, 2019.

巩固社会基础与中拉友好的多边平台。

多边主义的核心是一种在广义的行动原则基础上协调三个或者更多国家之间关系的制度形式，即这些原则规定哪些行动是合适的，并不考虑在任何特定事件下各方特殊的利益或者战略紧急情况。[1]巴西等南美大国出于经济主权的担忧，对具有强制性的多边机制较为警惕。虽然中拉论坛是一个多边舞台，但它远远没有发展到上述机制奉行多边主义的程度，它主要奉行平等相待和协商议事的精神，作为一个持续存在的论坛可以供不同成员国的代表在此会商，并有可能拟定一套行动原则和解决问题的规则与程序，促进有希望的合作行为发生。中拉论坛作为一个多边场合或机制性安排，显然要奉行一定的原则处理论坛成员间关系或者行为准则。比如，在中拉论坛框架下的拟议项目应符合以下原则：适合双方同意的重点领域；有助于区域一体化和可持续合作；项目设计上对中国和拉共体成员国产生"乘积效应"；可推广至其他有意参与的拉共体成员国以及充分利用拉共体成员国的生产能力。[2]这些原则具有很高的规范性，对于中巴在双边或者地区项目上的合作具有指导价值，可以通过提供信息和提升行为预期达到降低交易成本的目的。同时，鉴于巴西保持南美领导者地位考虑，巴西需要在地区事务上扮演中国伙伴角色，发挥好两国的共同引领作用可以减少巴西对中国在拉美影响力上升的顾虑。[3]

鉴于拉共体偏重政治且行动力较弱、次地区机制林立且缺乏整合以及地区国家在意识形态和发展道路上缺乏共识，中方要发挥好自主贡献，寻求加强两国国内行为体在双边合作框架下各层面的合作。考察当今世界主要的区域性组织，少数关键国家的领导与贡献对于地区组织的成功运转至关重要。巴西近些年来更加注重内部改革和吸引国际投资与金融的议程，

---

[1] ［美］约翰·鲁杰：《对作为制度的多边主义的剖析》，载约翰·鲁杰主编：《多边主义》，苏长和等译，杭州：浙江人民出版社2003年版，第12页。

[2] 中国—拉共体论坛：《中国—拉共体论坛机制设置和运行规则》，2015年2月10日，http://www.chinacelacforum.org/chn/zywj/t1236150.htm。

[3] 参见［美］戴维·马拉斯、哈罗德·特林库纳斯：《巴西的强国抱负》，熊芳华、蔡蕾译，张森根审校，杭州：浙江大学出版社2018年版，第149页。

其主要的跨国公司也在收缩地区业务转而聚焦国内。巴西更是显著减少了其在亚投行的认缴股份额度，南共市与太平洋联盟出现竞争与合流并存的态势，拉共体因缺少实质性的财政支持和公共物品供给而处于边缘化的位置，地区国家的意识形态和政治分歧可能会对拉共体的团结产生消极影响，进而可能对中拉整体合作产生消极影响。

在上述情势下，拉共体因中国的诸多融资计划而显得重要，加上左右翼执政的拉美国家在加强对华关系上抱有共识，中拉论坛反而成为拉共体维系自身影响力的重要支撑因素。展望未来，中拉论坛将在很大程度上依赖于中国的自主贡献以及巴西等战略伙伴国的共同引领。智利、墨西哥等国正在为中拉论坛的持续发展贡献力量，巴西能否在拜登政府时期强化中巴在拉美的合作值得研究。中国在追求中拉全面合作伙伴关系中需要继续坚持不以国家大小、意识形态划线，从地区影响和全球意涵的角度处理意识形态差异问题。

鉴于巴西州和地方在吸引中国投资上的热情，中国可以倡议建立地方政府投资伙伴对话机制，在政府平台上为业界牵线搭桥和提供政策服务。圣保罗州、皮奥伊州、南大河州都在积极发展对华关系，特别是引进中资企业入驻。圣保罗州还在上海设立了办公室，以扩大对华贸易和投资关系，该州州长 2019 年率团访华并出席中国拉美基础设施周活动。东北部一些州还组团与海康威视、华为、中兴等中国企业开展对话。这些州际联合颇为有效，因为一些大型基础设施常常是跨州的，需要开展州际协调工作。中国设立地方性的自贸区也为次国家经贸关系的发展开辟了更广阔的政策空间。两国可考虑设立一个涵盖民营部门、中央政府和地方政府在内的高级别论坛，就两国关系长期发展进行讨论。

推动中巴战略合作的有效路径还需加强政治与社会这两个轨道，夯实发展中巴经济关系的政治与社会共识，倡导中巴互为发展机遇论，防止义利不能兼顾的消极情形出现。2018 年 12 月，习近平主席在访问拉美期间提出建设新时代平等、互利、创新、开放、惠民中拉关系的重要主张，这对新时期中巴关系的发展极具指导价值。在政治层面从国家利益出发处理好与不同政治理念的政权的关系，在社会层面加强与巴西利益集团、智库、媒体的关系，让人民在两国关系的发展中有获得感。皮尤研究中心的数据显示，自 2014 年以来，巴西民众对中国的好感度平均上升了 7 个百分点。[1]巴西也是世界上社会群体组织化程度最高的国家之一。[2]巴西政府在亚马孙的开发规划及中国因素已经得到该国内外社会组织的高度关注。[3]金砖国家合作仍是国家驱动的进程，是政府间的"精英社会化"，缺乏民间参与。[4]中巴双方需要加强政策沟通与协调，为市场主体参与合作项目提供更好的制度与政策环境。

与大幅依赖美欧文献研究巴西的阶段相比，近年来中巴学术界的直接互动在参与者的范围、讨论议题的广度以及机制化的程度上都是史无前例的。这种社会层面的互动不同于单纯设立孔子学院等语言培训和文化交流机构，也不同于互派留学生的交流，而是中巴双方的智库与研究机构就影响双方关系中的深层次问题与领域的深入研究，进而可以影响双方的政策制定。比如，中国出版的国内首本巴西黄皮书就是双方学者合作参与的结晶。[5]一些巴西学者把目光转移到研究中国的发展经验上，"在之前的几十年中，巴西的发展速度领先于中国，在许多方面给中国提供了经验；但是随着中国的快速发展，'老师'和'学生'两者的位置发生了变换"[6]。此类研究提供了制度与资源之外的智力支撑，是开展发展战略对接和开拓合作新机遇的重要社会基础。正是有了越来越多双方学者的观察与思考，中巴互为发展机遇论才能够真正在对方的媒体和公共舆论上体现出来，从而拉近中巴双方的心灵距离。

[1]　Matt Rivers, "China and the US Are Racing for Influence in Latin America", *CNN News*, August 15, 2020.

[2]　Oliver Stuenkel, *Post Western World*, London: Polity Press, 2016, p.175.

[3]　Cynthia Sanborn, "From Extraction to Construction", *ReVista*, Fall 2018, pp.4—7; Shannon K. O'Neil, "China's Green Investments Won't Undo Its Environmental Damage to Latin America", *Blog Post*, April 25, 2019.

[4]　参见〔巴西〕奥利弗·施廷克尔：《金砖国家与全球秩序的未来》，钱亚平译，上海：上海人民出版社 2017 年版，第 28—30 页。

[5]　刘国枝主编：《巴西发展报告（2016）》，北京：社会科学文献出版社 2017 年版。

[6]　陈威华、赵炎：《到中国寻找拉美问题解决方案——专访巴西学者埃万德罗·卡瓦略》，载《参考消息》2019 年 9 月 17 日第 11 版。

第三章

注入可持续发展的内涵

中国与巴西的经济关系在 21 世纪以来取得了长足的进展，中国不仅成为巴西主要的贸易伙伴，也成为巴西投资领域重要的国际合作方。中巴关系也是当前极富活力的南南关系的一部分。[1]当前，中巴合作的环境和条件都发生了很大的变化，在巴西维系发展对华更紧密关系的共识之余，经济全球化也在进入新一轮的调整，双方都在努力探寻发展的新路，如何在经济全球化迂回调整与中巴都在进行结构性转型的历史进程中推进双方合作，成为重要的研究议题。能否克服制约国内可持续发展的体制性和竞争性因素，事关两国能否持续发展的前景。[2]

随着中巴经贸关系的深化以及巴西的增长困难，巴西日趋关注如何受益于中国的经济成长，特别期待改变主要依靠原材料出口的产业格局，进而借助对华经济关系实现可持续和公平的社会与经济增长。[3]经过双方有

[1] Camilo Defelipe Villa, "Perspectivas de las Relaciones de China y America Latina y el Caribe", in Eduardo Pastrana Buelvas and Hubert Gehring, eds., *La Proyeccion de China en America Latina y el Caribe*, Bogota: Pontificia Universidad Javeriana, 2017, pp.123—145.

[2] 参见［美］戴维·马拉斯、哈罗德·特林库纳斯：《巴西的强国抱负》，熊芳华、蔡蕾译，张森根审校，杭州：浙江大学出版社 2018 年版，第 215 页。

[3] Jorge Guajardo, Manuel Molano, and Dante Sica, *Industrial Development in Latin America: What Is China's Role?* Washington DC: Atalntic Council, 2016, pp.1—16.

意识的推动以及双方企业界对合作机遇的再认识，中巴经济关系在继续挖掘双方经济结构互补性的同时，正逐渐在产能、创新和基础设施建设等领域呈现更具可持续性的合作格局。

第一节
————

加强中巴可持续领域合作的必要性

世界经济环境因部分发达经济体奉行"逆全球化"和经济民族主义理念而出现重大的消极变化。21世纪以来中巴经济关系的快速发展是在经济全球化和自由贸易享有全球共识的环境下取得的。今天这种全球共识在英国脱欧，美国新政府反对双边、多边自由贸易体系和追求以公平贸易为导向的贸易政策的情况下遭遇深刻挑战，在二十国集团内部也因美国的反对而难以就反对贸易保护主义的立场形成共识。中巴寻求发展可持续关系的国际环境在一定程度上有所恶化。美国市场开放度的变化及其对经济全球化的影响，成为中国与巴西共同关注的内容。

　　两国所处的增长周期发生了变化，外部经济环境变差，内部需要寻求新的增长动力。在巴西政府最初提出"超越互补性"和"去工业化"担忧之时，中国与巴西的经济合作正处在世界经济景气、原材料价格超级周期的蜜月状态。当前讨论经济关系可持续的背景发生了很大变化，中国经济进入新常态和高质量发展阶段，巴西经济刚刚摆脱衰退且复苏乏力。在这种情况下，外界开始怀疑以大宗商品贸易为基础的中巴关系，是否能如过去十年一般快速推进。[1]双方都在通过艰苦的国内改革和结构性调整来寻

<hr/>

[1]　宫国威：《中拉论坛的运作及中拉关系发展前景》，载王高成主编：《世界新格局与两岸关系：两岸和平发展的挑战与前景》，台北：时英出版社2017年版，第303页。

求更稳健和可持续的增长道路，中巴经济合作的议程和导向也受到国内改革进程和优先事项变化的影响。一些学者将这种现象概括为双方的经济、外交"双转型"。[1]

中巴经济关系的结构发生了深刻变化，投资和金融合作的进展加快。中巴过去经济关系的成绩主要体现在贸易领域的单向度快速增长，引发的"去工业化"担忧主要是体现在对双方经贸关系某种程度上"南北关系"色彩的关注，即原材料换制成品。实际上，当时中巴经济交往层次整体上更具南南关系色彩，因为无论是中国的制成品还是巴西的原材料，其附加值受制于低科技含量和廉价人力。现阶段的中巴经济关系结构变化趋势更多立足于中方的优势产能和巴西的可持续发展需求，逐步实现以贸易、投资和金融为主的多引擎驱动，而且投资在其中扮演的角色更加重要。中巴经济关系开始更多体现出资本、技术和管理等方面较深层次的互动，基础设施、可再生能源和科技创新等领域在双方合作议程上逐渐占据显著地位。经过40多年发展，中巴贸易达到新的历史高峰，但两国经贸合作过度依赖大宗商品贸易的状况需要改变。中国推进国际产能合作和"装备走出去"战略，这与巴西加强基础设施建设、提升工业化水平的发展思路高度契合，为两国寻找新的利益交汇点、发掘新的合作增长点提供了机遇。[2]较以往的经济关系结构而言，这些积极变化更加有利于培育中巴经济关系的可持续性。

与此同时，中巴投资和金融合作也引发了外部特别是美国的一些负面忧虑，比如中国投资和信贷主要流向治理状态欠佳的国家，由此出现担忧中国投资不能很好帮助相关国家改善治理状况的声调；在肯定中国对巴西基础设施领域投资贡献力度大、更灵活和更富效力之余，也不忘指出中国在上述领域的投资应该顾及这些领域投资的国际规范，兼顾发展需求和环

---

[1] 周志伟、齐传钧：《经济、外交"双转型"下的中拉关系战略定位》，载袁东振主编：《拉丁美洲和加勒比发展报告（2017—2018）》，北京：社会科学文献出版社2018年版，第113—129页。

[2] 参见李金章：《中巴合作迈向新高度》，《光明日报》2015年5月26日第12版。

境风险，呼吁中国国内市场向巴西等拉美国家扩大投资开放度。[1]在中巴经济关系步入投资和金融驱动的深水区之后，这些观点反映了中巴经济关系的影响已经超越双边层面，对国内经济生活和国际经济合作规范都在产生深刻影响，进而引发了对中巴经济关系在国际发展合作上效用的相关评估。

双方发展经济合作的政治环境发生了变化。21世纪以来，中巴经济关系发展最显著地体现在中国与巴西劳工党政府的全方位合作，特别是共同组建金砖国家合作机制和促成中拉整体合作的局面。博索纳罗政府时期，巴西跟随拉美的政治周期出现很大的变化，更加关注社会福利和南南合作的中左翼执政力量逐渐让位于更关注如何实现增长和对美关系的中右翼执政力量。这种政治环境的变化促使市场和社会主体在中巴经济关系中扮演更大的角色，中巴互动的民间和市场力量开始觉醒。卢拉总统第三任期开启后，中巴全面合作的战略和政治支撑正在得到恢复和加强。

在右翼政党逐渐掌握拉美政坛后，拉美的地缘政治环境变得更为支离破碎，进而损及中拉整体合作的进程。比如，巴西自特梅尔政府以来倾向于更积极地参与和发达国家的自由贸易协定，加强与拉美太平洋联盟国家的关系，加入倾向于经济自由主义的经合组织；与中国经济关系密切的委内瑞拉马杜罗政府遭到"利马集团"的抵制与批评，拉美的地区合作议程受成员国国内治理和意识形态差异的影响在加大，中巴全方位合作变得更加困难。卢拉开启第三个总统任期后重回地区合作框架，积极恢复拉共体、南共市等地区机制的影响力，改善和加强南美国家的对话与合作，但在委内瑞拉问题上地区国家的团结仍然存在不小的障碍。在中拉论坛、中国与南共市自贸协定等问题上，巴西能否有效发挥地区领导力量事关中拉整体合作的前景。围绕可持续发展的共同目标，拉美国家可以减少因该地区陷入意识形态分裂而无力发展对华整体合作的不利情况，从而推进中拉围绕可持续发展议程开展合作的积极势头。

---

[1] David Dollar, "China's Investment in Latin America", in *Geoeconomics and Global Issues*, January 2017, pp.9—13.

第二节

————

中国加强对中拉可持续合作的规划

进入 21 世纪以来，中国整体外交在拉美地区得到较为显著的推进。这种进展不仅表现在经济合作的深度和广度的扩大，也表现在中方连续发布两份对拉政策文件和中拉论坛等机制化进展。2014 年，中拉论坛宣布建立标志着中国对发展中地区整体合作外交布局的完成。2015 年 1 月，中拉论坛首届部长级会议通过《中国与拉美和加勒比国家合作规划（2015—2019）》《中拉论坛机制设置与运作规则》两份文件，标志着中拉双方整体合作的机制运作正式启动。2016 年 11 月，中国政府发布第二份《中国对拉美和加勒比政策文件》，标志着中拉关系进入全面合作的新阶段。[1]第二份对拉政策文件是中国对巴西等拉美国家对华新诉求的一种政策回应，故而受到国际社会的广泛关注。新的对拉政策文件将新阶段中拉合作的领域细分为政治、经贸、社会、人文、国际协作、和平安全司法、整体合作以及三方合作等八个领域，提出了一系列符合国际发展大势和中拉共同发展需求的重要主张。[2]

继 2008 年中国发布首份对拉美和加勒比政策文件之后，2016 年发布的第二份对拉美和加勒比政策文件对于如何推进新阶段的中拉合作，中方的战略与政策突出了提升伙伴关系、注重共同发展、明确优先领域、培育全面关系和重视机制建设等特色。这些颇具特色的政策和战略展现出中国对拉美地区了解的不断加深以及试图引领中拉未来合作的战略抱负，提出构建中拉携手发展的命运共同体的愿景，是一幅具有战略意义

————

[1] 人民网：《中国对拉美和加勒比政策文件》，2016 年 11 月 24 日，http://politics.people.com.cn/n1/2016/1124/c1001-28893630.html。

[2] 张润：《汇聚战略共识，助推中拉务实合作》，载《拉丁美洲研究》2016 年第 6 期，第 4 页。

的合作路线图。在 2016 年版对拉美和加勒比政策文件的指导下，中国如何在新的发展阶段将中巴经济关系建立在更具可持续性的基础上成为重要的命题。

中巴在各自发展阶段上更为接近，都面临平衡内需与外需、消费与投资关系、增长与分配等如何走出中等收入阶段、迈入高收入国家行列的挑战，互学互鉴的空间更大。2015 年，经合组织、联合国拉美经委会和拉美发展银行发布报告研究中拉经济关系的走向，世界银行也在研究拉美如何受益于新兴经济体的成长。[1]国际组织和拉美众多国家表现出了对了解学习中国在经济增长、减贫和技术进步等方面发展经验的浓厚兴趣，这也是近年来中国提出与拉美国家加强知识/治理合作、治国理政交流的重要原因。中方新的政策文件重视经济合作、设置优先领域、重视公私伙伴关系（PPP）模式、保持对第三方合作开放，以及从全球治理和国际体系转型角度重视拉美的战略，这些都是非常积极的信号。

中国 2016 年发布《中国对拉美和加勒比政策文件》既是对国际上对中拉经济关系近年来一些负面担忧的回应，也是对前一阶段中拉经济关系经验的总结和对如何推进下阶段中拉经济关系的系统思考。第一，中国仍然重视良好政治关系和社会文化交往对经济关系的促进作用，但在经济合作上更强调市场行为体的主体作用。第二，六个优先领域是更具可持续性的领域，但也是国际可持续发展合作最难以实现的领域，比如周期较长、环保压力和盈利压力较大的基础设施领域，创新合作虽然经由政府提供的奖学金项目和合作性研究项目能够得到部分推动，但如何实现涉及企业研发投入与回报的技术转移等则需要更为细致的政策安排和市场主体的理解与参与。第三，坚持不排斥第三方的立场，中方愿与相关方共同致力于改善拉美的营商环境和治理品质，这符合各方的利益。第四，强调加强政策沟通与协调，为市场主体提供更好的参与制度与硬件环境。建立更多的自由

---

[1] OECD，UN，CAF，*Latin American Economic Outlook 2016：Towards a New Partnership with China*，2015. http://www.oecd.org/dev/Overview_%20LEO2016_Chinese.pdf.

贸易安排，建设公路、铁路、电力运输网络和信息通道，将能保障中国消费者购买到拉美优质的产品，也能确保在各方竭力争夺的中国消费市场上有拉美国家应有的份额。

基础设施成为双方期待合作的一个重要领域，学术界围绕如何更好地开展基础设施合作进行了不少的深入研究，提出了基础设施投资需要关注合作伙伴国社会发展需求与本土化要求等宝贵建议。[1]世界银行的研究部门从南方在世界经济中崛起的角度，分析了中国从供给端、需求端和金融端对巴西等拉美国家经济的影响，以及可资借鉴的经验。[2]可以说，对这些变化的思考正逐渐涌现，这要求在中巴合作进程中予以回应。2018年，中国正式邀请中拉共建"一带一路"倡议后，中国—拉共体论坛第二届部长级会议通过了关于"一带一路"倡议的特别声明，包括巴西在内的拉共体国家外长认为，该倡议可以成为深化中国与拉美和加勒比国家经济、贸易、投资、文化、旅游等领域合作的重要途径，并委托联合国拉美经委会进一步深入研究。[3]

中国对巴西的合作将会遵循新的对拉政策文件的路径，首先，关系更突出综合性与广泛性。在传统的贸易之外，投资和金融作为新的引擎，将在未来的中巴经济关系中扮演更为重要的角色。其次，践行新的经济合作理念。比如，在贸易上注重平衡发展与结构多元化；注重提升巴西自主发展能力；坚持企业主导、市场运作、义利并举、合作共赢原则；注重科技创新的联合研发；注重生态环境保护等。最后，包含诸多政策工具和制度安排，如政府与社会资本合作模式、强化服务贸易和电子商务、商讨贸易便利化安排以及注重发展规划和经济政策咨询等软性环境建设，从而为中巴经济关系发展提供更好的政策和机制保障。在经济合

[1] 参见陈涛涛等：《拉美基础设施PPP模式与中国企业投资能力》，北京：清华大学出版社2016年版，第456—457页。

[2] See De la Torre, Augusto, etc., "Latin America and the Rising South: Changing World, Changing Priorities", *Overview Booklet*, World Bank, 2015, pp.14—20.

[3] 中国外交部：《中国—拉共体论坛第二届部长级会议关于"一带一路"倡议的特别声明》，2018年2月2日，http://www.chinacelacforum.org/chn/zywj/t1531607.htm。

作上更强调市场行为体的主体作用，更强调风险和利益的共享以及市场主体的参与。比如，2017 年 5 月底启动的中巴产能合作基金就是中巴按照 3∶1 比例共同出资、共同管理、共同决策、共同受益的机制，这样不仅可以撬动更多资金，而且将收益与风险绑定有利于培育利益攸关方的合作精神。[1]

《2030 年可持续发展议程》对中巴伙伴关系的推进具有指导意义。在下阶段中巴关系中，需加强环境、科技和人文的引领作用，提升中巴经济合作的社会效益。可持续发展涉及的领域通常是国际发展合作最难实现的领域。中巴需要借鉴联合国拉美经委会、拉美发展银行和经合组织的经验与专门知识，共同做好亚马孙雨林的保护与开发，引导政策性银行对企业在拉美绿色投资的支持，利用中国在太空和信息领域的技术优势，把保护和开发生态系统培育成新的合作点，彰显中巴重视人类福祉的新形象。中巴在下阶段要借助发展模式的创新，构建创新和可持续的战略伙伴关系。

加强可持续发展领域的合作也逐渐成为中国与包括巴西在内的拉美及加勒比地区国家的共识，这对于推进中巴可持续发展合作具有重要意义。2021 年 12 月召开的中拉论坛第三届部长会议制定了《中国—拉共体成员国重点领域合作共同行动计划（2022—2024）》，将可持续发展作为中拉合作的重点领域予以单列。双方围绕可持续发展的合作涵盖了下述领域：积极落实《2030 年可持续发展议程》，将绿色、可持续、韧性发展的领域作为优先合作方向；欢迎中方提出的"全球发展倡议"，相信倡议将有助于加快落实联合国《2030 年可持续发展议程》；开展应对气候变化的政策交流与务实合作；开展环境管理、生物多样性保持和可持续利用，以及政策交流和人员培训；在联合国海洋环境保护和自然资源可持续利用相关倡议框架下，开展海洋减塑和防止陆源污染领域政策对话和经验分享；开展海洋生态保

---

[1]　参见中国经济网：《中国和巴西扩大产能合作基金将深化双边合作》，2017 年 6 月 8 日，http://intl.ce.cn/sjjj/qy/201706/08/t20170608_23496202.shtml，检索时间：2017 年 10 月 9 日。

护修复、海洋防灾减灾、海洋可持续经济、南极科学研究等领域交流和务实合作；欢迎中方金融机构参与拉共体成员国可持续金融合作体系构建；加强在水资源综合管理、水旱灾害风险防御、水土流失治理、农业节水灌溉、河湖生态保护治理、非常规水资源开发等领域的交流合作；加强在森林保护、自然地保护、荒漠化防治、预防打击贩运野生动植物及森林违法犯罪、可持续林业经贸、竹子培育与利用等领域的交流合作；探讨建立应急管理合作机制，促进防灾减灾救灾领域交流合作；保障妇女及弱势群体平等参与可持续发展的权利。

第三节

——

巴西谋求对华关系可持续性的意愿上升

一、 巴西期待中国助力该国的经济多元化、工业化和可持续发展

巴西早在 2008 年就制定过《中国议程》，主要内容包括增加向中国出口产品的技术含量、以工业品出口平衡两国贸易、增加资源密集型产品、吸引中国的投资特别是对巴西基础设施建设投资。[1]巴西近年来在政治上回摆至注重财政紧缩和纪律的特梅尔政府和博索纳罗政府期间，并没有完全放弃重视社会再分配和基础设施领域的投入，只是采取了更加市场化的运作战略。[2]两届政府基本上维持了从对华关系中获取基础设施

---

[1] 转引自张宝宇：《中巴关系发展历程：过去、现在与未来》，载刘国枝主编：《巴西发展与拉美现代化研究》，武汉：长江出版社 2016 年版，第 15 页。

[2] Ernesto Talvi, "Where Are Latin American Economies Headed?" *Global Debates Report Series* 11, October 5, 2016. https://www.brookings.edu/research/where-are-latin-american-economies-headed-political-swings-and-paradigm-shifts-a-historical-perspective/，检索时间：2017 年 9 月 6 日。

等领域合作收益的政策，巴西还从国内立法和政策规划等层面为包括中国在内的外资进入该国提供更大的空间。卢拉新政府在发展对华经济关系上体现出了延续性，卢拉总统访华期间会晤华为、比亚迪等中资企业领导人，显示出期待中资企业在帮助巴西实现技术进步和促进工业化的政治意愿。

巴西对华关系经受巴西政坛变动的考验得到持续推动。在对华进行国事访问前夕，特梅尔政府公布大型私有化计划，成为吸引中国投资伙伴的前奏。特梅尔在华期间与国家电网、中国三峡集团等企业领导人的会晤印证了这一判断。特梅尔政府还与中方就在里约州建设核电站达成意向协定。对于深化对华经济关系，巴西观察人士的意见分为两派。一方面，中国被认为是巴西发展的战略机遇，因为中国作为全球大国的崛起不可避免。另一方面，在对华议程变得更为综合与复杂的形势下，巴西需要从长远角度出发，寻求建立更为平衡的对华关系。[1]尽管对华关系深入发展后引发了巴西国内对华关系的深入辩论和各种评估，但巩固和增加巴西对华双边关系是特梅尔政府的主要目标之一，并且该政府认为巴中经济合作是互惠的。[2]时任总统府秘书长莫雷拉·弗朗克表示中国的重要性已经超越了贸易需求，这越来越体现在中国在巴西的投资上，中国的投资涉及部门广泛，对于提升巴西的就业、收入和经济结构极其重要，这是巴西经济的重要发展机遇。

特梅尔政府发展对华关系的努力也得到了中方的积极回应，后者赋予特梅尔总统国事访问的礼遇。特梅尔的访华团队包含 7 名部长、11 名国会议员和大批企业界代表，旨在寻求保持对华贸易的水准，同时寻求扩大来自中国的投资，特别是生产性投资。时任巴西驻华大使马尚在采访中强调了中国在基础设施领域的优势，包括中国在基础设施领域投资

［1］ Tulio Cariello, "Por que a China está investindo no Brasil?" *El País*, Dec 6, 2017.

［2］ Portal Planalto, "Governo trabalha para aumentar comércio bilateral com a China", August 30, 2017，http://www2.planalto.gov.br/acompanhe-planalto/noticias/2017/08/governo-trabalha-para-aumentar-comercio-bilateral-com-a-china.

的规模和融资能力，由此中国会对巴西电力、高速公路、铁路和港口的投资竞拍有兴趣。[1]2017 年 5 月 30 日，200 亿美元的中巴扩大产能合作基金正式启动，以便为双方均感兴趣的基础设施等项目提供融资。2017 年巴西对外贸易盈余达到创纪录的 670 亿美元，这是巴西出口五年来和进口三年来的首次增长，而中国贡献了巴西贸易盈余的 222.7 亿美元，占比达到33.2%。[2]虽然 2017 年巴西出口产品价格均价上涨了 10.1%，这是巴西该年度贸易表现升级的重要原因，但中国对巴西经济在 2017 年实现复苏的推动作用不容忽视。

为巴西中小企业拓展中国市场是特梅尔政府对华国事访问的重要目标之一。特梅尔在巴西出口与投资促进局在华举办的巴中商业研讨会上指出了中小企业在提升巴西竞争力、创新和就业等方面的重要性。巴西国家经济与社会发展银行还为巴西中小企业提供了 200 亿雷亚尔的信贷额度，以促进它们提升表现和开拓包括中国在内的海外市场。特梅尔高度评价了巴中两国的贸易成就以及中国投资的增长，认为这种经济纽带有利于中国的发展和巴西恢复经济增长。特梅尔还致力于推动对华出口产品的多样化，同时呼吁克服中方进口巴西农产品的壁垒。为了吸引中国游客前往巴西，巴西在 2017 年 9 月与中方签订了签证协定，为中国访客提供 5 年有效期、多次入境和每年 90 天停留期的旅游签证。

特梅尔强调他 2013 年以来的四次访华经历并非偶然，而他就任巴西总统后的首次出访地就是中国。在特梅尔看来，这么密集的出访反映了巴西与中国之间全球战略伙伴关系的属性。他在 2017 年 8 月访华前撰文指出，巴中伙伴关系是战略性的，双方在当前充满不确定性的国际形势下支持自由贸易和多边主义，维持对气候变化《巴黎协定》的承诺，尊重世界贸易

---

[1] Afonso Benites, "Michel Temer coloca seu pacote de privatizações na vitrine chinesa", *El País*, Agosto 30，2017.

[2] MDIC, "Marcos Pereira destaca saldo histórico de US $ 67 bilhões na balança comercial de 2017", 02 de Janeiro de 2018, http://www.mdic.gov.br/index.php/noticias/3008-marcos-pereira-destaca-saldo-historico-de-us-67-bilhoes-na-balanca-comercial-de-2017.

组织的规则；巴中两国在孤立主义和碎片化迹象出现的背景下，是有利于国际体系稳定的力量。[1]

博索纳罗政府延续了对华合作的势头，尽管受到新冠病毒疫情的冲击，但两国的贸易以及中国对巴西的投资均维持了持续增长的态势。

卢拉视对华关系为其重要外交遗产，在第三任期开启后，他把西半球之外的首次访问地选在了中国。他在2023年的访华行程中访问了在中国可持续发展中具有标杆意义的华为和比亚迪等中资企业，并访问了聚焦可持续发展事业的金砖国家新开发银行，成为访问该行总部的首位外国领导人。在两国领导人签署的《中华人民共和国和巴西联邦共和国关于深化全面战略伙伴关系的联合声明》中，双方围绕加强可持续发展领域的合作达成广泛共识。这些共识包括：应深化在减贫、社会发展和科技创新等领域的合作，拓展在环保、应对气候变化、低碳经济和数字经济等新领域的合作；共同致力于促进二十国集团在实现可持续发展目标方面发挥更大作用；双方决定在中国—巴西高层协调与合作委员会框架下成立环境和气候变化分委会，承诺就气候变化、环境问题在"基础四国"、金砖国家等机制内继续开展双边对话并协调立场；双方将根据《联合国防治荒漠化公约》寻求共同应对荒漠化、土地退化及干旱问题；中方支持巴西亚马孙地区贝伦市参与申办2025年《联合国气候变化框架公约》第三十次缔约方大会；巴方欢迎中方为加速落实联合国《2030年可持续发展议程》提出的全球发展倡议，双方将共同努力，寻求推动全球发展更加繁荣、可持续和平衡，不让任何一个国家掉队；双方认可经济和社会的可持续发展取决于高效的交通基础设施，愿深化港口领域的投资与合作，特别是发展基础设施和改善港口运营；落实双方业已签署的《关于推动可持续发展领域投资合作的谅解备忘录》，打造可持续发展伙伴关系；加强本币贸易，推动可持续融资领域合作；双方重申愿共同努力在可再生能源、能源转型和能效领域，特别是生物能源、氢能源、可持续航空燃料等方面开展合作，促进双方开展能源转

[1] Michel Temer, "China：Uma Visita em três Tempos", *Estado de Sao Paulo*, Agosto de 2017.

型领域的相互投资和研发、创新合作等。[1]

二、 期待构建更全面均衡的中巴关系，两国精英对双方国内治理与发展经验开展学习和研究的兴趣上升

中巴双方均面临突破中等收入陷阱、实现可持续发展的任务，中国的长期规划能力、利用外资经验、平衡国家与市场关系、培育创新能力、渐进式改革以及促进国内地区平衡发展等方面的做法都是巴西精英界感兴趣的内容。[2]巴西学者认为虽然彼此的发展经验不能自动移植到对方，但巴西可以从中国的工业化、基础设施建设等方面吸取经验，中国也可以从巴西构筑社会保障网上有所借鉴。[3]巴西时任外长努内斯在《圣保罗页报》组织的有关巴中关系的研讨会上，肯定了会议设置的如何扩大出口议程、如何鼓励更多巴西企业进入中国市场和投资、如何从中国在巴西的投资中受益最大化以及两国创新合作的内容等议题，并指出巴西的对华研究已经超越了商业考虑，走向更深层的了解。[4]他还赞扬了中国擅长长远思维和规划的优点，帮助巴西也培养这种思考未来的习惯，强调了中巴探讨在创新领域合作的重要性。中国也出版了一些探讨中巴等金砖国家发展经验的书籍。[5]巴西智库新近出版的对华战略报告更是直言与中国打交道促使巴西有必要重新思考自己的发展道路，中国越来越成为一种参考和机遇，其

---

[1] 参见中国外交部：《中华人民共和国和巴西联邦共和国关于深化全面战略伙伴关系的联合声明（全文）》，2023 年 4 月 14 日，https://www.mfa.gov.cn/web/gjhdq_676201/gj_676203/nmz_680924/1206_680974/1207_680986/202304/t20230414_11059627.shtml。

[2] 这是基于作者近年来在巴西、秘鲁等拉美国家和地区组织的访谈和研讨会讨论之上做出的初步判断。

[3] ［巴西］路易斯·吉耶尔梅·施穆拉：《前言》，载 ［巴西］费尔南多·奥古斯都·阿德奥达托·韦洛索等：《跨越中等收入陷阱：巴西的经验教训》，北京：经济管理出版社 2013 年版，第 1—3 页。

[4] Aloysio Nunes Fereira, Opening Remarks of the Brazil-China Seminar, Sep 6, 2018, http://www.itamaraty.gov.br.

[5] 参见葛传红：《大国崛起的政治经济学——巴西、俄罗斯、印度与中国市场化进程的比较分析》，北京：北京大学出版社 2016 年版。

中就包括借鉴如何通过协同的政府行动来刺激结构性转型和经济的多元化。[1]

一些美国学者也注意到了中拉在治理模式上互动的现象，并将其概括为中国软性权力在拉美的投射。[2]这些研究成果注意到中国在拉美的影响力远远超越了资金、市场的层面，而且提供了榜样的力量，即中国作为一个从内战和贫穷的状态相对较快地进入中等收入阶段国家的实践对巴西等拉美国家的吸引力。中国的进步伴随着现代化的城市、科技的巨大发展、领先的基础设施建设水平和国内的安定，这些都是巴西梦寐以求的发展目标。正如习近平总书记在党的十九大报告上指出的，中国特色社会主义进入新时代，意味着中国特色社会主义道路、理论、制度、文化不断发展，拓展了发展中国家走向现代化的途径，给世界上那些既希望加快发展又希望保持自身独立性的国家和民族提供了全新选择，为解决人类问题贡献了中国智慧和中国方案。[3]中巴在发展模式上的交流互动深刻印证了这一科学论断。

巴西对于加强中拉文化交往的意愿也在上升，包括加强双方在媒体、智库、教育领域的深度交流与合作。越来越多的巴西学生选择借助中国政府的奖学金名额前往中国而非传统的欧美高校留学深造。他们通过参加文化部主办的青年汉学家项目，进一步了解中国的发展进步，进而选择申请来华留学深造。巴西也在不断改进对华签证的便利程度，以便促进中巴在商业和旅游等领域的交流合作，前总统博索纳罗访华时甚至宣布考虑给予中国游客和商务人士入境巴西的免签待遇。巴西媒体的涉华报道密度和领域均有所加强和拓宽，这反映了巴西各界加强对华各领域交往的意愿与需

[1] Tatiana Rosito, *Bases para uma Estratégia de Longo Prazo do Brasil para a China*, CEBC Seção Brasileira, 2020, https://www.cebc.org.br/tatianarosito/pt.html.
[2] Ted Piccone, "The Geopolitics of China's Rise in Latin America", *Geoeconomics and Global Issues*, November 2016, p.6.
[3] 习近平：《决胜全面建成小康社会　夺取新时代中国特色社会主义伟大胜利》，北京：人民出版社 2017 年 10 月版，第 10 页。

求在不断提升。

此外，鉴于民粹主义和抵制经济全球化的势力在美欧等发达经济体影响力加大，中国与巴西可借助二十国集团等国际机制加强协调，维护好共同的发展权益。在特梅尔任总统并访华期间，双方除了签订一系列合作协定之外，还重申了对气候变化《巴黎协定》和世界贸易组织多边贸易体系的支持。在巴西学者眼中，金砖国家新开发银行、应急储备安排以及亚投行等机制的建立，使得发展中国家可以不受霸权国家强加条件的制约而制定本国的战略。[1]中巴有望借助共同参与塑造国际议程的机遇，深化双方旨在谋求可持续和共同发展的伙伴关系。

三、 巴西总体上期待中国能够助力拉美的地区一体化与可持续发展进程

地区一体化可以从以下两个方面服务于巴西的利益：一是提升拉美国家从全球化中获益的能力；二是在拉美国家面临经济自由化、私有化等全球化的冲击效应时的防护作用。[2]新冠病毒疫情的冲击也使诸多地区意识到区域内产业链和经济纽带的重要性。《美墨加协定》获得批准后，巴西对南美市场整合的迫切性也在加大。"两洋铁路"迟迟未能落实，主要的障碍还在于秘鲁感觉难以从中获取巨大收益，巴西被迫转向重点聚焦国内的基础设施联通。巴西在领导创建南美国家联盟后，很长一段时间内致力于打造地区性的能源类基础设施网络，虽然这种雄心因国力下降和意识形态因素而严重削弱，但在很多巴西精英眼中，南美的基础设施互联互通有助于巴西拓展经济发展的腹地和回旋空间。比如，有巴西学者指出，中国的经济模式调整和"一带

---

[1] 参见［巴西］马科斯·考德罗·彼雷斯、埃尔梅斯·莫雷拉·胡尼奥尔：《金砖国家合作框架下的中国与巴西多边合作》，李萌译，载刘国枝主编：《巴西发展报告（2016）》，北京：社会科学文献出版社 2017 年版，第 293 页。

[2] Camilo Defelipe Villa, "Perspectivas de las Relaciones de China y America Latina y el Caribe", in Eduardo Pastrana Buelvas and Hubert Gehring, eds., *La Proyeccion de China en America Latina y el Caribe*, Bogota: Pontificia Universidad Javeriana, 2017, p.124.

一路"倡议有助于改善全球物流和促进包括拉美在内的基础设施建设，提升该地区的生产力和推进南美区域一体化进程，因此会受到欢迎。[1]

在 2016 年的联大演讲中，特梅尔强调巴西需要的是和平、可持续发展和尊重人权，为此应该改革包括联合国安理会在内的全球治理结构，使之更具代表性。[2]在 2017 年的联大演讲中，他重申了追求可持续发展对集体行动的重要性，并特别对不断加剧的民族主义和诉诸保护主义解决经济挑战的危害提出警示。[3]特梅尔在论证巴西落实可持续发展和《巴黎协定》的目标时谈到两个数字：一是巴西清洁和可再生能源占国内能源比重超过了 40%，二是巴西亚马孙雨林毁林在 2016 年减少了 20%。特梅尔政府表示，巴西将继续致力于应对全球气候变化并坚决落实《巴黎协定》，并强调应对气候变化可以与经济增长兼容，《巴黎协定》为各国制定相应措施与政策留下了充分余地，缔约国可以求得经济增长和应对气候变化之间的平衡。[4]此外，巴西希望推动生物燃料走向国际化，强调该国的生物燃料不会对食物和环境产生负面影响。自 2016 年 11 月发出"生物未来平台"多边提议以来，巴西外交部已配合巴西其他政府部门及私人企业，领导宣传全球向低碳生物经济体努力，希望引起全球认可低碳生物燃料和生物经济在全球能源转变中的作用。2017 年 10 月 24 日至 25 日，在巴西政府的协调下，"生物未来峰会"于圣保罗举行。与会人员有来自 28 个国家的 47 位发言人和 270 位来自公共部门、私营部门、非政府组织及其他学术机构的参与者。[5]

---

[1] 参见［巴西］马科斯·考德罗·彼雷斯、埃尔梅斯·莫雷拉·胡尼奥尔：《金砖国家合作框架下的中国与巴西多边合作》，李萌译，载刘国枝主编：《巴西发展报告（2016）》，北京：社会科学文献出版社 2017 年版，第 292—293 页。

[2] 参见特梅尔总统在 2016 年 9 月 20 日第 71 届联大一般性辩论的致辞，https://gadebate.un.org/en/71/brazil。

[3] 参见特梅尔总统在 2017 年 9 月 19 日第 72 届联大一般性辩论的致辞，https://gadebate.un.org/en/72/brazil。

[4] 巴西外交部 171 号照会：《外交部和环境部关于气候变化的联合新闻发布》，2017 年 6 月 1 日。http://www.itamaraty.gov.br/en/press-releases/16394-joint-press-release-from-the-ministry-of-foreign-affairs-and-the-ministry-of-environment-climate-change.

[5] 本次会议情况参见 https://www.gov.br/mre/en/contact-us/press-area/press-releases/biofutures-summit-2017-in-sao-paulo-to-convey-a-message-to-cop-23。

在中国做出碳中和承诺之后，中巴两国在清洁能源发展和亚马孙雨林的维护上将会有更多对话与合作的空间。

面对美国等发达经济体的保护主义浪潮，特梅尔政府在多个国际场合强调开放对实现发展的重要性。例如，在出席 2017 年 12 月在阿根廷举行的世界贸易组织部长级会议时指出，各国领导人应该传达开放、对话和推进多边主义的信息，强调融入全球经济对国内发展的重要性。特梅尔作为法学专家，在评价世界贸易组织的功能时，特别强调了其在促进经贸投资、遏制保护主义之外的调解商业纠纷的法律功能。特梅尔政府在多边经济议程上除了关注数字经济、投资促进和中小企业外，仍然特别关注农业贸易的进展。[1]他的继任者博索纳罗虽然有"热带特朗普"之称，并暂停了对拉共体机制的参与，但他仍然对巴西支持多边自由贸易议程不持异议，并努力维系与中国的经贸合作格局。卢拉重返巴西政坛并开启第三任期后，迅即在拉共体第七届峰会上宣布巴西全面重返拉共体。本届拉共体峰会通过的《布宜诺斯艾利斯宣言》强调将在《中国—拉共体成员国重点领域合作共同行动计划（2022—2024）》框架下举行系列会议以及支持举办 2024 年中拉峰会，这显示出巴西有望成为下阶段中拉整体合作的重要支持力量。

第四节

————

产能有望成为中巴可持续合作的重点领域

巴西作为具有系统重要性的新兴经济体和中国重要的经贸伙伴，在中

---

[1] 米歇尔·特梅尔在世界贸易组织 2017 年阿根廷部长级会议上的讲话，2017 年 12 月 10 日，http://www.brazilgovnews.gov.br/presidency/speechs/2017/12/remarks-by-president-of-the-republic-michel-temer-during-the-opening-session-of-the-xi-wto-ministerial-conference-buenos-aires-argentina。

国国际产能合作中占据重要地位。近年来中巴产能合作呈现出稳定增长与多元化发展的积极态势。中方期待通过投资，为巴西工业化和基础设施建设提供装备，通过"优进优出"推动双方贸易结构逐步多元化。巴西在2015—2016年虽经历经济衰退和政局动荡，但中企在巴西的投资却实现逆势发展，在投资主体、方式、地域和产业等方面日趋多元化。中巴产能合作因契合两国的战略需求，有望进一步助推中巴经济合作全面升级。中巴产能合作也存在一些有待改进之处，比如中巴之间尚没有互惠性贸易安排和双边投资协定，中巴产能合作在双向互动上存在非均衡性，巴西期待着中国国内投资市场的进一步开放，等等。

2015年，中国国务院发布《关于推进国际产能和装备制造合作的指导意见》，明确了国际产能合作的目标、重点领域和保障机制。[1]中国政府也将国际产能合作为推动中拉经贸转型、打造中拉合作升级版的突破口，为此宣布设立中拉产能合作专项基金，提供300亿美元融资。[2]2016年的《中国对拉美和加勒比政策文件》把产能合作列为中拉经贸关系的重要内容，并提出坚持企业主导、市场运作、义利并举、合作共赢的原则，推动中国的优质产能和优势装备对接拉美和加勒比国家的需求，帮助有需要的拉美和加勒比国家提高自主发展能力。[3]巴西在中国国际产能合作中是"一轴两翼"布局之东翼拉美地区的重点合作对象国。

一、中巴产能合作注重政治引领与规划

中巴产能合作受益于两国密切的高层往来和政治引领。2014年，习近平主席在巴西国会的演讲中指出，政策规划是发展的指南针，双方应该发

---

[1]　中国国务院：《关于推进国际产能和装备制造合作的指导意见》，2015年5月16日，http://www.gov.cn/zhengce/content/2015-05/16/content_9771.htm。

[2]　李克强：《推动中巴合作升级引领中拉共同发展》，2015年5月19日，http://politics.people.com.cn/n/2015/0521/c1001—27032201.html。

[3]　《中国对拉美和加勒比政策文件》，2016年11月24日，http://politics.people.com.cn/n1/2016/1124/c1001—28893630.html。

挥两国高层协调与合作委员会的作用，加强宏观经济政策协调，加快落实中巴《十年合作规划》，推动科技创新合作及其成果转化，加强信息技术、生物技术等高技术领域合作，提高合作含金量。[1]习近平主席在会见时任巴西总统罗塞夫时特别强调要全方位提高经贸合作水平，积极开展电力、农业等领域产业投资合作，在矿产、石油领域开展上中下游一体化合作，在建设高速铁路方面开展战略性合作，"两洋铁路"项目提上议事日程。

在正式提出国际产能合作政策之后不久，李克强总理在 2015 年 5 月访问巴西，指出中巴可以在产能合作方面成为优势互补的典范。中巴两国产能合作借助此访获得较大推动，签署了一些重要的框架性协议。其中，《中国国家发展改革委员会和巴西计划、预算和管理部关于开展产能投资与合作的框架协议》和《中国国家发展改革委员会和巴西交通部、秘鲁交通运输部关于联合开展"两洋铁路"项目可行性基础研究的谅解备忘录》是最为引人注目的两份文件。中巴产能合作框架协议有望推动两国在基础设施、物流、能源、矿业、制造业、农业贸易等领域的投资和合作，两国寄希望于将"两洋铁路"打造成为双方产能合作的代表项目。

2016 年 9 月，G20 杭州峰会期间的中巴领导人会晤重申了双方对加强产能合作的承诺。习近平主席呼吁推动"两洋铁路"等重大项目尽早取得实质性进展，深化科技创新、节能环保和可再生能源等领域的合作。特梅尔总统表示愿加强经贸、能源、航空、农牧业、投融资和基础设施等领域的合作，隶属巴西外交部的出口投资促进局将专门成立中国工作组，处理双边贸促事宜。2016 年 10 月，中国——葡萄牙语国家经贸合作论坛第五届部长级会议进一步提出促进贸易投资自由化便利化、加强产能合作及三方合作等举措。2019 年 5 月 9 日，中巴基础设施合作对话会在巴西利亚举行，探讨中巴在基础设施领域的合作前景。2023 年 4 月，两国政府在《中国——巴西应对气候变化联合声明》中进一步明确了加强绿色产业领域合作的意愿。

---

[1] 习近平：《弘扬传统友好 共谱合作新篇》，2014 年 7 月 16 日，http://www.fmprc.gov.cn/web/gjhdq_676201/gj_676203/nmz_680924/1206_680974/xgxw_680980/t1175448.shtml。

二、 中巴产能合作注重贸易、投资和金融多引擎驱动

中方在推动中巴产能合作的过程中较为注重加强投资、促进贸易结构多元化和做好金融保障等工作。投资上，中国期待为巴西的持续工业化和基础设施建设提供原材料和装备，利用中国优势产能在巴西就地设厂，合作发展钢铁、建材、相关装备等加工业，达到降低巴西建设成本和提升中国工业化水平的互利目标。此外，中方还希望帮助巴西提高远洋运输能力和效率，提供盐下石油勘探开采服务、海洋工程装备等，优化能源开发，在核电、水电、光伏等清洁能源领域进行开发合作，推进可持续发展。[1]在具体的投资领域中，中国在巴西汽车制造领域的合作进展较为突出，奇瑞、福田、江淮、比亚迪等中国汽车企业相继在巴西投资建厂，在巴西市场赢得了不错的份额和声誉。2017年以来，招商局和中国交建在巴西两大物流平台巴拉那瓜港和圣路易斯港开展投资，带动了巴西东北部经济的发展。截至2019年5月，国家电网在巴西投资额超过了124亿美元，深度参与巴西输配电和运营的电力产业链。[2]截至2021年底，中国在巴西投资按金额计的首要领域仍是油气部门，但电力和信息技术产业等部门按照投资项目的数量而言已上升至前二。

贸易上，中国愿与巴西探讨建立长期稳定的贸易关系，达成一揽子合作协议，包括恢复从巴西进口牛肉、巴方购买中国车辆等具体进展，旨在通过优进优出推动双方贸易结构逐步多元化。贸易在中巴产能合作中的角色日益得到重视。李克强总理在2015年访问巴西时提出中巴双方应通过推进贸易自由化、便利化为中拉产能深度合作注入新动力。具体而言，中国企业购买包括支线飞机在内的巴西优质工农业产品，巴西从中国进口发电设备、地铁列车等工业设备，双方通过进口对方优势产品实现优进优出。

［1］ 李克强：《推动中巴合作升级引领中拉共同发展》，2015年5月19日，http://politics. people.com.cn/n/2015/0521/c1001-27032201.html。
［2］ 新华社2019年5月24日电：《国家电网在巴西投资超124亿美元》。

中方重申将继续推动落实已签署的购机协议，并支持中企进口巴西飞机。[1]在 2023 年两国的联合声明中，双方赞成继续扩大贸易往来，积极促进贸易多样化，推动贸易便利化，促进服务贸易、农产品贸易及渔业产业贸易，承诺为双边贸易涵盖更多更具竞争力、高附加值产品创造便利条件，提高产业链供应链韧性，探索电子商务、本币贸易等新的合作方式。

中巴产能合作拥有较好的金融保障。2013 年 3 月 26 日，双方签署中巴双边本币互换协议，互换规模为 1 900 亿元人民币/600 亿巴西雷亚尔，有效期为三年。[2]两国依托"中巴产能与投资合作指导委员会"等机制，加快启动中拉、中巴产能合作基金并探索多元化融资渠道为产能合作提供金融保障。2015 年 6 月，中巴双方同意建立中巴产能合作基金，基金规模为 200 亿美元，其中中方计划出资 150 亿美元，目前该基金仍待巴方落实。在 2023 年两国发布的关于深化全面战略伙伴关系的联合声明中，双方同意就推动中巴扩大产能合作基金在促进双边投资合作方面有效发挥作用加强对话。对巴西需要的大型油轮、液化天然气运输船、海洋钻井平台等设备，中方愿设立金融租赁公司以提供租赁服务。中方还将健全中长期出口信用保险机制，支持中国向巴西出口的企业。

三、 中巴产能合作呈现出稳定增长与多元化发展的态势

巴西拥有对中国产能和资金的巨大需求。在两国政府的统筹协调和中巴关系快速发展的大背景下，中国企业赴巴投资规模迅速增长，领域不断拓宽，水平日益提高。中企在巴西开展了覆盖诸多产业的产能合作，特别是在电力、化工、汽车、通信、工程机械和铁路等领域，呈现出稳定增长

---

[1] 《中华人民共和国政府和巴西联邦共和国政府联合声明》，2015 年 5 月 19 日，http://paper.people.com.cn/rmrb/html/2015-05/20/nw.D110000renmrb_20150520_3-02.htm。
[2] 根据中国人民银行官网发布的截至 2016 年 6 月的统计信息，中巴双边本币互换协议已经失效，参见 http://www.pbc.gov.cn/huobizhengceersi/214481/214511/214541/2967384/20160720100054297624.pdf。

与多元化发展的积极态势。中方企业在清洁、可再生、高效能源，特别是风能和太阳能领域的投资对于巴西推动可持续发展具有较大价值。

从投资金额分布来看，中国企业在巴西工业领域的投资发展迅速且日趋多元化，从早期聚焦能矿逐步转向机械设备、家电和汽车等工业领域，近年来又逐步向服务业特别是金融行业、电力、农业以及信息通信业拓展。首先，在传统的航天合作领域继续深化双边合作。2015 年 5 月，中国国家航天局与巴西科技创新部签署了中巴地球资源卫星 04A 星的合作议定书。该卫星已于 2019 年 12 月 20 日在中国成功发射，这是两国合作研制的第 6 颗卫星，既可以助巴西政府监测亚马孙热带雨林及环境变化，也可为亚非拉国家提供服务。中巴在通信卫星领域的合作显示出构筑金砖国家新工业革命伙伴关系的巨大潜力。在 2023 年签署的联合声明中，中巴两国愿强化和拓展两国在和平利用外层空间方面的合作，并强调合作中应共同推动新技术研发、开展包含技术转移要素的项目，如加快推进中巴地球资源卫星 06 星的研制和中巴航天合作大纲有关项目的实施，深化中巴地球资源卫星 05 星的方案论证，拓展月球与深空探测等领域合作。双方还强调，包括深空探测在内的和平利用外空活动应以国际法为基础，且应有利于促进国际合作。

其次，以汽车为代表的制造业成为合作重点。奇瑞汽车股份有限公司与巴西政府于 2015 年 5 月正式签署了巴西工业园项目协议，总投资额达 4 亿美元的奇瑞巴西整车厂已建成，是中国汽车企业最大的海外生产基地。[1]2023 年卢拉访华行程中会晤比亚迪企业负责人显示出巴西对开展电动汽车领域合作的浓厚兴趣，比亚迪在其后进一步加大了对巴西市场的开拓力度。山东电力建设第一工程公司和柳工机械股份有限公司也于 2015 年宣布投资巴西的能源和机械设备产业。再次，中企对巴西农业的关注度上升。中粮集团继 2014 年收购荷兰尼德拉公司 51% 的股份后，2016 年 2 月又宣布以 7.5 亿美元完成对来宝农业的股份收购，从而间接获得这些公司在巴西的资产。在 2023 年签署的联合声明中，中巴双方表示愿推动两国科研机

---

[1] 万军：《中拉产能合作的动因、进展与挑战》，载《拉丁美洲研究》2016 年第 4 期，第 35 页。

构和企业加强农业科技、创新和研发等领域的合作，重申扩大在可持续低碳农业、数字农业、土壤保护技术、水资源、农业灌溉的基础设施和动力来源、农业生物技术、种子、农业生产资料以及投资等领域的合作意愿。最后，信息技术和清洁能源成为中巴产能合作的新增长点。继华为、百度等互联网和信息技术企业之后，小米科技有限公司、奇虎360也于2015年开始投资巴西的电子和信息技术市场。进入巴西市场已20余年的华为在巴西电信网络领域已占有一席之地，该公司计划在2026年前跻身巴西数据中心设备市场的前三位。2015年，三峡集团收购了葡电可再生能源公司在巴西运营风力发电厂49%的股份，完成对萨尔图、加里波第水电站和一家电力交易公司的收购，并以138亿雷亚尔的价格赢得朱比亚、伊利亚两家水电站的经营权拍卖。[1]2023年6月，中广核巴西公司位于巴伊亚州的180兆瓦风电项目正式投产，为中国和巴西清洁能源合作再创佳绩。中国企业对巴西市场的投资领域正在不断拓展，从能源、基建等传统领域进一步向先进制造、清洁能源、智慧农业、数字经济、绿色发展等新兴产业延伸。在2023年两国联合声明中，双方肯定两国企业间开展对话对促进两国经贸关系发展具有重要意义，鼓励两国企业建立新的伙伴关系；同意积极鼓励两国企业到对方国家开展投资，特别是在基础设施、能源转型、物流、能源、矿业、农业、工业以及高科技领域。[2]

中国企业进入巴西的形式也日趋多元化，形成直接投资、收购巴西企业或者建立伙伴关系等多重路径的投资格局。根据巴西方面的观察，中国在巴西的长期战略利益集中在能源、农业和基础设施，其战略从早期的注重自然资源和农业投资转向通过兼并实现主要初级产品供应链的控制。[3]

---

［1］中国—巴西企业家委员会：《中国在巴西的投资2014—2015》，2016年11月发布。（中国—巴西企业家委员会在两国2015年签署的《共同行动计划》中被认定为两国政府在推动两国企业关系方面的主要对话伙伴。）

［2］中国外交部：《中华人民共和国和巴西联邦共和国关于深化全面战略伙伴关系的联合声明》，2023年4月14日，https://www.mfa.gov.cn/web/gjhdq_676201/gj_676203/nmz_680924/1206_680974/1207_680986/202304/t20230414_11059627.shtml。

［3］Jank Marcos，"Interesses Chineses No Brasil"，*Folha de S. Paulo*，January 7，2017.

鉴于巴西关于限制外国人购买土地的立法限制了中国投资巴西农业的规模，收购和兼并相关产业的公司是中方企业的变通做法，同时也利用了巴西因反腐败和经济衰退而导致相关公司资产价格下降带来的机遇。在巴西奥德布雷希特建筑公司因卷入以"洗车行动"为代表的大型腐败丑闻，从里约热内卢的加利昂机场联盟撤出后，中国海航集团以 80 亿美元的资金与新加坡樟宜国际机场组成联盟，共同拥有加利昂机场 51% 的股权，巴西政府持有剩余的 49% 股权。[1]

运营巴西市场颇为成功的国家电网公司充分体现了服务本地的投资思路。自 2010 年以来，国家电网公司收购了巴西 12 家输电特许权公司 100% 股权，特许经营权期限 30 年，输电资产位于巴西经济最发达的 5 个东南部州（帕拉、托坎廷斯、戈亚斯、米纳斯吉拉斯和里约热内卢）；中标 5 个输电绿地开发项目，其中包括 2014 年年初与巴西电力公司旗下的北方电力和福纳斯电力合作成功中标巴西美丽山水电特高压直流输送项目，这是中国首个海外特高压项目。[2]该项目于 2017 年 12 月提前正式投入运营，国家电网公司和山东电力建设有限公司分别以投资者和建设方参与其中，中国银行等中资银行为项目公司提供了贷款。[3]此后，国家电网巴西控股公司成功中标二期特高压输电项目。2023 年，国家电网巴西控股公司的 SUL2 输电项目和路易斯安那变电站扩建项目相继投运，实现对南大河州和巴西利亚首都联邦区供电，对提升巴西更多地区的供电稳定性、促进经济发展具有积极意义。

四、中巴产能合作表现出较强的适应性和生命力

巴西经济 2015—2016 年的连续衰退导致巴西联邦和州政府财政困难，加

［1］　法新社巴西利亚 2017 年 4 月 25 日电，《海航入股巴西第二大机场》，载《参考消息》2017 年 4 月 27 日。
［2］　中国驻巴西大使馆，http://br.china-embassy.org/chn/a_123/t1314091.htm。
［3］　参见谢文泽：《共建"一带一路"开启中拉关系新时代》，载袁东振主编：《拉丁美洲和加勒比发展报告（2017—2018）》，北京：社会科学文献出版社 2018 年版，第 14—15 页。

上以罗塞夫弹劾案为标志的政局动荡不安，打击了私人资本和外国资本对巴西的投资信心，也为中巴产能合作蒙上了一层阴影。尽管如此，中巴两国从国家利益和双边关系重要性的视角出发，仍然在金砖国家合作机制和双边战略伙伴关系的框架下继续视双边关系为各自外交的优先选择，并将产能合作定位为新的增长点。在高利率和经济衰退的背景下，巴西企业和消费者的债务负担变得更为沉重，深受资本流动性不足和贷款难的困扰。这种困局促使巴西政府逐步放松战略部门对外来投资的限制，从而为中国产能及资金进入巴西相关战略性产业部门提供了难得的机遇。在这种形势下，中巴产能合作克服巴西国内形势动荡带来的困难，在 2015—2016 年取得不错的表现。[1]

2016 年下半年，随着罗塞夫弹劾案终结和巴西政治经济形势的逐步改善，外资重新进入巴西市场并完成多项重大收并购。中企在其中的表现也较为突出，如中国国家电网收购 CPFL 电力公司股份、中国洛钼集团收购英美资源集团铌和磷酸盐矿等。除收购负债率高或正在资产重组的巴西企业外，外资企业还希望借机扩大在巴市场的占有率和搭建本土业务平台。在巴西企业普遍面临信贷短缺的情况下，资金实力雄厚的中资企业在巴投资市场中更具优势。[2]2016 年 5 月 11 日，中国交通建设集团在圣保罗成立南美地区分公司，斥资 4 亿雷亚尔参建马拉尼昂州首府圣路易斯的私人港口终端。港口工期 3 年，总建设预算 15 亿雷亚尔，建成后可运输巴西中西部的农产品、肥料以及集装箱，年运输能力约 2 480 万吨。中国交通建设集团表示看好巴西基础设施领域的发展前景，希望全面参与巴西特许经营权竞标和交通基础设施项目。[3]柳工机械股份有限公司 2014 年决定在巴西圣保罗州投资自建制造基地，2016 年 3 月在圣保罗州启用了在巴西的首家生产厂，宣布在未来 3 年内投资 1.2 亿雷亚尔。[4]中巴产能合作在巴西国内动荡

---

［1］［4］ 中国—巴西企业家委员会：《中国在巴西的投资 2014—2015》，2016 年 11 月发布。

［2］ 中国驻巴西大使馆：《外资在巴西掀起新一轮收并购热潮》，2016 年 10 月 14 日，http://www.fmprc.gov.cn/ce/cebr/chn/a_123/t1412295.htm。

［3］ 中国驻巴西大使馆：《中交集团进军巴西市场》，2016 年 5 月 11 日，http://www.fmprc.gov.cn/ce/cebr/chn/a_123/t1363788.htm，检索时间：2016 年 12 月 5 日。

的形势下取得上述成绩颇为不易，展示了新时期中巴产能合作在复杂环境下的适应性和生命力。中国驻巴西大使祝青桥 2022 年 12 月受访时表示，中国是巴西主要投资来源国，对巴累计投资已接近 1 000 亿美元，这个规模在中国对发展中国家投资中位居最前列。[1]

五、 中巴产能合作表现出注重回报社会的积极态势

除创造更多当地就业岗位外，注重履行企业社会责任与合作研发正在成为中企投资巴西的新形象。在履行社会责任方面，进入巴西市场后，国家电网公司积极融入当地经济社会环境，积极开展本土化运营，赞助中巴文化体育交流和巴西贫困阶层青少年教育项目，在安全、管理、社会公益等方面均树立了良好形象。国家电网巴西公司在巴西的本土化运营管理获得联合国全球契约组织"社会责任管理最佳实践奖"。该公司承建的美丽山二期项目严格履行环保责任，是巴西近年来首个零环保处罚的大型工程，获评 2019 年度"巴西社会环境管理最佳实践奖"，成为尊重环保、合法经营的企业典范。2020 年 12 月，美丽山二期项目荣获第六届中国工业大奖，成为首个获得中国工业大奖的中国企业海外项目。

中企经过 10 余年在巴西市场的经营后，逐步形成注重研发合作、当地运营和服务当地可持续发展的经营战略，且在巴西的地域分布更为多元，有利于缩小巴西的地区发展差距。三一集团在巴西的投资协议中包含了为参与巴西政府"科学无国界"计划的学生提供赴华在三一工厂实习的机会。华为与巴西通信研究中心宣布就巴西 4G 网络创新开展研发合作。华为（巴西）公司 80% 的员工为巴西人，十多年来为巴西培训各类电信人才 1.5 万余人次；格力（巴西）公司雇用巴西员工比例超过 95%。中国元素在里约热内卢奥运会中得到充分显现，奥运地铁 4 号线的机车、瓜纳巴拉湾上的

---

[1] 中国驻巴西大使馆：《驻巴西大使祝青桥接受巴西主流媒体专访》，2022 年 12 月 16 日，http://br.china-embassy.gov.cn/tpxw/202212/t20221216_10991440.htm。

渡轮以及颁奖礼品和吉祥物都是中国产品；华为、361 度、格力、中兴、同方威视、国家电网、华江集团等中方企业均参与到里约热内卢奥运会的保障工作之中，为奥运会的成功举办做出了独特贡献。[1]

展望未来，产能合作有望成为中巴合作新的增长点，助推两国各领域合作全面升级。从中巴双边关系来看，即便是在全球经济复苏艰难、新兴经济体增长放缓和巴西政局转变的形势下，两国合作的战略意愿、相互需求和民意基础均不断得到强化，产能合作因契合两国的战略需求而前景看好。中国作为巴西最大贸易伙伴、最大出口目的地国、最大进口来源国和主要投资来源国，这种强劲的经济纽带有利于双方从战略高度重视产能合作。尽管巴西经济和政治仍然存在诸多不确定性因素，但依然有推进中巴产能合作的机遇。

中巴产能合作多元化趋势体现在参与主体、合作领域等多个方面。中巴产能合作的一个积极迹象是越来越多的中国民营企业开始前往巴西投资。2014—2015 年在巴西投资的 20 家中国企业中有 13 家为民营企业，这预示着中巴产能合作的基础更为牢固。中巴产能合作还秉承开放包容的原则，欢迎第三方积极参与。中国在里约热内卢奥运会期间出口至里约热内卢的地铁和海上渡轮，其中一些重要部件就来自发达国家企业。中巴产能合作欢迎第三方参与，使发达国家充分参与发展中国家的工业化进程，不仅促进中巴双赢，也成就世界各国多赢。另外，中企对巴西的投资不仅涉及产业日趋多元化、从原材料向以制造业和基础设施为代表的第二代投资发展，而且投资地域分布也日趋多元化。虽然圣保罗等东南部地区仍然是中国投资巴西的主要目的地，但巴西已经有 16 个州获得来自中国的投资，基础设施领域跨州投资项目增多，技术园区也在增多，这预示着中国企业对巴西经济地图的认知更加全面和深刻。继奇瑞、长城之后，比亚迪也加快了在巴西建厂的步伐。2023 年 7 月，比亚迪与巴西巴伊亚州政府共同宣布，将

---

[1] 中国驻巴西大使李金章就里约热内卢奥运会接受中央电视台专访实录，2016 年 7 月 31 日，http://br.china-embassy.org/chn/gdxw/t1385970.htm。

在卡马萨里市设立由三座工厂组成的大型生产基地综合体，总投资额达 30 亿雷亚尔（约合人民币 45 亿元），预计将为当地创造超 5 000 个就业岗位。比亚迪大规模进入巴西市场代表着中企不仅涉足巴西制造业，而且是更具可持续性的新能源产业，将会助力巴西应对全球气候变化、提升民众生活质量的可持续发展进程。

资金规模达 200 亿美元的中巴产能基金成立后，将为中巴产能合作提供更为有力的金融保障。该基金中巴出资比例为 3∶1，决策权为 1∶1，尽管它被视为中巴相互投资的双边基金，但实际上更多用于对巴西的直接投资，被巴西视为中巴全面战略伙伴关系的具体成果，是对支持美巴联盟政策保守人士轻视南南合作效应的回应。[1]此外，资金总规模 300 亿美元的中拉产能基金成立后，首期资金 100 亿美元，基金第一单已完成对巴西两个总装机容量 500 万千瓦水电站的投资。另外，除了中国国家开发银行、中国进出口银行等政策性银行之外，中国工商银行、交通银行等商业性银行也开始涉足巴西市场。中国工商银行已经与巴西国有石油公司、巴西联邦储蓄银行等企业和金融机构有了初步的金融合作关系。徐工集团也在巴西开设了独资银行。巴西行业协会也向政府表达了巴西企业在华投资的关切。

2015 年签署的《中巴政府联合声明》指出，双方领导人重视知识经济作为公正和可持续发展核心要素的重要性，强调双方科技、创新领域合作的重要性，推动中巴气候变化和能源技术创新研究中心、纳米技术联合研究中心、生物技术中心等联合研究项目取得积极进展。中巴双方对签署《中国科技部和巴西科技创新部科技园区领域双边合作谅解备忘录》表示赞赏，强调企业、研究中心、大学和政府部门共同参与的重要性，表示继续加强空间合作，着重推动共同发展新技术。2023 年，两国在新的联合声明中进一步强调了科技合作对双边关系的重要性，巴方特别强调巴西驻成都

---

[1] 参见［巴西］克劳迪奥·普提：《对中国—巴西关系的思考》，载谌华侨主编：《中国与巴西发展与聚焦》，北京：时事出版社 2017 年版，第 114—115 页。

总领事馆已经开馆并运行，将促进以科技领域为重点的双边合作。

六、 在变局中把握巴西政策调整的机遇

巴西经济的政策调整和复苏力度对于中巴产能合作前景有重要影响。以巴西前总统罗塞夫遭遇弹劾和陷入经济衰退为标志的政治经济局势重创了巴西的投资环境。巴西经济因高利率、低收入、财政紧缩预期和政治形势不稳等影响陷入衰退。巴西政治经济形势的复杂性提升了中企推进中巴产能合作的决策和执行难度，但企业仍要保持政策与市场敏感度，在变局中寻找机遇。

特梅尔政府推动的公私合营、降低关键基础设施和能矿对外资限制以及促进财政健康的进程增加了巴西经济对外资的吸引力。比如，特梅尔政府下大力气优化基础设施项目的招标规则：（1）允许公路项目竞标方使用本国出具的技术资格证书；公路项目采用投资触发机制，优化资金使用。（2）研究机场领域公私合营新模式，不再要求巴西全国机场管理公司作为股东参与机场项目竞标，转而在该国有公司旗下成立多个控股公司，私营部门通过收购股权实现与国有机场管理公司的合作。（3）对该国盐下层石油开发规则进行修改，巴西国有石油公司将不再是盐下层石油的唯一开发商，也不再被强制要求在所有盐下层石油区块的开发联合体中至少参股30%，但巴西全国能源政策委员会（CNPE）将保证巴西国有石油公司在未来竞标中享有优先选择区块的权利。这些新规则有利于拓展外资参与巴西盐下层石油开发的空间。

博索纳罗政府尽管较富意识形态色彩，但其经济政策保持了较高的延续性。巴西货币雷亚尔的贬值使巴西资产变得更具吸引力，越来越多战略性部门对外资开放力度的提升，将为聚焦长期利益和发展战略对接的中巴产能合作提供难得的机会之窗。伴随着卢拉第三任期的开启，两国经济合作议程也更为丰富、更富挑战性。两国的经济互动不仅涉及产业体系价值链和全球生产网络的建立，而且包含发展计划的对接，能源、基础设施、

农业和制造业等诸多领域的合作都要加速，并涉及产业合作的深化和升级等，这些都为企业参与两国日益广泛的经济合作提供了历史性机遇。

七、 注重机制保障和社会影响

迄今为止，中巴之间尚没有互惠性贸易安排和双边投资协定，这与两国蓬勃发展的经贸关系颇不相称。造成这种状况的部分原因在于巴西作为南共市的一员需要遵守该组织的集体安排，另一方面也反映了巴西对中国经济竞争力的担忧情绪。巴西罗塞夫政府曾针对中国施加巴西工业化的竞争压力提出"超越互补性"的概念。巴西2019年主办金砖国家峰会期间，一度传闻巴西经济部长戈德斯建议中巴开展自贸谈判，这多少反映出巴西国内有主张两国贸易安全更加自由化和机制化的声音。作为缓解巴西工业界担忧的一种举措，中巴产能合作有望帮助巴西工业界克服这种担忧情绪，通过加强投资合作建构一种利益共同体。在南共市成员国乌拉圭极力试图与中国商签双边自由贸易协议的情况下，卢拉总统在2023年到访乌拉圭时表示，愿在南共市与欧盟自贸协定生效后，探索南共市与中国之间的自贸协议的可能性。

尽管中企经营巴西市场已经积累了一些经验，但在进入以投资为主的产能合作新时期，仍需继续强化以环保、促进当地就业等为主要内容的企业社会责任观念以及当地化运营战略。在中企拓展巴西市场的初期阶段，武钢集团投资里约热内卢的项目最终搁浅，很重要的原因就是环评工作不过关。诸如以"两洋铁路"等为代表的大型基础设施项目地域范围广，涉及亚马孙雨林等特殊地带，做好项目的环境影响评估工作尤其重要。中企在开展产能合作时需强化与当地政府、企业伙伴和社区的合作。柳工集团巴西工厂正是得到圣保罗州以及莫吉瓜苏市政府的大力支持，才保证了它的顺利运营。中国企业在走进巴西时仍然面临对巴西法律法规和经济政策不够了解、两国国情差异较大、语言不通、文化习俗和生活习惯不同等困难。加强当地化运营有助于中国企业消解这些在投资巴西时遇到的不利条件。

第四章

聚焦基础设施领域

　　在中国对拉美基础设施建设的参与及对拉美日常生活的影响方面，巴西是一个非常特殊且重要的案例。第一，巴西拥有巨大的国内基础设施市场，当局强烈希望与外国投资者合作，通过吸引资金、知识和技能来发展其基础设施。第二，尽管巴西不是共建"一带一路"合作协议签署成员国，但诸多政策实践遵循"一带一路"倡议的指导思想和内容，这也是巴西为何还没有正式加入该倡议的原因之一。第三，有助于我们研究在两国政府的意识形态存在显著差异的情况下，中巴两国为何及如何在基础设施领域保持一致合作。第四，中国对巴西基础设施建设的参与越来越多地遵循国际意义上的多重利益相关者的方式，这也为研究中国对巴西日常生活的全面影响提供了更多机会。第五，无论是服务商品贸易路线还是促进当地的可持续发展，巴西案例有助于研究中国企业对当地基础设施发展的影响。

　　中巴间日益密切的贸易、金融和投资关系有助于中国积极参与巴西的基础设施建设。作为拉美经济最多元化的国家，巴西为中国企业提供了各种基础设施发展机会。中国参与巴西输电、港口、电信等基础设施建设，对巴西的经济发展、对外关系等产生了广泛影响。为了吸引中国的基础设施投资，当地正兴起对华的地方外交。中国对跨国和跨州的铁路项目的参与，激发了巴西内外关系的新活力。此外，5G 频谱的拍卖是否应向中国华为公司开放，引发了巴西国内的争论及来自美国的干预。巴西民众正逐渐认识到中国是巴西基础设施建设的重要参与者，这使中国在大多数巴西国民心目中保持着正面的国家形象。

中国进入巴西基础设施建设领域的时间不长，各个项目的表现参差不齐，加之基础设施发展的长期性特点，因此很难衡量中国所负责的基础设施项目对巴西人民日常生活的具体影响。即使我们就基建项目对当地日常生活的影响下个宽泛的定义，也至少应涉及国际关系、经济增长和社会发展这几个方面。在国际舞台上，巴西与周边国家建立区域互联互通的意愿和能力，以及与外部合作伙伴发展 5G 基础设施的战略自主权引人注目。对巴西国内经济增长而言，中国参与巴西基础设施建设的影响愈加明显和积极。从社会发展的角度来看，中国企业在巴西基础设施领域履行社会责任的情况似乎并没有那么糟糕。

第一节

————

中巴基础设施合作的现状

作为经济增长与繁荣的关键驱动力，基础设施建设已成为新兴的国际热点和合作发展的关键领域。基础设施一直是二十国集团历届主席国的优先事项。2014 年，二十国集团成立了全球基础设施中心（GI Hub）。根据2021 年意大利的二十国集团主席国声明，主席国将致力于加强基础设施在应对疫情、恢复和发展经济、数字基础设施、可持续基础设施和社会基础设施方面的作用。[1]最新观点认为，基础设施是一个非常宽泛且全面的概

---

[1] Gihub，"G20 Infrastructure Outcomes"，https://www.gihub.org/about/g20-infrastructure-outcomes/，2021.

念，但大多数发展中国家主要关注的是传统意义上的基础设施，如公路、港口、铁路等。二十国集团承诺动员基建融资中的私人资本来源，目标是增强基础设施发展带来的主要积极影响，如提高生产率、促进增长、促进就业等。

在此背景下，"一带一路"倡议和中国与发展中国家在基础设施领域开展的南南合作是国际基础设施建设的一个重要经验和趋势。巴西既是中国基础设施投资的目的地，也是中国在亚投行和金砖国家新开发银行等优先考虑基础设施项目的多边论坛上的合作伙伴。中国在发展中国家基础设施建设中的作用和影响，引起了广泛的关注和思考。一些研究表明，中国投资互联基础设施的举措产生了积极的经济溢出效应，使投资地区的经济分配更加公平。[1]也有学者认为，与西方的市场导向和法律约束相比，中国的基础设施发展方式遵循了以国家为中心和国内庞大建筑业的模式，并与西方形成竞争，因此建议双方相互借鉴。[2]此外，有学者建议，不要再对中国在发展中国家的基础设施项目进行荒谬的债务陷阱指责，而应超越关于债务陷阱外交的高度政治化辩论，转向对可持续与不可持续项目的选择和实施进行详细的实证比较。[3]陈懋修还指出，充分与那些直接受到"华而不实"的基础设施项目影响的民众协商，才是至关重要的。

除了上述对中国在海外基础设施建设项目的方法、模式和影响的一般性研究外，学者们还通过部分案例来审视中国的经验，思考经济影响层面

［1］ Bluhm, Richard et al., "Connective Financing: Chinese Infrastructure Projects and the Diffusion of Economic Activity in Developing Countries", September 1. *Aid Data Working Paper*, No.64, 2018, https://ssrn.com/abstract=3262101 or http://dx.doi.org/10.2139/ssrn.3262101.

［2］ Fukuyama F., Bennon M., Bataineh B., "Chinese and Western Approaches to Infrastructure Development", in Chen Z., Bowen W., Whittington D., eds., *Development Studies in Regional Science. New Frontiers in Regional Science: Asian Perspectives*, 42, Singapore: Springer, 2020, https://doi.org/10.1007/978-981-15-1435-7_14.

［3］ Matt Ferchen, Anarkalee Perera, "Why Unsustainable Chinese Infrastructure Deals Are a Two-Way Street", *Carnegie-Tsinghua Center for Global Policy*, July, 2019. 7-15-19_Ferchen_Debt_Trap.pdf (carnegieendowment.org).

之外的其他方面，如生态和社会影响。2019 年发布的一份报告通过检视玻利维亚、巴西、厄瓜多尔和秘鲁的四个大型基础设施项目，评估了中国支持的亚马孙地区基础设施发展的潜力，认为这些项目最大限度地降低了对该地区的民众和生态系统的负面影响。[1]学者们认为中国参与项目的程度取决于东道国现有的制度约束。[2]研究发现，在那些制度完善的国家，中国企业扮演的角色与参与基础设施发展的其他外国实体类似，这突出了中国参与模式的适应性，以及国内制度对塑造基础设施发展影响的重要性。这一发现表明，在特定的地方背景下，基于国家层面对中国基础设施建设的影响进行研究是至关重要的。

　　基于中国的双赢理念，即其贸易、投资和贷款为中国及其发展中国家伙伴带来经济发展机遇，陈懋修提出北京的愿景是否符合拉美国家自身利益的问题。[3]他指出，像巴西这些大宗商品资源丰富的南美国家，长期以来对其与中国的贸易和投资关系深感担忧，认为这只是在重复大宗商品依赖的历史周期。与假设的国家对国家的视角不同，奥利韦拉和迈尔斯采用了一种"合作生产"的方法，而非"自上而下"的方法，对中国在巴西的基础设施投资进行案例研究。[4]他们认为，拉丁美洲的"一带一路"不应被视为中国政府强加的地缘政治任务，也不是地区特色的必然结果，而是一种脆弱的、偶然的、不稳定的话语政策和项目安排，由中国内外的各种行动者推动。此外，他们还提出建议，基础设施合作应更多地关注可持续发展领域和非精英阶层的利益。

---

［1］　Amy Rosenthal et al., "China and the Amazon: Toward a Framework for Maximizing Benefits and Mitigating Risks of Infrastructure Development", May 2019, *China Report*, https://www.thedialogue.org/wp-content/uploads/2019/05/China-and-theAmazon.pdf.

［2］　Katherine Bersch, Riitta-llona Koivumaeki, "Making Inroads: Infrastructure, State Capacity, and Chinese Dominance in Latin American Development", *Studies in Comparative International Development*, 54 (3), 2019, pp.323—345.

［3］　Matt Ferchen, *How China Is Reshaping International Development*, January 8, 2020. https://carnegieendowment.org/2020/01/08/how-china-is-reshaping-international-development-pub-80703.

［4］　Oliveira, Gustavo de L.T., Margaret Myers, "The Tenuous Co-Production of China's Belt and Road Initiative in Brazil and Latin America", *Journal of Contemporary China*, 202, DOI: 10.1080/10670564.2020.1827358.

在考察了巴西和中国在理解国家与社会关系方面的不同文化和传统后，艾德里安·H.赫恩认为，在巴西民众不愿相信自己的政府可以引导经济发展的前提下，提高透明度是减少他国对中国国有企业投资担忧的最可靠方式，这是因为中国投资者通常将与外国政界人士打交道作为与私营部门合作的前奏。[1]马丽娟和阿德里安的研究发现，在基础设施项目的投资中，普通民众的诉求很难被注意到。然而，问题在于他们并没有提供一些其他外国企业在巴西与当地社区接触的最佳实践例子（假设有这样的案例）。事实上，"美国发展计划"（Growth of America Initiative）的"全政府"（whole-of-government）模式借鉴了中国与伙伴国家的政府建立关系的方法。

通过研究美丽山能源输电线路和中国企业参与的"两洋铁路"，塞利奥·希拉图卡在检视中国对巴西基建发展的实际影响时认为，中国发挥的作用并不显著，无法弥补巴西在基础设施建设上的缺口。为了将中国的潜力转化为现实，巴西需要在服务质量、增加就业、劳动条件、与国内生产链的联系和技术外溢等方面使这些项目的优势最大化。[2]为了让中巴两国在"一带一路"的框架下解决气候问题，学者们提出了将中巴关系重新聚焦于可持续发展和气候外交。[3]

---

[1] Adrian H. Hearn, "A Clash of Paradigms? Trust and Authority in Sino-Brazilian Agricultural Cooperation", in Dussel Peters, E. and Armony, A., eds., *Beyond Raw Materials：Who Are the Actors in the Latin America and Caribbean-China Relationship?* 2015，pp.143—166，Friedrich-Ebert-Stiftung.

[2] Celio Hiratuka, "Chinese Infrastructure Projects in Brazil", in Peters, Enrique Dussel. et al., eds., *Building Development for a New Era?：China's Infrastructure Projects in Latin America and the Caribbean*, Asian Studies Center at University of Pittsburgh Center for International Studies，2018，pp.122—143.

[3] Studart, Rogerio and Myers, Margaret, "Reimagining China-Brazil Relations under the BRI：The Climate Imperative", *Asia Unbound*, January 19, 2021, https://www.cfr.org/blog/re-imagining-china-brazil-relations-under-bri-climate-imperative.

第二节

————

中国参与巴西基础设施建设的路径

从大的趋势来看，中巴经济关系已经越来越超越贸易往来，更为聚焦于投资和金融合作，其中以制造业为代表的工业投资已经初具规模，未来在基础设施领域的合作有望得到快速推进。根据经合组织、拉美发展银行等国际机构的研究，中国在拉美地区19%的贷款流入巴西，金额约占巴西国内生产总值的1%，其中约56%进入能源行业，6%进入矿业，4%进入基础设施。[1]这个数据显示，基础设施在既往的中巴产能合作中占比偏低，有望随着各方面条件的成熟而得到相应推进。

不容忽视的是，中巴在基础设施建设上也面临不少的难题。一是巴西大型基础设施常常因利益集团抵制而难以落地。比如，卢拉总统访华时向胡锦涛主席提到建设圣保罗到里约热内卢的高速铁路的想法，当时中国准备建京沪高速铁路，7年以后京沪铁路的投资已经收回，而巴西的项目可行性研究还没有完成，公共汽车、卡车协会还有航空协会一直在游说政府不能开展这个项目。二是洲际大型项目面临的地缘政治和国际关系因素干扰。中巴之间大力推动的"两洋铁路"项目因难以就路线选择和成本分担达成一致，一直处于可行性研究状态。此外，还有一些高投融资成本、制度不完善、经济波动以及营商环境不利等因素限制着中巴开展基础设施合作项目。[2]

对于希望在巴西基础设施领域寻找类似投资机会的中国企业来说，在很大程度上，中国国内的经验和技术进步发挥了关键作用。基于国内基础设施建设经验和对巴西基础设施机遇的本土化认识，中方积极参与巴西基

［1］ OECD/ECLAC/CAF，*Latin American Economic Outlook 2016*：*Towards a New Partnership with China*，Paris：OECD Publishing，2015.
［2］ 参见王飞：《中国—巴西基础设施建设合作：进展、挑战与路径选择》，载《国际问题研究》2020年第1期。

础设施建设。在巴西传统能源领域（石油、水电、电力传输）和港口基础设施等现有投资的基础上，中国不仅在铁路等传统基础设施上寻求机会，也在5G、人工智能（AI）、可再生能源等新兴基础设施的建设方面寻求合作机会。近年来，中国国内跨境电子商务交易的发展，增强了领先物流企业走出去的兴趣。除了传统的物流仓储投资和并购外，中国投资者还关注物流一体化、物流智能信息技术和城市新零售物流领域。与获取外国技术或经验相比，对于物流独角兽企业等，中国投资者更感兴趣的是寻找具有潜在一致目标价值的巴西同行。2019年中国在线货运平台全车联盟对巴西增长最快的本土车货匹配平台满帮集团（Truckpad）进行了战略投资，希望能借此输出经验和技术。

中国将巴西视为天然的战略伙伴，很大程度上是由于两国的相似之处。中国是新兴经济体大国和发展中国家，拥有巨大的国内市场和对外影响力。近年来，中巴贸易额一直保持在1 000亿美元以上。与此同时，巴西也是中国在拉美地区投资最多的国家，投资额约800亿美元，占中国对拉美投资总额的1/3。最后，中国和巴西都是二十国集团、金砖国家集团和亚投行的成员，这为两国在基础设施问题上加强政策沟通和协调提供了较多的对话平台。

同样地，在影响基础设施发展的因素上，中国和巴西也有很多相似之处，如新兴经济体的国家定位、庞大的人口数量和领土面积、漫长的沿海地区、区域发展差异以及为数不少的邻国。在不少中国企业看来，它们在修建港口、铁路、长途输电线路、大坝等方面的能力，可能也适用于像巴西这样的国家市场。当然，这种期望必须与巴西的现实相符合。中国在巴西的努力结果好坏参半。迄今为止，中国在港口和输电线路方面取得了不少成功，但在铁路项目上遭遇了更多挫折。在这一喜忧参半的结果背后，原因较为复杂。

国家电网和三峡集团是成功的典范。这两家企业各自在国内积累了丰富的电力传输和水力发电部门的商业经验、专有技术和管理能力，因此，对在巴西的机遇较为了解，并具备与当地和国际同行竞争的能力。然而，单凭能力和经验并不能保证中国企业在巴西的基础设施领域取得成功。中国企业要想进入巴西市场，还有更复杂、更有挑战性的因素等待着它们，如地缘政治和当地的国情。在 5G 领域，美国向巴西政府施加了较大压力，要求当地禁止中国民营企业华为公司参与竞标。在铁路运输领域，不同企业之间、州与州、联邦政府与州，甚至巴西与邻国之间也存在着较多矛盾。

中巴基础设施建设也是全方位和机制化的。中方不断邀请巴西加入"一带一路"倡议，推动两国基础设施合作对话。中巴产能合作投资基金是2017 年设立的双边投资合作基金，旨在支持两国在基础设施和工业投资领域的合作。该基金的初始额度为 200 亿美元，其中 150 亿美元来自中国的中拉产能合作投资基金，50 亿美元来自巴西的金融机构，如巴西开发银行和巴西联邦储蓄银行。巴西政府将决定资助哪些项目，以防止中国只对感兴趣的项目优先投入。然而，该基金在博索纳罗政府时期缺乏进展。[1]在多边领域，中国与巴西在中拉论坛、亚投行、金砖国家新开发银行等多个多边平台开展合作。

中方不仅秉持"一带一路"全球互联互通理念，也将基础设施建设服务于巴西当地的可持续发展。"两洋铁路"项目与"一带一路"项目有着类似的目标，旨在以更直接便捷的方式连接两大洋。由于这些大型项目实施难度较大，中国企业愈发重视中等规模基础设施建设，以满足巴西国内发展需求，例如中国国家电力投资集团公司正式收购了位于里约热内卢阿苏港的大型燃气电站。2019 年，徐工集团被巴西央行批准在当地成立首家海外银行。合并工业和金融能力是创新之举，体现了中国企业对巴西国内基础设施市场的坚定信心。

中国与巴西基础设施领域的接触也遵循一种务实的方式。考虑到对港口的强劲贸易需求，中国企业在巴拉那瓜和圣路易斯市港口进行了大量投资。2017 年，招商局集团收购了巴拉那瓜港 90% 的股份。中国交通建设集团投资开发建设的圣路易斯港项目是中国在巴西交通基础设施领域的首个

---

[1] Wiziack Julio，"Brasil cria travas que dificultam investimentos chinês no país"，*Folha de S. Paulo*，August 8，2020，https://www1. folha. uol. com. br/mercado/2020/08/brasil-cria-travas-que-dificultam-investimentos-chinês-no-pais.shtml.

绿地投资项目，以食品、化肥、石油和散杂货运输为主，有望成为巴西最大的散货深水港口之一。[1]建成后，中国对巴西的大豆进口量将大幅度增加，并在一定程度上促进巴西东北地区的经济发展。

中国也坚持在实践中学习。由于大多数中国企业并不是很了解巴西市场，需要时间适应，最初的基础设施项目显然与初级行业高度相关。在此背景下，港口建设或维护与巴西对华货物贸易密切相关，因而对中企更加具有吸引力。从开始并购到绿地投资，三峡集团和国家电网经历了漫长的适应和学习过程。2016年，三峡集团完成了杜克能源巴西分公司100%的股权交易（金额约12亿美元）。在与巴西合作伙伴共同竞标第一条贝罗蒙特输电线路后，中国国家电网独立完成第二条线路的竞标。

中国在巴西基础设施建设方面的做法正日益朝着可持续的方向发展。作为中广核在巴西的清洁能源发电投资平台，中广核巴西能源控股有限公司截至2023年5月拥有8个在运风电场和2个在运太阳能电站，在运装机容量达1 444.8兆瓦，是巴西十大清洁能源供应商之一。[2]两国企业还将共同生产清洁能源巴士，帮助巴西实现绿色交通。后疫情时代，中国准备在石油、天然气、电力、矿业和基础设施等传统领域的基础上与巴西开拓新的合作领域，如数字经济、清洁能源、智能农业、远程医疗、智能城市、5G通信和大数据，从而促进产业升级和数字转换。第二条贝罗蒙特输电线路预计长度为2 500公里。加上此前修建的第一条线路，这两条传输线路将跨越亚马孙和塞拉多的生态区，并将在10个保护区和少数民族区域运行，环境保护压力很大。[3]尽管环保压力很大，但国网巴西凭借先进的施工技术和强烈的社会责任心顺利完成了项目，而且赢得了巴西各界的好评。

---

[1] Wang Fei, "China-Brazil Cooperation in Infrastructure Construction: Progress, Challenges and Approaches", *China International Studies*, March/April, 2020, pp.85—102.

[2] 康段：《中广核巴西180兆瓦风电项目正式投产年发电量7.2亿千瓦时》，《证券时报·e公司》2023年5月31日，http://www.stcn.com/article/detail/879545.html.

[3] Amy Rosenthal et al., "China and the Amazon: Toward a Framework for Maximizing Benefits and Mitigating Risks of Infrastructure Development", May, 2019, *China Report*. https://www.thedialogue.org/wp-content/uploads/2019/05/China-and-the-Amazon.pdf.

第三节
————

影响中巴基础设施合作的内外部因素

一、 内部受制于缺乏投资环境、政策共识与能力约束

作为南美大陆首屈一指的能源、农业大国和全球重要的新兴经济体，巴西经济社会发展表现和前景长期受制于该国基础设施建设的滞后和不足。巴西在非水力发电、电力远距离传输、公路铁路和港口建设、新一代信息技术网络建设等诸多方面的基础设施建设需求非常巨大。巴西国内经济保持总体稳定之余，国内投资环境主要受制于财政预算约束、税务负担沉重、国内劳工市场保护和利率高企等营商环境方面的不利条件。囿于具有先发优势和既得利益的空运与公路运输部门的抵触，巴西迄今为止尚未把建设高速铁路提上议事日程，既有和计划中的铁路项目更多是连接农业产区与港口的货运铁路。实际上，距离较近的圣保罗市与里约热内卢具有很好的建设高速铁路的商业可行性。即便是占据重要地位的铁路和公路，其建设品质也相对较差，铁路电气化和公路的高速化程度都很低。这些都预示着巴西基础设施改造和升级带来的投资潜力是巨大的。

巴西政府重视基础设施建设，但持不同发展理念的政府对如何开展基础设施建设有着不尽相同的理念和政策，比如对国有企业私有化、拍卖特许经营权等政策的态度变化，这对外资进入该国基础设施部门造成了一定的不确定性。以电力为代表的能源价格能否完全市场化、公私伙伴关系模式中私营资本的权益等是外国资本关注的焦点。此外，财政约束也是影响巴西推进基础设施建设力度的重要影响因素。2020 年 8 月 5 日，巴西联邦参议院批准巴西加入亚投行。早在 2015 年，巴西作为创始成员国签署了加入亚投行的协议，但批准过程拖延了很长一段时间。联邦政府在向国会发出的回复中解释说，亚投行可以为亚洲地区以外国家的项目提供融资，试

图说服国会批准巴西加入亚投行的协议。然而，巴西国会出于财政预算有限在内的诸多考虑，不仅推迟了批准协议的进度，还将巴西的股份认购量从最初承诺的 31.8 亿美元减少到 500 万美元。巴西参议员让·保罗·普雷茨（Jean Paul Prates）表示，在该银行的域外成员国中，即便投入资本最少的国家马耳他（1.72 亿美元）也比巴西要高，这表明巴西对亚投行重要性的轻视。由于认购资本有限，巴西获得亚投行基础设施项目融资的能力也将受到负面影响。[1]巴西降低亚投行的认购股份显示出该国基础设施建设面临着财政能力不足的硬约束。

二、 地区互联互通的共识有待加强

颇受关注的连接大西洋与太平洋的中巴秘（鲁）"两洋铁路"陷入停顿，造成推进困难有着多方面的原因，其中包括高昂的财政和环境成本，巴西与邻国的利益分配，以及来自巴西大西洋港口的阻力。"两洋铁路"需要克服恶劣的自然环境，因此造价高昂，需要秘鲁和巴西从战略高度予以投入，这显然增加了构筑政治共识的难度。除了财政压力外，秘鲁对项目的担忧还包括环境影响和利益分配两个方面，环境上担心加剧厄尔尼诺现象，经济上不愿沦为巴西商品的过境国，这要求巴西对秘鲁做出某种补偿。巴西的大西洋港口也担心"两洋铁路"会减少港口的业务量。以上因素部分解释了地区性跨国基础设施项目推进的难点所在，同时也反映了南美地区国家间就建设地区性基础设施的战略与政策共识仍有待强化。

博索纳罗政府退出南美洲国家联盟、加入南美进步论坛这一举动进一步打击了南美地区互联互通的前景。南美洲国家联盟凭借其著名的南美洲电力和交通基础设施蓝图，在推动南美洲基础设施发展方面发挥着领导作用。伴随卢拉第三任期努力带领巴西重返南美地区合作的努力，南美国家

---

[1] Borges，Rick. 2020. *Jean Paul relatou projeto que oficializou entrada do Brasil no Banco Asiático de Investimento em Infraestrutura*. August 5. https://jeanpaulprates. com. br/jean-paul-relatou-projeto-que-oficializou-entrada-do-brasil-no-banco-asiatico-de-investimento-em-infraestrutura/.

在能源等领域的地区性基础设施建设有望重现活力。然而，卢拉政府推进南美国家地区合作仍然面临着如何看待委内瑞拉局势、是否要恢复南美洲国家联盟机制建设等难题。

金砖国家合作机制也有望对中巴合作参与南美基础设施建设产生影响。在对待参与金砖合作的问题上，巴西一度从卢拉时期（2003—2010 年）相当积极的态度转变为博索纳罗时期的动摇，人们对巴西是否会退出金砖国家有很多怀疑和争论。支持巴西留在该集团的理由是，巴西必须保持其在全球范围内的外交存在，并适应一个日益以亚洲为中心的世界。[1]金砖国家组织作为制度性渠道，可以帮助巴西更好地了解中国和印度。博索纳罗政府将加入经合组织作为首要任务，结合他对社会主义和南南合作的厌恶，这些举动进一步加深了人们对巴西是否愿意留在金砖国家的疑虑。但随着 AA＋评级的金砖国家新开发银行美洲中心的开启以及第 11 次峰会后巴西籍行长的任命，令人欣慰的是博索纳罗政府维系了对金砖合作的支持。

2020 年 7 月 14 日，巴西参议院批准了立法令项目（PDL）657/2019，该项目批准了巴西与金砖国家新开发银行签署的在美洲设立区域办事处的协议，办事处总部设在圣保罗，并在巴西利亚设立代表单位。金砖国家新开发银行总部设在上海，旨在为成员国的基础设施项目和可持续发展调动资源。目前，该银行已向国家经济和社会发展银行提供了 16 亿美元贷款，为风能领域的项目提供融资。金砖国家新开发银行还在 2020 年 7 月为巴西安排了 10 亿美元的援助，旨在帮助该国恢复经济发展，并为最弱势群体的紧急援助等社会项目提供资金。2020 年 12 月，该机构向巴西提供了另一笔 10 亿美元贷款，以增加对中小企业的信贷准入，防止受支持的中小企业出现工作机会流失的情况，从而提高巴西中小企业应对疫情的能力。在巴西，有 13 个项目得到金砖国家新开发银行的投资，其中大多数为基础设施项目，当地分支机构能更好地帮助金砖国家新开发银行确定及准备在巴西的各类项目。卢拉政府第三任期开启后，巴西前总统罗塞夫被任命为金砖国

---

［1］　Stuenkel，Oliver，*Post Western World*，London：Polity Press，2016.

家新开发银行行长，显示出巴西加强了对金砖国家新开发银行的重视。金砖国家新开发银行设立美洲办事处，乌拉圭加入金砖国家新开发银行以及洪都拉斯总统希奥玛拉·卡斯特罗拜访该行并寻求加入等事态表明，金砖国家新开发银行将成长为包括中巴在内的金砖国家参与拉美及加勒比地区基础设施和可持续发展项目的重要多边机制性平台。

三、 来自第三方的干预与压力

技术创新一直是大国兴衰的关键因素，作为老牌资本主义霸权国家，美国对中国等新兴大国的技术发展与合作非常敏感，并试图干扰中巴在5G等领域的基础设施合作。美国试图控制对行使政治和经济权力至关重要的前沿科学技术，华盛顿方面试图阻止华为在全球范围内提供5G技术的事态就体现了这一点。美国驻巴西大使托德·查普曼发出"如不阻挡中国，巴西将承受负面经济后果"的警告威胁。[1]主管西半球事务的美国助理国务卿金伯利公开对拉美国家喊话，称"我们希望确保合作伙伴考虑与中国建立紧密联系的潜在风险"，并希望通过敦促中国遵守国际标准，为美国争取"公平"的竞争，此外她呼吁拉丁美洲应推迟5G竞标直至类似技术面世，并警告采用中国技术可能意味着安全风险。美国试图通过这种公开恐吓迫使巴西不得不推迟部署5G电信网络和其他与中国有关的项目。在美国国家安全委员会于2020年8月发布的《西半球战略框架概览》中，中国与拉美国家在5G基础设施领域潜在或实际正在进行的合作遭到了明确及公开的反对。[2]

作为一个巨大的新兴数字市场，巴西令中国企业对进入其市场产生了

---

[1] Wiziack Julio, "Brasil cria travas que dificultam investimentos chinês no país". *Folha de S . Paulo*. August 8, 2020. https：//www1.folha.uol.com.br/mercado/2020/08/brasil-cria-travas-que-dificultam-investimentos-chines-no-pais.shtml.

[2] White House, *Overview of Western Hemisphere Strategic Framework*. August，2020. https：//www.whitehouse.gov/wp-content/uploads/2020/08/Western-Hemisphere-Strategic-Framework.pdf.

浓厚兴趣。华为作为可靠的长期供应商，20 余年来为 Vivo、Claro、Tim、Oi 和 Algar 等巴西公司提供 3G 及 4G 网络设备和服务，在巴西移动通信市场建立了很好的商业信誉。华为提供的产品几乎占巴西电信服务市场的一半。[1]鉴于华为和中兴这两家中国企业在巴西扩大基础设施和提供电信服务等方面的贡献，罗塞夫总统在 2011 年正式访华期间参观了上述公司的总部。[2]巴西将 5G 视为该国加快新技术创新的关键机会，并计划拍卖 5 个频率频段，满足电信公司运营 5G 网络。在美国阻止华为进入本国及其他西方国家 5G 市场的战略背景下，巴西面临着是否允许华为进入其 5G 市场的外部挑战。

特梅尔担任总统期间，出于技术改进、经济效益、国际关系以及安全担忧等不同层次的考虑，巴西国内就是否给予华为 5G 许可展开热议。巴西不同政府部门各持己见，分歧主要集中在两点：一是 5G 的性质，由于 5G 的目标是物联网，因此英国等西方国家试图将华为的技术排除在其战略领域之外；二是如何看待美国政府对华为拓展海外市场的态度。由于特梅尔政府任期较短，加之 5G 辩论尚未尘埃落定，5G 政策的落地只能留待下任政府。

有趣的是，在有"热带特朗普"之称的博索纳罗任内，巴西没有听从特朗普政府禁止华为进入巴西 5G 市场的建议。原因有二：首先，美国在 2013 年对巴西高级官员和重要企业实行间谍活动，导致巴西总统罗塞夫取消了对华盛顿的国事访问。该丑闻降低了巴西对潜在西方供应商可信度的信心。其次，巴西并非美国在五眼联盟内部的亲密盟友，因此美国无法对巴西施加与英国同样的实质性压力，如威胁终止情报分享。此外，巴西的非北约盟友地位的内涵并未得到明确界定。

围绕 5G 僵局，博索纳罗政府的不同部门尤其是农业部和外交部展开了

---

[1] Benites Alfonso, "Leilão do 5G no Brasil é novo capítulo da guerra fria do século XXI entre China e Estados Unidos", *El Pais*, July 22, 2020, https://brasil.elpais.com/brasil/2020-07-22/leilao-do-5g-no-brasil-e-novo-capitulo-da-guerra-fria-do-seculo-xxi-entre-china-e-estados-unidos.html#?sma = newsletter_brasil_diaria20200723.

[2] Daniellly, Silva Ramos Becard and Bruno, Vieira de Macedo, "Chinese Multinational Corporations in Brazil: Strategies and Implications in Energy and Telecom Sectors", *Revista Brasileira de Política International*, 57 (1), 2014.

激烈的辩论。前者认为作为报复，中国可能暂停向巴西购买农产品，在这种情况下，假设中国减少购买 1/10 的巴西农产品，将导致巴西至少 80 亿美元的销售损失，约 80 万个工作岗位将直接被削减。[1]而后者建议对中国的 5G 采取限制措施，并拒绝在世界贸易组织中承认中国市场经济国家的地位，因为中国出于对巴西原材料的依赖将继续购买巴西产品。巴西外交部的好战论调被农业部门的务实主义所抵消，因此政府不得不周旋于各大利益集团，而非仅关注意识形态议题。[2]巴西议会农业阵线对政府不够关注中国的倾向表示担忧，声称当局正在把这个大国逼入绝境。[3]中国驻巴西大使馆公使衔参赞瞿瑜辉表示，到 2050 年，中国对农产品的需求将翻一番，而巴西将成为中国重要的农产品供应商。由于中国吸纳了巴西近 40% 的农业出口，瞿瑜辉还建议中国与巴西签署自由贸易协定，以进一步扩大份额。[4]

尽管美国与巴西在文化上更具相似性，但中国是一个不可忽视的经济实体。[5]针对关于部分巴西政客坚持与美国联手反对使用华为 5G 技术的立场，前巴西驻华大使罗伯托·阿布德努则认为攻击中国的举动将给巴西带来严重损失，中国可能对巴西产品施加贸易壁垒，并转向其他大宗商品供应商如非洲、俄罗斯和乌克兰。[6]巴西农企担心中国可能将采取减少进口巴西产品的报复手段。自 2009 年以来，中国是巴西的主要贸易伙伴，也是大豆和铁矿石等大宗商品的主要买家。巴西虽利用美国对华贸易战得以

［1］ Wiziack Julio, "Brasil cria travas que dificultam investimentos chinês no país", *Folha de S. Paulo*, August 8, 2020, https://www1.folha.uol.com.br/mercado/2020/08/brasil-cria-travas-que-dificultam-investimentos-chines-no-pais.shtml.

［2］ Neder, Vinicius, "Analistas criticam postura anti-China", *Estado de S. Paulo*. July 27, 2020. https://economia.estadao.com.br/noticias/geral,analistas-criticam-postura-anti-china,70003376915.

［3］ Estadão, "We are not Anti-China Nor Pro-China". March 28, 2019. https://summitagro.estadao.com.br/agro-no-brasil/entrevistas/nao-somos-anti-china-nem-pro-china/.

［4］ Walendorff, Rafael, "Diplomata chinês defende livre comércio entre Brasil e China", *Valor*, July 23, 2020. https://valor.globo.com/agronegocios/noticia/2020/07/23/diplomata-chins-defende-livre-comrcio-entre-brasil-e-china.ghtml.

［5］ Webinar, "The effects of Covid-19 on geopolitics", organized by FHC Foundation, June 23, 2020. https://fundacaofhc.org.br/iniciativas/debates/os-efeitos-da-covid-19-na-geopolitica.

［6］ Breier, Kimberly, "China's New Road in the Americas: Beyond Silk and Silver," April 26, 2019. https://www.state.gov/chinas-new-road-in-the-americas-beyond-silk-and-silver/.

对华出口更多农产品，但也在美国对华为海外业务的围堵上陷入了两难境地。作为雄心勃勃想要实现本国数字经济市场潜力的新兴经济体，巴西对建设 5G 基础设施颇有兴趣。使用 5G 技术将推动巴西未来几十年的经济增长，但如果陷入"技术铁幕"，巴西将面临丧失利用先进技术实现发展机遇的风险。巴西副总统莫朗公开表示，巴西"不能错过 5G 的机会"，"如果无法抓住这个机会将意味着数十年的挫折和损失"。[1] 在美国驻巴西大使托德·查普曼发表具有争议性的言论后，巴西著名杂志《环球报》（Globo）发表社论，批评美国向盟友施压以要求阻止华为参与数字基础设施现代化竞争的做法，并建议巴西准备好应对措施，以维护国家利益。[2]

在此背景下，博索纳罗于 2020 年 6 月 11 日发表的关于在 5G 拍卖中考虑"主权、数据安全和外交政策"的声明，被视为一个在中美之间寻求平衡的信号。在数据安全和主权问题上，巴西对美国国家安全局的监听记忆犹新。美国国家安全局监听对象除了时任巴西总统罗塞夫，还包括其余 29 个政府部门的电话，包括部长、外交官和顾问[3]。此外如何应对 5G 技术本身的网络安全挑战也是巴西的一个关切。5G 是一项由机器通信主导的技术，无论是光纤电缆还是数据中心，风险的大小取决于该国为减轻风险而采用的机制，但考虑到投资需求和疫情背景下的经济状况，巴西很难拥有类似于欧洲国家的追踪系统。[4] 巴西前驻美国大使塞尔吉奥·阿马拉尔（Sergio Amaral）表示，考虑到国家体量和自身利益，"巴西不能陷入在中美之间做出选择的困境，或与任一

[1] Mari, Angelica, "Brazil 'can't miss out' on 5G opportunity, says vice-president," *ZDNET*, September 10, 2020. Matt Ferchen, Anarkalee Perera, "Why Unsustainable Chinese Infrastructure Deals Are a Two-Way Street." *Carnegie-Tsinghua Center for Global Policy*. July, 2019. 7-15-19_Ferchen_Debt_Trap.pdf (carnegieendowment.org).

[2] Romero, Cristiano, "Adiamento do 5G atrasa modernização". *Valor*. July 15, 2020. https://valor.globo.com/brasil/coluna/adiamento-do-5g-atrasa-modernizacao.ghtml.

[3] Schreiber, Mariana, "Brasil está metendo os pés pelas mãos' com a China, diz ex-embaixador em Pequim após nova polêmica de Eduardo Bolsonaro". *BBC News Brasil em Brasília*. November 26, 2020. https://www.bbc.com/portuguese/brasil-55081541.

[4] Mota, Camilla Veras, "Decisão sobre 5G no Brasil deve considerar risco de espionagem não apenas da China, diz especialista". *BBC News Brasil em São Paulo*. October 31, 2020. https://www.bbc.com/portuguese/brasil-54713255.

大国进行绑定"[1]。按照原定计划，5G 拍卖本应在 2019 年上半年进行，但被推迟到 2020 年 3 月。事实上，企业需要完成 4G 投资以及相关部门需进行 5G 定价调研，因此财务问题也是拍卖延迟的最重要原因之一。[2] 在拉丁美洲和加勒比地区，巴西的 5G 建设已经落后于乌拉圭、波多黎各、苏里南以及特立尼达和多巴哥。

在决定华为在巴西市场去留问题的两难境地中，巴西试图效仿英国的中间模式，让华为部分参与非核心业务领域。然而，在美国威胁停止情报共享伙伴关系后，英国最终还是决定禁止华为参与 5G 网络建设，这显然是不符合巴西国家利益的模板。巴西科技创新与通信部前部长马科斯·庞特斯曾表示，巴西政府不会屈服于美国要求阻止华为参与 5G 拍卖的压力。[3] 外交关系和对外贸易委员会主席鲁本斯·巴博萨（Rubens Barbosa）在总结了这项技术对巴西工业生产力和质量、对农业商业以及巴西与中国和西方关系的重要性后表示，巴西的利益优先于意识形态和地缘政治。为了避免在中美之间左右为难，原本计划于 2020 年 3 月举行的 5G 拍卖一再推迟。巴西期望这种处理方式能使相关议题在 2020 年的美国大选后迎来新的进展。直到 2022 年 6 月底，巴西国家电信局（Anatel）通过第 8.991/2022 号法案，批准了 3.7—3.8 GHz 范围内的低功率地面站的技术要求和使用条件，3.7—3.8 GHz 范围是 5G 专用网络可以使用的范围之一，11 月发放了第一份 5G 专网许可。随着 5G 频谱的正式发放，巴西即将迎来 5G 的蓬勃发展。在此背景下，卢拉总统 2023 年 4 月访华期间拜访了华为上海研究所，展现了巴西选择与中国企业共同推进巴西 5G 基础设施的政治意愿。

---

[1] Kenyan，" 'ArgenChina'：why China displaced Brazil as Argentina's biggest trading partner". August 25，2020. https://kenyannews.co.ke/world-news/world/argenchina-why-china-dis-placed-brazil-as-argentinas-biggest-trading-partner/.

[2] Benites Alfonso，"Leilão do 5G no Brasil é novo capítulo da guerra fria do século XXI entre China e Estados Unidos". *El Pais*. July 22，2020. https://brasil.elpais.com/brasil/2020-07-22/leilao-do-5g-no-brasil-e-novo-capitulo-da-guerra-fria-do-seculo-xxi-entre-china-e-estados-unidos. html#?sma = newsletter_brasil_diaria20200723.

[3] Macauhub，"Introduction of 5G in Brazil postponed until 2021/2022". January 14，2020. https://macauhub.com.mo/2020/01/14/pt-introducao-do-5g-no-brasil-adiada-para-2021-2022/.

5G案例表明，巴西需要新技术来提高其生产率，这不仅对其全球发展和崛起非常有价值，而且对其国际自主性也有所裨益——这是巴西外交的一个关键主题。如何定义这个自主权，学界认为"这种类型的自主应该被理解为一国与其他国家一道根据自身意志做出决定的能力和意愿，以面对国内外的局势和进程"[1]。巴西在建设本国5G的进程中没有屈服于外部压力，坚持从有利于本国长远发展的角度进行决策，显示出发展中国家在发展进程中谋求战略自主的积极姿态。

面对巴西可能加入"一带一路"倡议的前景，美国试图以"美洲增长倡议"来提供竞争性或替代性选择。在特朗普政府和拜登政府战略竞争策略主导的中美关系阶段，美国对中国与拉美经济交往的态度愈加敌视，并且具有破坏性。美国发起"美洲增长倡议"，准备与中国的"一带一路"倡议在拉美地区的能源和基础设施领域一较高下。2017年，《美国国家安全战略》指出"美国身处竞争日益激烈的世界"，与此同时特朗普政府加大了同中国在巴西的影响力竞争。

尽管巴西与美国签署了关于"美洲增长倡议"的谅解备忘录，但两国合作的前景并不乐观。美国倡议的核心实质上是动员本国企业在政府的协助下投资拉丁美洲。巴西大体上支持以基础设施发展和可持续增长为中心的"美洲增长倡议"，并欢迎该倡议带来的资金和多样化选择，但巴西也有如下担忧：（1）担心美国倡议的战略意图是制衡中国，而不是让巴西受益，从而破坏巴西的经济自主权和与中国的经济联系。（2）担心美国的倡议伴随着高标准、成本和不确定性。由于该倡议在巴西缺乏可行性，因此很难吸引美国企业的大规模参与。美国发起的倡议更注重抽象的概念，如改善合作国家的政策环境、提高项目标准等，对合作和资金支持提出很高的要求。尽管项目允许美国国际发展金融公司进行投资，但能在多大程度上撬动更为谨慎的美国私人投资参与其中存在很大的不确定性。在新冠病毒疫

---

[1] Russell，Roberto and Tokatlian，Juan Gabriel，"From Antagonistic Autonomy to Relational Autonomy". *Latin American Politics and Society*，45（1），2003.

情期间，波音公司终止了与飞机制造商巴西航空工业公司的合同，这使得美国企业履行商业协议的信誉受到了很大的质疑。（3）担心美国的政策过度聚焦意识形态，可能会降低巴西在美洲地区中的重要性。2020年，尽管巴西已经提出了候选人，但美国直接提名美国公民毛里西奥·克拉弗·卡罗内竞选美洲开发银行行长。美国公民在此次竞选中的胜利，打破了60年来泛美开发银行由拉美人领导的传统。《西半球战略框架概览》发布后，巴西驻美国前大使鲁本斯·巴博萨表示："只提及尼加拉瓜，古巴和委内瑞拉表明了特朗普政府只担忧这些国家与美国意识形态上的偏差。报告没有提到阿根廷、墨西哥和巴西的困难，也没有提到帮助恢复这些国家的繁荣以强化多样关系的方法。"[1]

尽管巴西尚未签署共建"一带一路"合作谅解备忘录，但实际情况是巴西参考"一带一路"框架与中国开展了较拉美其他国家而言更多的基础设施合作。巴西在金砖国家合作机制和亚投行的参与，也为中巴在基础设施领域的合作提供了多边渠道。中国企业通过多年耕耘对巴西基础设施领域有了更加深入的了解，更加看好巴西的发展前景，十分关注当地战略规划和引资政策。中巴高层协调与合作委员会下高水平的发展战略对接和产业政策协调，也增强了中国企业深耕巴西基础设施领域的信心。

第四节

———

基础设施状况关乎巴西可持续发展前景

在采取紧缩性财政政策的情况下，如何帮助巴西经济走出衰退和投资有

---

[1] Barbosa, Rubens, "Does the U.S. Have a Good Strategic Plan for Latin America?" *Latin America Advisor*, September 1, 2020. https://www.thedialogue.org/analysis/does-the-u-s-have-a-good-strategic-plan-for-latin-america/.

利于可持续发展的高质量基础设施是巴西政府面临的一大难题。为了有效筹集和动员社会与外部资本，特梅尔政府提出了以私有化和特许经营权为主要内容的投资伙伴计划。特梅尔政府强调伙伴计划最大的特点是合作规则稳定，具有很强的法律稳定性。在 2017 年，该计划吸引投资额达到 1 420 亿雷亚尔，涉及公路、港口、机场、输电线路和油气等 70 多个项目。[1]特梅尔政府的私有化规模在巴西近 20 年来是最大的，这一举措加上雷亚尔的相对贬值，增加了巴西市场对外国资本的吸引力。特梅尔政府的私有化与特许转让计划涉及 57 家巴西国有控股公司，涵盖机场、电力系统、港口乃至铸币机构等关键部门。特梅尔在 2017 年对华国事访问前接受中央电视台采访时表示，希望中国对巴西的优惠特许权转让项目感兴趣，并把资本带到巴西。[2]博索纳罗政府也公开欢迎中国企业投资巴西的基础设施项目。

中国以全面及创新的方式参与巴西基础设施建设，服务巴西人民的日常生活，覆盖面越来越广，种类越来越多。例如，城市设施对中国投资者正变得越来越有吸引力。巴西供水和卫生部门新的监管框架获得批准，可能将吸引那些谋求挖掘该国被压抑的卫生服务需求的国内外投资者。2018 年，中国葛洲坝集团公司以约 1.46 亿美元的价格收购了当地供水系统 Sistema Produtor Sao Lourenco。[3]2021 年，包括中国葛洲坝集团公司、中国交建和国家电网等在内的 12 家外资企业对巴西国有企业里约热内卢卫生设备公司 Cedae 私有化项目表现出浓厚兴趣，该项目的最低拍卖价格高达 19.5 亿美元。[4]巴西于 2018 年制定《2020—2031 年国家经济和社会发展

［1］ 米歇尔·特梅尔：《达沃斯：巴西归来》，新华网 2018 年 1 月 25 日，http://www.xinhua-net.com/world/2018-01/26/c_129800198.htm。

［2］ 孙梦文：《巴西总统特梅尔访华，吁中资参与巴西私有化改革》，《澎湃新闻》2017 年 9 月 1 日，http://www.thepaper.cn/newsDetail_forward_1781404。

［3］ Pavanelli Camila and Barrozo Thiago, "Brazil's New Sanitation Bill To Draw Domestic And Foreign Private Investment", July 14, 2020, https://www.forbes.com/sites/mergermarket/2020/07/14/brazils-new-sanitation-bill-to-draw-domestic-and-foreign-private-investment/?sh = 224952214ef0.

［4］ Gaier, Rodrigo Viga, "Privatization of Rio de Janeiro Sanitation Company Cedae Attracts 15 Groups- Rio govt", February 2, 2021, https://www.nasdaq.com/articles/privatization-of-rio-de-janeiro-sanitation-company-cedae-attracts-15-groups-rio-govt-2021.

战略》（ENDES 2020—2031），该战略的主要指导方针是通过基础设施等手段减少社会和地区不平等，提高巴西居民的收入和生活质量。

自 2010 年以来，中方一直积极参与巴西基础设施建设。巴西前总统罗塞夫表示，她有意通过贸易和投资关系的多元化并在原材料贸易的基础上纳入附加值更高的产品，谋求与中国建立更为平衡的关系。中国承诺在各个领域，尤其为能源基础设施领域提供数十亿美元的投资，以消解巴西政府的担忧。中国将交通基础设施、发电和输电、互联网经济作为重点合作领域。中国在巴西的投资反映了中国国内制造业在过去十几年中的技术发展。[1]在巴西遭遇新冠病毒疫情冲击和经济冲击时，中国企业始终从长远角度表达了对巴西基础设施建设前景的信心。在低油价的背景下，中国石油集团和中国海洋石油集团这两家公司是 2019 年大型拍卖的唯一竞标者。[2]巴西基础设施部的执行秘书马塞洛桑帕约强调，中巴两国存在密切的经济关系，中国不仅投资于能源生产和传输、石油和天然气等基础设施领域，在服务、金融和创新领域中国所占的份额也越来越大。[3]

巴西也在改善国内投资环境，以吸引中国的潜在投资者进入其基础设施领域。来自美国的一项研究表明，民主国家很容易因为一个由否决权统治的制度而面临过多法律而基础设施不足的困境。[4]因此政府必须为基础设施发展营造良好的环境。前中国驻巴西大使杨万明曾表示，中国企业愿意加强和简化沟通，寻找符合双方期望的合作模式。[5]他还强调，两国政

---

［1］ Myers, Margaret, "Brazil-China 2.0?", *China and Latin America*, June 15, 2015, http://www.thedialogue.org/blogs/2015/06/brazil-china-2-0/.

［2］ Melanie, Romaro, "BRICS Summit 2019: A Reset in China-Brazil Relations?" *Kootheeti*, November 12, 2019, https://thekootneeti. in/2019/11/12/brics-summit-2019-a-reset-in-china-brazil-relations/.

［3］ Xinhua Spanish, "Brasil Presenta a China Oportunidades de Inversión en Infraestructura", July 9, 2020, http://spanish.xinhuanet.com/2020-07/09/c_139199280.htm.

［4］ Fukuyama, Francis, "Too Much Law and Too Little Infrastructure", *American Interest*, 12 (3), November 8, 2016, https://www. the-american-interest. com/2016/11/08/too-much-law-and-too-little-infrastructure/.

［5］ Globo, "A falta que faz uma diplomacia profissional no Itamaraty", *O Globo Editorial*, July 31, 2020, https://oglobo.globo.com/opiniao/a-falta-que-faz-uma-diplomacia-profissional-no-itamaraty-24559331.

府必须通过改善商业环境，消除有形或无形的壁垒，为企业创造更加友好和可预测的商业环境。2014 年的"洗车"反腐行动对巴西基础设施行业产生了巨大影响，巴西主要的建筑和工程公司因卷入腐败丑闻而受到调查，并被禁止获得项目合同。为了摆脱多年来备受瞩目的腐败丑闻，巴西工程公司 Odebrecht 甚至在 2021 年 12 月将名称改为 Novonor。为了解决实力较弱的国企在基础设施建设中的困难，博索纳罗政府决定在政府采购中给予国内外企业同等待遇。巴西政府提出经济自由化和有利于市场的措施，例如放松对石油和能源等领域的管制、国有公司的子公司私有化以及公私合营模式。

巴西于 2016 年启动了投资伙伴计划，该项目旨在扩大和加速公营和私营企业之间的伙伴关系。扩大公共基础设施建设是投资伙伴计划的一个重要目标。为了吸引包括中国企业在内的外国投资者参与投资伙伴计划项目，巴西做了大量工作以确保拍卖工作顺利完成，如拍卖通知将主要使用葡萄牙语和英语等多种语言，超过 100 天的投标时间。2020 年，巴西基础设施部发展、规划和协会部长娜塔莉亚·马尔卡萨（Natalia Marcassa）在接受采访时向中国投资者表示，巴西近年来推进法律改革，投资环境更加安全。博索纳罗总统将加强法律确定性列为优先事项。[1]此外，巴西强调了在投资伙伴计划框架内进行对话、公平竞争和法律确定性最大化的优势。

中国企业对博索纳罗政府以发展为导向的模式持支持态度，这有利于加快铁路建设的拍卖和中国企业的参与。博索纳罗政府极力促成 BR-163 高速公路旁的铁路建设。弗罗格朗（Ferrogrão）项目连接马托格罗索州的锡诺普与塔帕若斯河口的米里蒂图巴港，由驳船运送农作物并在亚马孙河上转运，然后运往世界市场。铁路部分将为马托格罗索州的玉米、大豆豆粕、化肥、糖和乙醇生产的流动发挥结构性作用，在巴西开辟一条新的战略出口走廊，并通过巴拿马运河运输至亚洲的消费市场。除了贝罗蒙特高压输电线路和圣路易斯港的扩建，弗罗格朗项目可能是中国在亚马孙地区参与

---

[1] Xinhua Spanish, "Brasil presenta a China oportunidades de inversión en infraestructura", July 9, 2020, http://spanish.xinhuanet.com/2020-07/09/c_139199280.htm.

的第三个主要基础设施项目。中国交建和中国铁建对这条里程 933 公里的铁路颇为关注。[1]

该铁路项目是巴西政府投资伙伴计划（PPI）的一部分，得到巴西农业部门的大力支持。该铁路项目将降低 40% 的运输成本，缩短数周的交货日期，使巴西比农业竞争对手美国更具竞争力。[2] 弗罗格朗项目（即 EF-170）预计将于 2021 年上半年获得批准，但由于非经济因素考量而陷入停顿。该项目所面临的挑战不仅在于融资的经济可行性（因为融资成本高，且长期回报高），还在于对环境和土著部落的影响。一方面，巴西农业企业认为这条路线对于改善谷物运输具有战略意义，另一方面，由于铁路穿过自然保护区，原住民和环保主义者坚持必须做好环评研究。弗罗格朗项目的起草案将特许租期从 65 年改为 69 年，且由于建造时间为期 10 年的缘故，项目收入在建成后才会产生。技术和经济可行性研究已经提交给联邦审计法院，投资伙伴计划项目组正在推进弗罗格朗项目环境许可的进程。

弗罗格朗项目将是在"北方弧线"的愿景中释放亚马孙河物流潜力的关键步骤。观察人士和当地土著群体认为，中国作为巴西最大的大豆进口国，具备规范巴西政府在亚马孙地区发展模式的影响力，可在贸易条件中加入保护环境和土著权利的条款。[3] 但由于中国奉行不干涉内政原则，很难像欧盟那样对中巴贸易采取环保措施条款。中国坚决反对以破坏生态系统为代价向巴西进行采购活动，始终支持可持续农业生产，并希望通过技术、科学和创新为可持续发展做出贡献。[4] 弗罗格朗项目仍在走国内程序，

[1] Peres, Marianna, "Governo Federal busca dinheiro para projeto em MT", July 28, 2020, http:// www. diariodecuiaba. com. br/economia/governo-federal-busca-dinheiro-para-projeto-em-mt/536592.

[2][3] Chan, Melissa and Heriberto Araujo, "China Wants Food. Brazil Pays the Price", *The Atlantic*, February 17, 2020, https://pulitzercenter. org/stories/china-wants-food-brazil-pays-price.

[4] Grilli, Mariana, "China não pode ser criticada sobre desmatamento por comprar commodities do Brasil, diz embaixador", July 23, 2020, https://revistagloborural. globo.com/Noticias/Sustentabilidade/noticia/2020/07/china-nao-pode-ser-criticada-sobre-desmatamento-por-comprar-commodities-do-brasil-diz-embaixador.html.

特梅尔政府试图更改环境保护区范围为铁路让路，但在 2021 年被法院推翻，2023 年 5 月 31 日联邦最高法院授权恢复铁路建设研究。卢拉政府在该铁路项目上再度面临平衡发展与环保间矛盾的挑战。中国企业将会持续关注项目的进程，并在合规的基础上积极参与其中。

在联邦政府和波尔图运营方即招商局港口控股公司联合进行的扩建工程完成后，巴拉那瓜港口的货物处理能力增长了 66%。该项目是 2015 年以来巴西港口部门进行的最大投资，将对降低巴拉那瓜港口的运营成本产生直接影响。巴拉那瓜港口长 879—1 099 米，宽 40.75—50 米。中国企业上海振华港口机械有限公司同时协助该港口运作拉丁美洲最大及最现代化的三艘集装箱船，除了汽车运输船，巴拉那瓜港口的货物运输处理能力将提升近一倍。[1]

中国元素也在巴西的市场和基础设施领域创造了某种竞争和新的动态性因素。除了环境和土著问题，由于新项目将挑战现有项目，不同项目间出现了竞争关系。因为弗罗格朗项目将为马托格罗索州的粮食产地开放北线，这将与现有的西南港口航线特许商竞争。[2]在这种背景下，中国参与不同的跨州基础设施建设项目，也可能对相关州之间的政治博弈以及州与联邦间关系产生刺激。巴西已有一些地方州在游说中国投资它们的基础设施项目。例如，圣保罗州长若昂·多利亚于 2019 年 8 月率领 35 家企业代表访华，参与中拉基础设施周，对"一带一路"项目表示支持，并希望圣保罗州能抓住机会提升基础设施建设水平。在 2019 年访华期间，博索纳罗总统还表示将推动中国企业参与到投资伙伴计划，从而改善巴西的港口、机场、道路、电力和能源基础设施，降低巴西的物流成本，提高运输效率。巴西还将继续简化和加快各种审批程序，以保护投资者的利益。一些研究

［1］ Ministry of Infrastructure, *Paranaguá amplia Terminal de Contêineres e aumenta sua capacidade em 66%*, October 21, 2019, http://www.siscomex.gov.br/paranagua-amplia-terminal-de-conteineres-e-aumenta-sua-capacidade-em-66/.

［2］ Chan, Melissa and Heriberto Araujo, "China Wants Food. Brazil Pays the Price", *The Atlantic*, February 17, 2020, https://pulitzercenter.org/stories/china-wants-food-brazil-pays-price.

还表明，物流基础设施是缩小区域经济差距的驱动力。[1]为了尽量减少区域发展差距，联邦政府可能需要协调和平衡铁路路线选择方面的不同利益，甚至是竞争性利益。

中国企业正越来越多地投资巴西可持续基础设施建设，包括 5G 通信、绿色能源、现代农业、网络经济等新基础设施领域。LAC 的环境和社会标准是目前最具有野心的标准之一，中国投资者有时很难达到这些标准。[2]中国正积极利用新一代技术推动国内产业的数字化转型。这对巴西的许多传统关键产业也具有重要意义。以农业为例，华为正在探索与戈亚斯和巴拉那邦的试点合作，使用无人机巡航收集农业地区的高清图像，监测作物的健康，预计这项技术将提高该地区的年产量并节约成本。此外，中国广核集团投资清洁能源。根据圣保罗州工业联盟的研究，目前巴西仅有 1.3%的工业项目可以被视为第四代技术。鉴于 5G 技术对可持续发展和低收入经济体的重要性，巴西不能不从自身利益和中长期战略眼光来审视这一问题，搁置地缘政治和意识形态议题。[3]2020 年 8 月，华为宣布计划在圣保罗州投资 8 亿美元建厂。

根据国际可再生能源署的数据，2018 年巴西的可再生能源装机容量为 136 千兆瓦，仅次于中国和美国，位居世界第三。巴西的电力矩阵是世界上最环保的电力矩阵之一，水力发电占巴西电力矩阵的 63%。[4]巴西将继续支持风能、太阳能和水力发电项目。中国国家电网提供公用事业服务，包括

---

[1] Kevin X. Li, Mengjie Jin, Guanqiu Qi, Wenming Shi and Adolf K. Y. Ng, "Logistics as a Driving Force for Development under the Belt and Road Initiative—the Chinese Model for Developing Countries", *Transport Reviews*, 38：4, 2018, pp. 457—478, DOI：10. 1080/ 01441647.2017.1365276.

[2] Rudas Lleras, Guillermo and Mauricio Cabrera Leal, "Colombia and China：Social and Environmental Impact of Trade and Foreign Direct Investment", in *China and Sustainable Development in Latin America：The Social and Environmental Dimension*, Rebecca Ray, Kevin P. Gallagher, Andrés López, and Cynthia Sanborn, eds., London：Anthem Press, 2017.

[3] Romero, Cristiano, "Adiamento do 5G atrasa modernização", *Valor*, July 15, 2020, https：// valor.globo.com/brasil/coluna/adiamento-do-5g-atrasa-modernizacao.ghtml.

[4] ITA (International Trade Administration, USA), *Brazil-Country Commercial Guide*, January 21, 2021, https://www.trade.gov/knowledge-product/brazil-energy.

高效的输电、配电和输电线路。国家电网项目以美丽山水电站为起点，总长度 2 539 公里，是世界上最长 ±800 千伏特高压直流项目，增强了太阳能、风能、水电大规模并网的可能性。面对过去几十年频繁发生的旱灾，巴西正试图通过加强风力和太阳能发电来减少对水力发电的依赖，这类项目吸引了较多中国投资者。与水电相比，太阳能的比重虽然较低，但上升较快。2019 年，巴西的太阳能发电量增长了 2 倍。2020 年，中国民营企业加拿大太阳能公司签署了两项涉及巴西太阳能项目的电力采购协议，总发电能力峰值为 862 兆瓦，这将该公司在巴西的太阳能项目积压量提高到近 22 亿兆瓦。[1]

值得注意的是，在 2017 年巴西经济困难时期，中国对巴西基础设施领域的投资保持活力，增强了巴西经济的韧性。比亚迪总投资 1.5 亿雷亚尔的巴西太阳能电池板工厂于 2017 年在坎皮纳斯投入运营。2017 年，中国国家电力投资集团公司以 71.8 亿雷亚尔收购了米纳斯吉拉斯州的圣西芒水电站。2017 年，中海油和中石油分别与道达尔、巴西国家石油公司和壳牌联合购买了 10% 的股份，启动了在桑托斯盆地超深海水域的 Libra 项目的首次大规模开发。2016—2017 年，国家电网收购了巴西 CPFL 公司 54.64% 的股份，使国家电网在巴西实现了配电、输配电和销售的全面覆盖。此外，三峡集团收购了杜克能源巴西分公司 95.06% 的股份。

第五节

———

中国在巴西基建项目的社会效应

在为当地创造税收和就业机会的同时，中国企业更加注重履行社会责

---

[1] Zacks, *Canadian Solar（CSIQ）Inks PPAs to Boost Brazil Solar Footprint*, November 24, 2020, https://www.nasdaq.com/articles/canadian-solar-csiq-inks-ppas-to-boost-brazil-solar-footprint-2020-11-24.

任。据媒体报道，国家电网用于环保的投资超过 2 亿元，并赞助和支持当地 450 多个公益项目，如单车骑行活动、援助低收入家庭、世界非物质文化遗产的保护、圣保罗国际电影节、里约热内卢贫民窟男子交响乐团以及坎皮纳训练中心等。该公司在负责电力输电线路工程的同时，向亚马孙地区的居民捐赠了 760 批防止疟疾的药物，并在该地区为贫困民众修建现代养鸡场以及果汁工厂，极大地保障了居民的利益。[1]

中国在巴西的基础设施投资使得巴西民众愈发能明显得感受到中国在巴西的存在。腾讯公司向巴西数字银行初创企业 Nubank 投资了 1.8 亿美元。中铁二十局集团签署了拉美最大跨海斜桥项目，即萨尔瓦多跨海斜桥的特许经营合同，这将大大提高交通运营效率，改善民生，直接惠及 45 个城市和 440 万居民。该项目将为当地司机提供另一种出行方案，从而取代原先需花费 1 小时渡轮或绕行万圣湾 100 公里的方式。

城市交通是近期中国投资者青睐的领域。除了传统的中国制造的地铁以及里约热内卢的渡轮和地铁，巴西城市居民也可以使用新一代的出行技术和设备。全球领先的移动交通和本地服务平台滴滴出行收购了巴西共享公司 99Taxis。继萨尔瓦多地铁项目之后，比亚迪签署了 2020 年为圣保罗地铁项目提供云轨的协议。这条地铁路线的日均客流量为 25 万人次，出站间隔时间可达 80 秒。云轨是缓解城市交通拥堵和减少空气污染的技术密集型产品。[2]比亚迪的其他解决方案，如纯电动公交车、出租车和卡车，也成功应用于巴西各大城市。连接瓜鲁洛斯机场和圣保罗（地铁 13 号线）的列车是中国制造的。得益于华为、中兴等中国企业的努力，巴西主要电信企业的网络已覆盖全国。

中国企业为巴西年轻的专业人才提供宝贵的培训和职业发展机会。中交上海疏浚公司在巴西提供了大量的本地就业岗位，让当地员工得以学习

---

［1］孙敬鑫：《"一带一路"在拉美，企业认可度如何提高？》《澎湃新闻》2020 年 1 月 20 日，https://www.thepaper.cn/newsDetail_forward_5578018。

［2］Zheng, Yiran, "BYD Inks Deal to Provide SkyRail for Sao Paulo Metro", *China Daily*，May 7，2020，http://www.chinadaily.com.cn/a/202005/07/WS5eb39df6a310a8b241153f4e.html.

相关知识和技能。2017 年，比亚迪巴西分公司与坎皮纳斯州立大学确定共同建立先进太阳能实验室的合作关系。中国广核集团正计划在巴西建立培训中心，为当地社区创造更多的增值人力资源。它将依托中国广核集团巴西能源分公司在当地开展清洁能源人才培训工作，为巴西乃至南美清洁能源的发展做出贡献。

中国在巴西当地的存在较为瞩目且令当地人印象深刻，巴西民众对中国的看法也非常正面。根据 2019 年当代中国与世界研究所对来自巴西、阿根廷、智利、墨西哥和秘鲁的受访者进行的一项调查，巴西受访者对中国企业的总体印象最好，比例约为 81%。受访者赞同中国企业为本国带来了先进技术，比例为 61%，另外 49% 的受访者期待中巴在基础设施和环境保护方面进行合作。在这 5 个国家中，有 52% 的巴西受访者期待与中国公司在物流、运输和基础设施领域的合作。[1]皮尤调查中心所做的调查显示，59% 的巴西人认为中国投资能让巴西获益。[2]巴西人认为："中国拥有独特

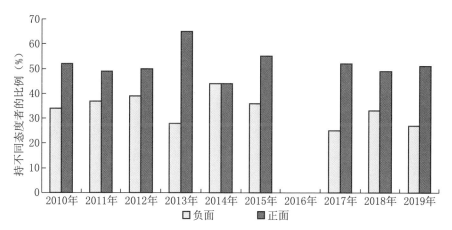

注：该数据中心 2016 年的数据缺失。
资料来源：美国战略与国际安全研究中心中国项目，https://chinapower.csis.org/global-views/。

图 4.1　巴西人的中国观年度变化图（2010—2019 年）

［1］ 孙敬鑫：《"一带一路"在拉美，企业认可度如何提高？》《澎湃新闻》2020 年 1 月 20 日，
https://www.thepaper.cn/newsDetail_forward_5578018。
［2］ Silver，Laura et al.，*Attitudes toward China*，December 5，2019，https://www.pewresearch.
org/global/2019/12/05/attitudes-toward-china-2019/。

的机会在其国际业务中开辟一条不同的道路，回应批评，并利用其在创新和技术方面的专长。在这个新阶段，它在巴西的表现可以专注于通过新技术提高效率，这将有助于巴西融入全球供应链。"[1]

巴西也有越来越多的企业协会和智库开展对华研究，为政策制定者和企业开展基础设施合作提供支持。例如，瓦格斯基金会法律系成立了巴西-中国研究中心，由在中国工作和生活了 24 年的高文勇（Evandro Carvalho）教授担任主任。两国智库和大学之间也有许多联合研究项目。巴中商务委员会（CEBC）和巴西中国企业协会是交流商务信息的主要平台。巴中企业家委员会主席卡斯特罗·内韦斯建议，若在巴西成立的中企与商业委员会进行更密切的互动，则能更好地保证中巴合作的新机遇。[2]中巴企业家委员会开展的一项最新研究称，中巴在基础设施领域的议程所需的不仅是长远的眼光，还需要应用最新的经验和解决问题的常识，为缓解信息不对称和规避风险创造一个有利的环境。[3]

尽管人们对中国的意图和对巴西基础设施行业的影响存在各种疑虑，但中国已经制定了一个更有实质意义的政策框架，从而与巴西建立发展伙伴关系。美国所采取的举措尽管依然强调市场合作，但对政府在国际发展合作中发挥何种作用的看法已经有所改变。美方倡议中值得肯定的几点包括：加强企业作为市场主体的核心地位，积极改善营商环境，重点发展能源和基础设施建设。尊重伙伴国的经济自主权，遵循开放、平等、互利的原则，是实现中巴美三边互利共赢的必由之路。

在实体互联互通方面，两国需放眼全球、放眼区域。巴西可以重新确

---

[1] Marcos, Caramuru de Paiva, Carissa Lins, and Guiherme Ferreira, *Brazil-China：The State of the Relationship，Belt and Road，and Lessons for the Future*，CEBRI Booklet，2019.

[2] Xinhua Spanish, "Relación entre Brasil y China tiene que ser vista a largo plazo para que aparezcan nuevas oportunidades"，July 8，2020，http://spanish.xinhuanet.com/2020-07/08/c_139196187.htm.

[3] Rosito, Tatiana, *Foundations for Brazil's Long-Term Strategy toward China*，China-Brazil Business Council，2020，http://cebc.org.br/2020/11/26/bases-para-uma-estrategia-de-longo-prazo-do-brasil-para-a-china/.

定其作用，以便更好地促进区域一体化，使其成为拉丁美洲国家扩大与主要经济大国合作的真正基础。巴西、中国和美国在拉美和非洲都有明确的利益，这可能为合作提供空间。巴西可以通过金砖国家新开发银行协调与中国在拉丁美洲的发展合作，泛美高速公路正是美国与拉美合作的良好示范。如今，我们需要一种全球视野来思考美洲与亚太地区基础设施的未来。

后疫情时期，中巴两国在 5G 通信、绿色能源等新领域重点开展合作，将为巴西可持续发展议程增添新的活力。中巴在地球资源卫星研究和发射领域进行了近 30 年的合作，并开展目前世界上应用最广泛、技术最先进的卫星远程监测项目。通过这一成功案例，巴西和中国有望在不久的将来为基础设施建设南南合作树立更多典范。为了实现包括经济、环境和社会在内的广泛发展目标，巴西在与中国交往时可能需要采取长期、可持续和开放的态度。

第五章

多边发展机制内的合作

虽然长期以来巴西偏安南美一隅、以"潜在大国"著称于世，但巴西精英一直对实现大国梦想孜孜以求，努力在国际事务中获得战略影响力。与国内追求依附式发展、进口替代战略再到地区合作等战略轨迹吻合，巴西在国际舞台上也经历了与盟国共同创建第二次世界大战后世界秩序、在两极格局中寻求战略独立以及在冷战后世界中把握多极化的历史机遇等战略变迁。

巴西对包括中国在内的金砖国家合作的重视反映了 21 世纪以来巴西精英全球战略观的转变，体现了巴西对国际体系力量格局转变的深刻洞察与把握。巴西在金砖国家合作机制的初创阶段发挥了领导作用，并在该机制的演变中持续发挥了重要的促进作用。巴西国内目前正在遭受严重的政治经济困扰，对外战略也在重构，该国对于金砖合作机制的战略投入面临考验。

中巴两国力量成长迅速、双边合作日趋全面、多边合作态势积极，在金砖合作中扮演着重要的角色。中巴两国在金砖国家合作机制、二十国集团和基础四国合作机制等较有代表性的多边机制中开展了广泛的合作。作为正在成长中的、不完全的大国，中巴两国的战略合作不仅有利于实现各自的大国目标，而且有利于推动国际体系的积极变革。

第一节

——

新型全球化是中巴多边合作的重要支撑

新型全球化的实质是对西方化的再平衡，而金砖国家是再平衡的主要力量代表。金砖国家的发展受到以西方发达国家为主要内容的现代化模式的冲击与塑造，在吸收其精髓的同时，也对其做出了反应和重塑。金砖国家的崛起并不是旨在颠覆或改变西方模式，而是对其形成某种软性制衡，最终形成多元共处的格局。那种由强势的西方模式主导的全球化模式将很难延续，新型全球化的过程将是一个力量、价值更为多元的互相建构的进程。

自"9·11"事件爆发以来，全球化逐渐进入一个新的阶段。一方面，以"9·11"事件和全球气候变暖等为代表的全球性问题日益突出，国际社会在定义国家利益方面日趋将事关人类可持续生存与发展的"球权"与传统的国家利益结合起来。面对这些非传统的全球范围内的安全威胁，没有任何国家可以独自应对。另一方面，全球化进程正在变得更加多元，呈现出更加复杂和平衡的发展态势，西方国家的主导能力趋于下降。国际体系内主要力量对比正在发生变化，东升西降、南北互动的格局趋于明显。国际社会的发展模式相互竞争，借助复兴的力量，传统文明正在焕发新的生机。

社会科学很大程度上将全球化界定为西方模式向全球扩散的进程。全球化在相当长的时期内充满了现代化或者西方化的色彩。到了20世纪70年代，关于本土或内生发展模式的思想占领了第三世界各地，以本身既有的和最近重新发现的价值和制度为基础，构建自己的政治、经济和社会组织系统，涌现出东亚或儒家发展模式、南亚发展模式、伊斯兰发展模式、撒哈拉以南非洲的发展模式，可能还有拉丁美洲发展模式等有别于西方的发展模式。[1]值得注意的是，不同模式的生命力和影响力很大程度上需要相应的国家去代表，金砖国家大多恰恰是这些新生模式的代表性力量。

随着金砖国家的崛起，关于具有个性的发展模式与普遍性的发展模式之间的论争再次浮现。中国的发展经验以及金砖合作对全球秩序的可能影响引起国内外的广泛讨论。与此同时，西方传统强国在内部发展上也出现了不少问题。美国国内政治中的极化、党争、民粹主义和政府关门现象在一定程度上暴露了其政治制度的不足。欧盟在应对部分成员国的金融危机、公共卫生危机、难民危机中进一步展现了主权与跨国治理之间的矛盾。金砖国家代表了一批新兴的能够基于本土文化有选择地借用西方传统，进而平衡其影响的新力量，从而对全球化的发展向度产生影响。

基于金砖国家的经济实力和外交活跃度，金砖国家在国际政治安全事务中的影响力越来越多地被国际社会提及。这意味着全球化的依靠力量呈现出日益多元化的迹象。在解决思路方面，全球治理论的研究议程长期被西方强国学术界主导的局面正在被改变，随着非西方国家综合实力和全球联系的逐步提升，国际关系和全球治理学的非西方视角正在勃兴。[2]国际学术界也开始更多地探讨未来世界的多种可能性。全球化在以往主要是经济全球化的代称，新型全球化不仅在经济全球化方面出现新的特征，而且更多地涉及文化和政治的层面，呈现出更趋全面的特征。

---

[1] 参见［美］霍华德·威亚尔达主编：《非西方发展理论——地区模式与全球趋势》，董正华等译，北京：北京大学出版社 2006 年版，第 I 页；李路曲：《东亚模式与价值重构》，北京：人民出版社 2002 年版。

[2] 中国学界关于全球治理中国视角的代表作品有：蔡拓：《全球治理的中国视角与实践》，载《中国社会科学》2004 年第 1 期；庞中英：《全球化、社会变化与中国外交》，载《世界经济与政治》2006 年第 2 期；叶江：《"全球治理"与"建设和谐世界"理念比较研究》，载《上海行政学院学报》2010 年第 2 期；苏长和：《中国与全球治理》，载《国际政治研究》2011 年第 1 期；秦亚青等：《国际体系与中国外交》，北京：世界知识出版社 2009 年版；时殷弘：《全球性挑战与中国》，长沙：湖南人民出版社 2010 年版；杨洁勉等：《体系改组与规范重建：中国参与解决全球性问题对策研究》，上海：上海人民出版社 2012 年版；等等。

全球化上层建筑层次的讨论与变化也开始显现。新兴大国除了努力提升主要国际机制中的话语权或建章立制权之外，还试图在发展模式、理论研究等层面提升在世界政治乃至文明关系中的影响力。国际关系理论本土化的趋势在金砖国家的学术界都有体现，这些国家的学者们试图描绘后西方世界的可能样貌，这反映了新兴大国基于自身实力和地位变化对符合自身理解和需要的理论的渴求。[1]在这种情势下，新型全球化无疑需要超越文明冲突论、大国政治悲观论等重要理论的局限，为构建文明和谐共处、构建新型大国关系提供理论支撑。

如果说新型全球化的主要特征是非西方力量的崛起（部分国家为复兴）、更加自由的经济要素全球流动以及多元文明互动强化，那么以金砖国家为代表的新兴力量无疑是新型全球化中的重要参与者乃至领导者。全球化的新特征对于金砖国家而言是机遇也是挑战。一方面，新型全球化为金砖国家获取更大的国际空间、发挥更大的国际作用提供了历史机遇；另一方面，如何在西方相对衰弱和金砖相对崛起中维持和平的、建设性的国际体系转型又面临重重困难。这对金砖国家抓住全球化新阶段的战略机遇、管控国际体系转型期的风险提出了更高的能力要求。

不同于冷战时期的两极竞争，金砖国家主要是通过参与经济全球化进程崛起的，大国之间的经济和社会联系要比冷战双方的联系密切得多。这种情景甚至使得西方的战略家相信金砖国家不会从根本上挑战令其获益的现存国际体系。因此，金砖国家的崛起在更大的意义上是为与发达国家合作提供了更为对等的条件，而不是为挑战国际秩序提供了更好的条件。2014年金砖国家里约学术论坛为金砖合作确定了五点支柱：促进合作以实现经济增长与发展，保障和平与解决安全问题，关注社会公正、可持续发展与民众福祉，实现经济与政治治理，以及促进知识共享与创新分享。从这些议题来看，金砖合作更多关注的是为自身的可持续发展创造有利的内外环境，而不是挑战现存国际秩序。维持更加自由的经济要素全球流动才

---

[1] Oliver Stuenkel, *Post Western World*，London：Polity Press，2016.

能为金砖国家提供更多的发展资源，金砖国家有望同步参与新一轮技术创新进程。

从综合条件来看，金砖仍是最具发展前景的新兴经济体。金砖国家经济的基本面没有出现严重恶化，外汇储备仍然很充分，通货膨胀处于可控范围，整体失业率保持在较低水平，对外来直接投资仍然颇具吸引力。长期来看，基于金砖自身的经济转型、人口红利和市场规模效应，结合改善的外部经济环境，金砖国家的长期经济前景值得期待。金砖国家的对外经济关系格局正在发生改变，在巩固与传统发达经济体的关系之时，金砖国家大力开拓了与包括成员国在内的广大发展中国家的经济合作，这既有利于世界经济的平衡发展，也有利于增强金砖国家的发展空间和应对外部经济风险的能力。金砖国家日益注重技术创新也为其提升了把握机遇的能力。虽然存在着一定的数字鸿沟，但金砖国家在大数据时代来临之际并未落后太多，中国的一些企业甚至处于领先位置。金砖国家的政府和企业对信息社会蕴藏的机遇有了更加深刻的认识。金砖国家机制已经对网络安全和信息管理表达了关注，连接金砖国家的硬件建设列入议程。

在多元文明互动加速发展的进程中，金砖国家发展模式的合法性有望得到提升。在国家建设上，金砖国家都不否认民主的重要性，但更为重视有效的、稳定的国家制度的建构，特别是突出了福利与社会政策、反腐败对可持续发展的重要性。有学者将冷战后新兴经济体的国家建设战略议程概括为三个方面：有的国家亟须解决国家制度的历史与现实合理性问题；有的国家必须解决国家结构体系的内在一体化问题；有的国家必须解决福利与社会政策问题等。[1]应对极端气候、恐怖主义等新的全球性议题也考验着主要文明的生命力，越来越多的人们意识到金砖国家不能简单复制发达国家的生活方式，双方都需要创造更为生态友好同时保证质量的生活方式。有关文明优劣的论调已有所降低，各国开始更多地把精力集中在国内

---

[1] 林尚立：《现代国家认同建构的政治逻辑》，载《中国社会科学》2013年第8期，第22—46页。

制度改革上面，这为不同文明相互学习交流提供了良好的氛围。

就新型全球化的治理机制而言，有学者指出，全球治理机制变革的核心特征是从"西方治理"向西方与非西方"共同治理"的转变，并以此构成金砖国家整体崛起的历史机遇。[1]在美国权力衰退和重心回归国内的形势下，加之全球性问题和全球治理的兴起，国际体系更加需要依赖多国共治、基于规则的全球治理机制。大国关系进入再平衡期，发达国家在防范金砖崛起的同时，又不得不接纳金砖的发展和国际作用，以防止出现全球混乱。金砖国家迎来在全球治理中发挥更大作用的战略机遇。

在创造机遇的同时，新型全球化也孕育着深刻的挑战，这种挑战是对国家能力、政治制度、经济竞争力、文明水准的全方位挑战。金砖国家多数已经进入中等收入国家水平，面临的共同挑战是如何摆脱中等收入陷阱，其中很重要的因素是能否转化增长动力机制的问题。一些研究指出，在低收入阶段和中低收入阶段，经济增长共同的动力因素是固定资本形成率、人力资本和对外开放度；当经济发展到中高收入阶段以上的时候，上述要素积累对经济增长的推动作用开始下降，经济增长对制度因素和原创技术进步更加敏感。[2]就目前的经济发展战略调整来看，金砖国家仍将很多精力集中在提高对外开放、提升人力资本、提升对基础设施的投入上，在制度层面主要是加强了廉洁政府的建设，巴西、中国和俄罗斯均出现了向高级别官员腐败现象宣战的趋势。就金砖国家的实际情况而言，完善基础设施和提升人力资源质量对于未来的可持续发展仍然非常重要，市场创新机制的完善、依靠制度创新来培育创新能力更趋重要。

金砖国家普遍面临着旧的发展模式转型升级的挑战。尽管金砖国家大多主张以市场导向为主的改革，但均非常强调政府在经济发展中的作用，特别是注重运用国家的力量扶植有国际竞争力的本国企业的成长。这种战

---

[1]　黄仁伟：《全球经济治理机制变革与金砖国家崛起的新机遇》，载《国际关系研究》2013年第1期，第54页。

[2]　张德荣：《"中等收入陷阱"发生机理与中国经济增长的阶段性动力》，载《经济研究》2013年第9期，第17—29页。

略在西方发达国家奉行货币宽松政策、资本充裕的阶段是能够吸引外来投资的。但随着新型全球化阶段发达国家对实体经济和再工业化的重视，加上金砖国家减少对外资政策优惠的力度和劳动力、环境成本的提升，金砖国家对外资的吸引力在下降。外资返回母国或者临近母国消费市场的新兴经济体的现象在增加。金砖国家需要在提升对外开放的水平和质量上进行更加深入的探索，以此增强本国在新型全球化条件下对外资的吸引力，中国（上海）自由贸易试验区的制度创新是这方面努力的一个重要例证。在世界经济复苏乏力的背景下，金砖国家经济出口导向、依赖初级产品、传统产业和能源资源的出口结构暴露出很大的脆弱性。采取结构性改革措施驱动经济增长、释放发展潜力成为金砖国家的共识。

经济全球化的重要载体是跨国公司作用的凸显。在全球化的语境中，企业寻求资源配置的范围是全球性的，国家的比较优势与企业的竞争优势并不完全重合。金砖国家的跨国公司已经部分地成长起来，在海外布局中初见成效。然而，由于部分金砖国家跨国企业的国企背景以及受制于国家间互信程度不高等因素的制约，即便是有竞争能力的民营企业，在进入发达国家市场的过程中也面临着侵害国家安全等指控。根据斯诺登在媒体披露的信息，巴西国有石油公司、华为公司等金砖国家有竞争力的跨国企业总部遭受美国国安系统的监控。在这种情况下，金砖国家的跨国企业在新兴经济体和发展中地区的存在相对容易，而进入发达国家的市场则要求金砖国家参与新一轮的国际贸易与投资谈判，其实质是通过进一步开放国内市场，换取发达国家对金砖国家敞开大门。

金砖国家参与全球治理的一个重要层面是加强内部的机制性合作。全球化从来都是快速推进的，金砖国家在整体上难以参与新一代贸易和投资规则谈判，但应加强金砖国家之间的经济合作和规则制定。考虑到金砖国家尚无自由贸易协定的现状，金砖国家提升相互的经济合作水平对于提升该机制在全球治理中的地位至关重要。当前金砖国家之间的合作项目主要是基于各自比较优势的互补性，围绕初级产品、原材料、能源资源和基础设施的大项目合作比较突出。然而，仅仅着眼于这种互补性无疑是短视的，也是缺乏可持续性的。提升金砖国家经济合作的水平需要认真审视金砖国家的产业，实际上过于突出金砖国家某一方面的比较优势说流于简单，忽视了金砖国家在先进制造业、通信、航天等领域的合作成绩与前景。实际上，巴西在支线飞机、热带农业、生物制药，俄罗斯在军工产业，印度在医药、服务业以及南非在金融服务业等方面都有着较强的国际竞争力，中国申报专利的数量也已经位居世界前列。基于这些被忽视的比较优势，金砖国家相互之间有望更好地合作。随着金砖国家之间贸易和投资便利化程度日益提升，这些经济合作的潜力将会得到逐步释放。金砖国家各部委在不同领域的合作也有望深化跨国行政合作，从而更好地将金砖内部活力与相互合作结合起来。

在塑造文明和谐共处方面，金砖国家可以加强文化"走出去"战略，积极推动文化公共外交，提升金砖国家的软实力。金砖国家目前的国际影响力主要基于经济和安全层面的硬性影响力，相对欠缺长期而言更为重要的基于战略信任和共享价值的外部环境。金砖国家深度参与全球化要求更多的金砖行为体走向世界，与之相对应，需要更好的公共外交去影响乃至塑造其他国家公众对金砖国家政策意图的理解。在对重要国际议题和时事的解读上，西方发达国家仍然占据着优势地位，金砖国家媒体亟须借助自身改革和国家支持提升其国际存在。巴西全球新闻、新华社、今日俄罗斯等已经展现出相当的实力，金砖国家媒体的国际化有助于打破发达国家对话语权的垄断。新型全球化的实质是分解西方化的主流范式，孕育出多元文明平等互动的新格局。高质量的公共外交有助于非西方世界的政治觉醒和对全球性议题的再设计。

金砖国家是多元文明国家的代表，增进成员间的和谐共处与相互信任对于建设理想的文明关系具有示范意义。金砖国家有着悠久的历史文化和传统思想精华，这些因素如何与全球化的世界相结合，产生对解决当代世界重要议题的新启示需要转化和创新。金砖国家树立健康的大国心态很关键，需要摆脱受害者心态、边缘者心态以及更久远的帝国心态，发展出更具国际、前瞻和担当特质的大国心态。在新型全球化的进程中，向传统寻求智慧依然重要，但更重要的是做好当代转化工作，根据变化了的条件注入时代精神内涵。以东亚为例，中日两强和美国介入是历史上不曾有过的因素，处理地区国家间关系需要创新思路，在这方面借鉴欧洲国家甚至巴西处理邻国关系的经验可能更有针对性。金砖国家相距遥远、文化各异，成员国国民对彼此所知甚少、交往的社会基础比较薄弱，加强金砖国家之间社会、文化交往在近期显得更为迫切。在谋求共同崛起、参与全球治理的过程中，金砖国家需要集体应对发达国家，然而更重要的或许是构筑基于想象的共同体的金砖身份。

金砖国家合作机制诞生于美欧发生国际金融危机的时代背景之中。2008 年全球金融危机对美国的影响加速了金砖国家的建立，并确定了金砖国家合作的核心议程，即扩大对国际金融治理的发言权。金砖国家新开发银行和《应急储备安排》作为主要制度化成果，反映了金砖国家合作的初衷。总体而言，金砖国家在成立阶段没有过多关注双边关系，更注重作为新兴经济体或新兴大国的共同身份。它们在国际体系中取得更大影响力的共同目标使这些国家走到了一起。建立良好的双边关系并不是启动集团的动机，但它可能是金砖国家合作的可喜副产品。

自 2009 年以来，金砖国家的国家安全顾问（即安全问题高级代表）几乎每年都要开会，这代表着一个超越金融事务的扩大议程。他们的会议主要讨论国际社会在各地区的安全问题，而不是成员国的双边安全问题。最常见的安全主题是打击恐怖主义、保护网络安全、能源安全等。金砖国家尚未就其成员国的双边关系进行调解。这并不意味着金砖国家没有增强成员国的双边信任，也没有鼓励个别成员为金砖国家的发展做出贡献。巴西和中国确实为金砖国家的合作做出了贡献，共同发起金砖国家新开发银行并邀请南非参加。巴西在厦门金砖峰会上也支持中国发起的"金砖＋"倡议。

在新冠病毒疫情大流行的背景下，金砖国家合作机制成为全球卫生治理的重要多边平台。根据金砖国家新开发银行的官方网站，该银行分别批准向印度、巴西和南非提供 10 亿美元的新冠病毒疫情紧急方案贷款，以解决它们的紧急卫生需求，并帮助减轻社会经济对最脆弱人口的影响。巴西和印度分别从金砖国家新开发银行获得 10 亿美元贷款，用于协助其经济复苏。金砖国家科学、技术和创新框架方案呼吁在应对新冠病毒疫情方面进行合作。金砖国家加强在应对大流行相关问题和大流行后复苏方面的合作，这使金砖国家在全球治理体系中更具相关性，金砖国家合作机制提高了其作为应对全球挑战的新多边平台的声誉。作为国际发展合作的主要力量，金砖国家新开发银行分别在美洲和非洲建立了两个区域中心。金砖国家新开发银行也在讨论扩大成员数目的问题，并优先考虑来自新兴经济体的候选人。除了以前对基础设施和可持续发展项目的关注外，新的公共卫生合作使金砖国家新开发银行今后对发展中国家更具吸引力。在新冠病毒疫情的背景下，金砖国家向来自发展中世界的最脆弱社区伸出援助之手是一个重要时刻。巴西和中国在开发灭活疫苗 CoronaVac 方面进行了可贵的合作，该疫苗是由巴西布坦坦研究所和中国一家私营公司北京科兴生物制品有限公司联合开发的。

第二节

巴西在金砖国家合作中的角色与利益诉求

在通常的国际经济评论中，巴西被定位为金砖国家中以铁矿石和大豆为代表的原材料出口国，并以此作为巴西主要的国际比较优势。然而，这并不是对巴西经济准确和全面的解读。巴西的经济实力体现在国民收入水平、工业实力水平、产业结构多元化和深入参加全球化等诸多方面。即便经历了近年来的低速增长乃至衰退，巴西仍属于中高等收入国家。[1]根据

---

[1]　世界银行集团巴西的国别数据，http://www.worldbank.org/en/country/brazil。

美国中央情报局的数据，巴西消费结构中家庭消费占 63.2%，政府消费占 20.7%，固定资本投资率 17.6%，产业结构中服务业占比 71.9%、工业占比 22.2%、农业占比 5.9%，工业品产出以支线飞机和汽车为主。[1]巴西经济是偏重内需和消费为主的模式，这是我们理解巴西国际经济影响的重要依据。巴西在与拉美地区为代表的发展中国家市场和美欧为代表的发达市场的贸易中，工业制成品占据较高的比重。巴西的对外经济关系分布较为均衡，在保持与欧美传统的经济纽带基础上，21 世纪以来重点拓展了与亚洲、非洲和中东的经济联系。

巴西已成长为国际体系中具有系统重要性的国家，日趋习惯用全球性眼光看待和参与重要的国际议题，其重要新兴经济体地位和金砖国家成员身份较少存在争议。通过 21 世纪以来较为积极、稳健和进取的国内外政策，伴随经济实力的成长，巴西不仅仅是一个地区性大国，也是一个正在崛起的全球性大国。连续获得 2014 年足球世界杯和 2016 年奥运会的主办权是巴西国际地位提高的重要象征。巴西在二十国集团、世界贸易组织、可持续发展、气候变化谈判、互联网治理和联合国维和任务中都扮演着重要角色，以布鲁金斯学会为代表的美国主要智库均将巴西作为重要的新兴大国来研究。

从金砖国家合作机制酝酿建立以来，巴西一直是该机制的积极支持者。这种积极支持的态度背后的利益诉求是成员资格对巴西国际地位的提升。[2]在巴西外交精英看来，金砖国家合作机制是新兴的重要全球性倡议和多边主义的新发展，巴西身处其中可以凸显本国的新兴大国身份，同时获得参与国际政治经济治理的重要平台，帮助巴西实现加入联合国安理会常任理事国的目标。[3]尽管巴西国内也有亲西方势力对金砖国家合作的前

[1] 美国中央情报局的巴西数据，https://www.cia.gov/library/publications/the-world-factbook/geos/br.html。

[2] ［巴西］奥利弗·施廷克尔：《金砖国家与全球秩序的未来》，钱亚平译，上海：上海人民出版社 2017 年版，第 43 页。

[3] Jose Vicente de Sa Pimentel, *Brazil*, *BRICS and the International Agenda*, Fundacao Alexandre de Gusmao，2013.

景不太乐观，但巴西总体上维持了积极参与金砖国家合作的态势。巴西对金砖国家机制化的有力支持是巴西参与国际力量重组的重要例证。[1]金砖国家的机制性合作成为巴西追求大国外交的重要支撑因素。

巴西主要从发展机遇和全球经济治理平台的角度看待金砖国家合作机制的重要性。首先，巴西重视金砖伙伴特别是中国和印度作为全球主要新兴经济体带来的发展机遇。对华经贸关系的快速发展令巴西受益匪浅，巴西期待与印度等金砖伙伴的经济合作也能获得较快提升。其次，随着巴西越来越多部门的参与，巴西对金砖合作的期待也在上升。巴西的期待主要集中在发展领域，特别是与可持续发展相关的卫生医疗、教育、创新等部门，当然基础设施建设也是一个优先关注的领域。最后，巴西重视金砖国家机制在全球经济事务中的话语权和相应的大国地位。在巴西学者看来，金砖国家合作机制可以帮助巴西等发展中国家不受霸权国家强加条件的制约而制定本国的战略。[2]金砖国家合作机制也可以帮助成员国在世界投射它们的权力。[3]虽然巴西并没有放弃印度巴西南非（IBSA）对话论坛，但IBSA对话论坛更具意识形态和价值观上的价值，难以体现出金砖国家合作机制的综合性、战略性和全球影响力。对于金砖国家合作的总体成效，巴西战略界认为金砖国家合作机制帮助成员国加强了联系，但进展是渐进、较为缓慢的，金砖国家新开发银行未来需要增加全球存在感。[4]

巴西已经成功举办了三届金砖国家峰会，在金砖合作的初创和巩固阶段发挥了重要和独特的作用，是金砖国家合作机制的重要领导力量。以金砖国家新开发银行和金砖应急储备安排为代表性成果的金砖国家巴西福塔

［1］ Celso Amorim, "Brazilian Foreign Policy under President Lula（2003—2010）：An Overview", *Revista Brasileira de Politica Internacional*, No.53, Vol.SE, 2010, pp.214—240.

［2］ 参见 Marcos Cordeiro Pires, Hermes Moreira Junior：《金砖国家合作框架下的中国与巴西多边合作》，载刘国枝主编：《巴西发展报告（2016）》，北京：社会科学文献出版社 2017 年版，第 280—293 页。

［3］ Oliver Stuenkel, *Post Western World*, London：Polity Press, 2017, p.203.

［4］ See Marcos Caramuru de Paiva, *Brazil-China the State of the Relationship*, CEBRI, October, 2019.

莱萨峰会成果显示出金砖国家的合作渐入佳境。2019 年金砖国家巴西峰会进一步推动金砖国家新开发银行美洲办公室落户圣保罗，凸显了巴西的地区枢纽优势。巴西近年来面临经济减速和政治动荡的风险，外交战略和对外经济合作战略出现新的动向，这一度为其深入和持续参与金砖国家合作的前景蒙上了阴影，但它仍不失为金砖合作中的重要领导力量之一。本部分从巴西在金砖国家合作机制中的战略位置、利益诉求、策略选择和影响力展望等角度分析巴西参与金砖国家合作机制的战略。

巴西持续推动金砖国家合作机制对其追求联合国安理会常任理事国席位努力的支持。第六届金砖国家峰会重申了对巴西等国在联合国发挥更大作用的支持，但巴西等国谋求安理会常任理事国席位的努力还没有得到金砖国家合作机制的明确支持。巴西是联合国创始会员国，1944 年，时任美国总统罗斯福曾建议巴西获得安理会席位，但该动议遭到俄罗斯和英国的反对。巴西卡多佐政府曾短暂地将"增常"作为巴西的外交政策优先，巴西于 2004 年加入由巴西、德国、日本和印度组成的"增常"四国集团，并坚持至今。可见，巴西"增常"的战略设想将会继续，同时坚持多轨并进，在坚持四国集团战略的同时，不放弃通过金砖国家合作机制谋求中俄的支持，期望更加明确地在金砖国家内部形成对巴西担任联合国安理会常任理事国的共识。

巴西有选择地性地支持金砖合作机制在国际政治安全议题上的合作。2010 年，巴西就伊朗核问题与土耳其的联合倡议遭到联合国安理会常任理事国的反对，这是巴西在国际安全努力上的一次重挫。这一挫折促使巴西对国际安全合作采取一种有选择的、实用主义的态度。巴西在乌克兰危机中与金砖国家保持了立场协调，在联合国大会的相关决议案上投票立场较为温和，总体上致力于推动有关各方寻求和平解决乌克兰危机的思路。与中国、印度和俄罗斯的安全处境不同，巴西比较好地处理了与周边众多邻国的关系，而且没有重大的外部安全威胁。这种地缘战略环境使巴西在国际安全问题上相对超脱，不愿在国际安全争端解决中持明确和强硬的立场。在涉及巴西战略安全的互联网议题上，巴西因罗塞夫总统遭遇美国国家安全局通信监控事件而表现积极，推动第六次金砖国家领导人会晤成果福塔莱萨宣言写入确保和平、安全和开放的网络空间，强烈谴责在全球范围内实施的大规模电子监控和个人数据搜集行为，以及侵犯国家主权和人权，特别是隐私权的行径的共同立场等内容。

中国与巴西关于联合国安理会改革的明确论述主要体现在金砖国家合作机制的峰会宣言之中，且这种共识在 2020 年俄罗斯金砖国家峰会宣言中更为弱化，由之前的"中国和俄罗斯重申巴西、印度和南非在国际事务中的地位和作用，支持其希望在联合国发挥更大作用的愿望"改为"致力于为联合国安理会改革相关讨论注入新活力"。对于困扰合作深化和损害政治互信的联合国安理会"增常"议程，金砖国家应通过创新思路发展出过渡性的制度设计，就联合国安理会改革增进对话，在拥有共同利益的领域继续开展合作。[1]

巴西对金砖国家的机制性合作基本满意，特别是金砖合作聚焦经济和金融领域，这是巴西希望发挥作用的领域。通过金砖国家合作机制，巴西提升了在世界银行等国际金融机制中的股权；参与创建了金砖国家新开发银行，并且使后者优先支持基础设施和可持续发展等符合巴西发展理念的项目；创建了具有金融保护网作用的紧急储备安排。巴西对金砖国家合作的机制也有更多的期待，比如在美国发起全球贸易战和注重双边经贸关系的背景下，金砖国家能够更有力地支持以世界贸易组织为代表的多边贸易谈判进程，为巴西农产品进入全球市场创造更加有利的条件；能够借助金砖国家新开发银行美洲地区办公室的设立，帮助巴西在面临智利强势竞争的情形下巩固地区金融中心的地位。尽管巴西在 2018 年时拥有高达 3 800 亿美元的外汇储备，不存在系统性的国际支付压力，但巴西当年也面临较大的汇率贬值压力，财政状况因养老金改革停滞而前景堪忧，巴西政府特别期待金砖伙伴国特别是中国加大对巴西经济的投资力度，这也是巴西维

---

[1] 参见朱天祥、谢乐天：《金砖国家政治安全合作的内涵与挑战》，载《拉丁美洲研究》2020 年第 6 期，第 32—47 页。

持与金砖伙伴合作优先的重要原因。

巴西虽然在谋求加入经合组织，但特别强调目的是借此改善巴西国内的营商环境，而不是看衰金砖国家合作与发展的前景。金砖国家合作机制已经成为巴西政府为数不多的能够在其中担任重要角色的多边外交平台。金砖国家合作机制是巴西维持与中国、俄罗斯和印度等新兴大国和市场关系的战略性渠道，因此是巴西的一种战略性外交资产。在巴西瓦加斯基金会的专家看来，通过参与金砖国家合作，巴西可以保持全球性外交存在，并适应一个更加亚洲中心化的世界，具体的好处包括与新德里和北京政治领导层的年度性、机制性接触，巴西得以加入亚投行和金砖国家领导的金砖国家新开发银行。[1]巴西希望金砖国家之间的经贸壁垒、官僚手续和投资壁垒能够降低，从而令巴西从金砖伙伴处获得更多的贸易和投资机会，帮助巴西经济实现更稳定的复苏。

从巴西在联合国"增常"上采取的战略，以及推动南共市与欧盟的贸易协定来看，巴西尽管非常重视金砖国家合作机制，但也在竭力避免把金砖国家合作机制作为外交政策的主轴，以维持巴西作为大国的外交战略的多元性与自主性。这种对多元性的追求贯彻始终，无论是中左翼执政的劳工党政府，还是其后的中右翼执政均奉行此战略。[2]从战略选择方式来看，尽管巴西也会提及多极化和新国际秩序等话语，但巴西更加强调金砖合作对现存国际机制的补充与合作的战略定位，而不是与现存体系的挑战或者冲突。

巴西的金砖战略支持总体上对金砖国家合作起到了非常正面和积极的促进作用。特梅尔政府曾强调寻求发展是把金砖国家团结在一起的要素。[3]

[1] Oliver Stuenkel, "Why Brazil Shouldn't Turn Its Back on the BRICS," *Americas Quarterly*, June 28, 2016.
[2] 特梅尔政府和博索纳罗政府更侧重追求巴西加入经合组织，但同时也保留了巴西对金砖合作机制重要性的认知。
[3] 参见米歇尔·特梅尔：《在金砖国家与新兴经济体和发展中国家领导人对话会上的演说》，2017年9月5日，http://www2.planalto.gov.br/acompanhe-planalto/discursos/discursos-do-presidente-da-republica/discurso-do-presidente-da-republica-michel-temer-durante-dialogo-dos-chefes-de-estado-e-de-governo-do-brics-e-das-economias-emergentes-e-paises-em-desenvolvimento-xiamen-china。

金砖国家领导人第二届峰会由巴西举办，既反映了卢拉总统在金砖机制创建中的杰出贡献，也对金砖国家峰会的连续举办起到巩固作用。在国际安全形势动荡、金砖国家经济减速的不利形势下，罗塞夫政府主办的第六届金砖国家领导人峰会起到了促进团结、提振信心和巩固合作的积极效果。在这届峰会上，巴西还协助中国在巴西利亚举办了中国—拉美和加勒比国家领导人会晤。罗塞夫总统积极推动中拉关系的深化表明了两国并没有如一些评论所称的争夺在拉美的影响力，中巴战略互信也为两国在金砖国家合作中发挥积极作用提供了有利条件。在全球化遭遇深度反弹，美欧民粹主义抬头，巴西也迎来民粹主义色彩强烈的博索纳罗之际，外界一度担心巴西会退出金砖国家合作机制，然而第十一届金砖国家峰会在巴西顺利召开，它为金砖国家合作机制迈入第二个十年的前景注入了信心。

巴西的多元国际身份有利于维持金砖国家合作机制与西方国家领导的国际机制之间的建设性互动。巴西兼具西方国家与南方国家的双重身份，同时拥有发挥大国作用的意愿与实力，这使得该国成为欧美与金砖国家都极力争取的合作对象。符合巴西战略利益的最佳选择就是与双方搞好关系。巴西坚持金砖国家新开发银行和应急储备安排对布雷顿森林体系的补充性，这种战略态度实际上是巴西与欧美密切的社会与经济联系的自然反映。从国际体系转型需要既有大国与新兴大国合作推动的角度看，巴西强调合作的国际战略从长远来说有利于保持国际体系转型的和平性与建设性。

巴西内部对金砖国家合作的不同看法可能会对金砖国家合作产生消极影响，对此态势应积极加以应对。巴西一部分战略界人士对于近几年金砖国家经济减速、金砖国家在政治安全上的观点分歧存在担忧。这促使巴西在金砖国家合作中更为关注经济层面的内容，从而有可能降低金砖国家合作的全面性和影响力。近年来中国、印度出现经济减速，巴西随之加快推动其所在的南共市与欧盟的贸易协定谈判进程，从而降低对金砖国家经济合作的依赖度。此外，金砖国家内部的相互贸易和投资不足、贸易结构初级产品化、附加值不高是巴西对金砖国家合作的另一个重要关切。中印近年来围绕边界争端矛盾对抗升级屡有发生，也引发了巴西关心金砖国家合作前景人士的担忧。鉴于巴西内部的这些分歧与关切，金砖合作伙伴需要更好地照顾巴西的合理关切和利益，进而巩固巴西对金砖国家合作进程的支持。

第三节

———

中巴在金砖国家合作机制内的战略互动

在金砖国家合作机制中，中国与巴西的关系具有一定的特殊性。与印度、俄罗斯不同，中巴两国没有很强的地缘竞争因素，也不存在历史遗留的领土纠葛。虽然政治制度、文化观念和发展模式都不尽相同，但中巴两国的战略伙伴关系不断发展，两国已然发展出相互尊重、平等互利且较具战略性的新型国际关系。自 1993 年建立战略伙伴关系以来，中巴两国关系在各自实力增长和活跃外交的支持下，表现出较高的战略契合度、有力的机制支撑和丰富的全球性内涵，成为南南合作的典型，代表了冷战后大国关系的发展趋势，成为建设高水平金砖国家间关系的典范。与此同时，中巴关系深入发展进程中出现的一些挑战，不仅在两国关系深化中需要予以应对，而且对促进金砖国家整体合作也具有重要启示。

中国和巴西作为两个重要的新兴发展中国家，在从联合国到金砖国家机制等多边框架内开展了广泛的合作。[1]中国和巴西对国际货币体系中美元霸权的关注是促成金砖国家合作的重要背景。[2]面对国际社会的期待和本国海外利益的拓展，多边性或全球性议题成为中巴两国在金砖国家合作机制内重要的互动内容。2013 年金砖国家峰会期间，巴西总统罗塞夫表示

---

[1] 金彪：《浅析中国和巴西多边框架内的合作》，载《拉丁美洲研究》2012 年第 2 期，第 47—52 页。

[2] Riordan Roett, *The New Brazil*, Washington D.C.: Brookings Institution Press, 2010, pp.1—17.

巴西支持成立拉中合作论坛，这是中方自 2012 年 6 月倡议成立该论坛以来取得的最重要进展。2014 年巴西主办金砖国家峰会期间，罗塞夫总统亲自参与了习近平主席与部分拉美国家领导人在巴西利亚举行的中拉领导人峰会。

作为最具影响力的新兴经济体，中巴两国通过金砖国家合作机制和二十国集团等多边机制，就主要国际金融机制改革、合作应对全球金融危机以及推动联合国千年发展目标等议题保持了战略协作。中巴战略合作的成果正在外溢至各自所在地区之外的区域，并借助金砖国家峰会等多边机制平台提供国际公共产品，中巴战略合作的全球性内涵初步显现。2013 年第五次金砖国家峰会把非洲议题作为主题，不仅体现了金砖国家集体对非洲地区重视程度的提高，也为中巴两国提供了一个协调对非政策的多边机制平台。

随着两国在金砖国家合作机制内合作的日趋深入，一些既有问题也开始显现。巴西 10 余年来外交战略的核心目标是提升其国际地位和成为世界大国，参与金砖国家合作机制也服务于这一战略目标。中国对巴西"入常"的态度面临更加明确的压力。俄罗斯政府早在 2002 年就已经对巴西"入常"表达了支持立场，中国成为金砖国家合作机制中对巴西"入常"态度不明确的唯一成员。巴西战略界对中国 2005 年因"四国提案"包括日本而强烈反对安理会进行改革感到沮丧，因为巴西在 2004 年为争取中国对其"入常"支持而启动了承认中国市场经济地位的进程。[1]2010 年巴西和土耳其为避免伊朗遭受安理会制裁提出一项解决倡议，但中国和美国坚持在安理会投票支持制裁伊朗的决议，没有采纳巴西的提议。随着欧盟与美国在政策层面提升巴西在其对外战略中的重要度，在一直未能得到中国在巴西"入常"等问题上的支持后，中巴战略互信的基础可能会因此遭到削弱。

在一些学者看来，金砖成员中的巴西和印度具有比较强烈的"身份渴

---

[1] Carlos Pereira and Joao Augusto de Castro Neves, "Brazil and China: South-South Partnership or North-South Competition?" in *Policy Paper*, No.26, March, 2011, Foreign Policy at Brookings.

望"，但与其实力有较大差距，而中国对于二十国集团等非正式的集团机制相对理性和冷静。[1]这些观察试图表达如下观点，即中国在依靠金砖国家合作机制等平台来提升本国国际地位方面不如巴西等国迫切，巴西在评价金砖国家合作机制中中国的作用时有时也持类似看法。巴西前外长阿莫林曾对金砖国家合作机制创建之初的中巴协作略表失望，他曾撰文指出巴西与俄罗斯的积极态度是促使金砖国家合作机制提上议事日程的关键，因为"中国的态度较为保守"，"如果当时存在互动的话，也仅限于我与俄罗斯外长谢尔盖·拉夫罗夫两人之间"。[2]金砖国家首轮峰会的前两次分别由俄罗斯和巴西承办，这也从侧面反映出俄巴两国在金砖国家合作机制创建之初发挥的引领作用。巴西学术界也很关注中巴两国在对方重大关切问题上的不对等态度，对两国在国际事务中开展战略协调的有效性存疑，并倾向于强调两国在战略合作中的相对获益问题，担忧产生和加剧巴西对中国的单方面、不对称依赖。[3]客观而言，巴西与中国发展战略合作，固然有谋求经济利益的考虑，但更重要的是谋求在战略上相互借重。

博索纳罗政府上台后，巴西再度迎来主办金砖国家峰会的机会。经过一段时间的犹豫后，博索纳罗政府还是决定继续支持金砖国家合作机制。彼时，博索纳罗及其外长阿劳若主要的外交议程是推动巴西加入经合组织，对南南合作态度比较消极，并把金砖国家机制视为南南合作的一部分，这导致巴西未将金砖国家峰会列入优先议程。然而，博索纳罗及阿劳若的疏华言论和盲目亲美在国内引发反弹，于是他们不得不在亲美立场上有所调整，并正视金砖国家合作机制对巴西的重要性。

国内的反弹主要来自巴西军方、农业部和外交部内的建制派。巴西军方不希望向美国过度让步，农业部担心对华偏激立场会损害该国农业部门

---

[1] 洪邮生、方晴：《全球经济治理力量中心的转移：G20 与大国的战略》，载《现代国际关系》2012 年第 3 期，第 43—44 页。

[2] Celso Amorim, "Ser Radical e Tomar as Coisas", em *Carta Capital*, Abril de 2011. http://www.cartacapital.com.br/economia/ser-radical-e-tomar-as-coisas/，转引自周志伟：《当前巴西与俄罗斯的关系：内涵及问题》，载《拉丁美洲研究》2013 年第 1 期，第 48 页。

[3] 周志伟：《巴西崛起与世界格局》，北京：社会科学文献出版社 2012 年版，第 263—264 页。

对华出口（2019 年 3 月，国会农业阵线在农业利益集团的施压下，要求外长阿劳若到国会澄清其对华偏激言论），外交部的建制派虽然不反对亲美带来的外交关系多元化，但反对用宗教、意识形态等价值观因素绑架巴西外交，从而令巴西外交丧失务实性和灵活性。在这种压力下，巴西政府对华的战略选项调整为：不损害对华纽带，但尽可能地在所有出口伙伴中寻求出口市场多元化。

除了博索纳罗政府担心巴西过度依赖中国之外，妨碍金砖国家开展深入合作的另一个因素是委内瑞拉危机。中俄印均是委内瑞拉重要的经贸伙伴，南非在联合国也追随中俄立场，这使得巴西在金砖国家合作机制内因委内瑞拉问题显得比较孤立。尽管如此，巴西前外长阿劳若也试图在金砖国家合作机制内说服其他国家支持巴西对委内瑞拉危机的立场，并以此增进美国对巴西重要性的评估。也就是说，巴西可能会损害金砖国家不涉及敏感政治议题的务实传统，在务实合作之余希望增加价值观外交的内容，巴西的这一尝试最终未能打破金砖国家合作机制更注重务实合作的偏好。

第四节

中巴协作助力金砖国家合作前景

中巴关系是金砖国家合作机制中一对比较独特和具有代表性的关系，两国的经济实力最为接近、地缘政治矛盾最小、经济关系最为密切。在金砖国家的机制性合作日趋深化和中国日趋重视金砖国家合作机制作用的形势下，中巴两国对金砖国家合作机制战略重要性的认知正趋于同步优化的状态。处理好中巴关系，对于处理金砖国家合作机制内的成员关系和促进金砖国家合作深化具有示范作用和重要意义。综合中巴战略协调的主要进展和挑战来看，搞好中巴关系对深化金砖国家合作的健康发展很有必要。

第一，中巴两国可以引导其他金砖国家从推动国际体系转型和完善全球治理机制的战略高度，从积极与互补的角度看待彼此在国际地位、经济结构、政治制度和价值观等方面的差异性。中国高度重视金砖国家合作机制在中国多边外交和国际体系转型中的重要作用。金砖国家合作机制的战略重要性要求中国切实地从战略高度来看待金砖国家的大国追求，防止出现在金砖国家中按影响力大小区别对待的错误倾向，本着求同存异的精神，最大限度地凝聚金砖国家的合力，推动金砖国家合作机制在多边舞台上发挥更大作用。

金砖国家的差异性显示出各国的战略禀赋不同，这既可以成为金砖国家合作的战略资源，也可以成为金砖国家合作的战略障碍，差异性导致何种效应取决于金砖国家的战略选择。不同政体类型不应成为金砖国家技术性合作的障碍。[1]如果选择战略合作的视角，那么金砖国家合作就会创造出不同政治制度、文明和意识形态的国家之间和谐相处的新型国家关系。相反，如果战略合作的意愿和基础不够坚实，金砖国家就会人为地、自私地利用这种差异性，进而导致它们在贸易、人权、气候变化与核不扩散等议题上的合作难度上升。金砖国家之间的实力差距需要客观看待，不能在合作中过于关注相对获益而忽视绝对获益。过于关注相对获益，就会在合作中盲目要求形式平等，导致合作按照实力最小者的能力标准展开，从而降低了合作的整体影响力。金砖国家新开发银行遵循相同出资额的原则，这降低了银行从经济实力更强的成员处获取更多资金支持的空间。金砖国家需要从战略合作的高度推动新开发银行更好地发挥成员国的积极性和能力，同时向更多志同道合且具有实力的新成员开放。只有从积极、互补、共进的思路出发，两国才能更好地处理中巴关系中的挑战，也才能更好地引领金砖国家合作机制走向深入。

第二，中巴两国需提升可持续发展在国家间关系中的重要性，加强金

---

[1]　[巴西]奥利弗·施廷克尔：《金砖国家与全球秩序的未来》，钱亚平译，上海：上海人民出版社 2017 年版，第 108 页。

砖国家合作的经济基础和社会基础。巴西关于发展对华经济合作中存在的去工业化担忧也是其他金砖成员国关注的问题。对此，中巴两国应加强交流，合理探讨出路，并防止其影响两国乃至金砖国家的经济合作。中国既要说明这是全球化深入发展条件下制造业重心向中国转移的客观结果，这种情况将随着中国劳动力成本上升等因素有所缓解，同时也有必要切实、正面地对金砖国家的这种关切进行回应。中巴经济合作目前已经做了一些比较有益的探索，比如强调发展贸易与开展投资不可偏废，投资的领域从矿产、能源向基础设施、技术和资金密集型产业扩散，以及开展高科技项目合作研发，等等。作为世界第二大经济体，中国已经开始大规模地向巴西、印度和俄罗斯等金砖成员国开展投资，下一步中国如何向金砖国家进一步开放国内消费市场与投资机会也是一个值得思索的战略性课题。

相对中国而言，巴西和南非等金砖国家是比较典型的移民国家，其移民大多来自本国所在地区或者欧美等发达国家，其高校、科研院所与发达国家同行的联系非常密切，有力推动了这些国家与欧美国家发展战略合作的社会基础。巴西学术界对中巴合作的关注度不如对该国与欧洲、美国合作的关注度高，或者对中巴两国合作的分歧与消极影响关注较多，这具有相当的警示意义。巴西和中国国内专门从事对方国家研究的机构数量近年来有所发展，但与美国大学和智库数目众多的巴西研究中心相比差距较大，也远远落后于中巴战略伙伴关系日趋深化的现实进程。中巴两国可主动加强投入，大力提高本国高校的国际化水平，以吸纳更多金砖国家的科研人员和留学生前来工作与学习，在金砖合作机制内加强成员国的人文合作工作。

第三，中巴两国需从国际合作的角度把金砖国家建设成开放、合作与进步的新型国际力量。中国与巴西的崛起都是在深入参与全球化和国际合作的进程中实现的，两国的战略合作也不是针对第三方的冲突战略，而是为了谋求更加深入和平等地参与全球化与国际合作，并将合作成果外溢到相关地区和国家。中国和巴西均与发达国家保持了紧密的经济联系和政治上的战略互动，双方的关系并非冷战式的冲突或者争夺霸权的权力转移模式。这表明金砖国家合作要奉行开放、合作与进步的精神。缺乏这种精神，金砖国家与发达国家之间的竞争就容易成为恶性竞争，八国集团和发展中五国的不平等对话模式难以升级为二十国集团，金砖国家合作机制本身也缺乏单独推动国际体系转型的能力。

新一代国际经贸协定带来的更深层次的挑战是塑造未来国际经济规则的竞争。美欧民粹主义的兴起进一步打击了世界经济的规则效力和可预见性。面对此类挑战，金砖国家首先应该在成员国之间推动贸易和投资的便利化，降低成员之间存在的贸易保护主义和投资壁垒，为将来在更高层次上的国际经济合作预做准备。作为各自所在地区的主要政治和经济力量，中巴两国应该协助推动金砖国家合作机制加强与各地区的经济合作。南非的第五次金砖国家峰会把金砖合作与非洲发展联系起来是一次有益的努力，厦门峰会的"金砖＋"倡议也展示了金砖国家合作机制的开放性，这些都体现了金砖国家合作机制在提供国际公共产品方面的意愿与能力，有利于把金砖国家塑造为开放、合作与进步的新兴国际力量。中巴战略协调的经验启示我们，金砖国家合作的全球性内涵并不会自然而然的产生，它是一个需要随着合作深入而不断进行战略调整和构筑战略共识的开放过程，而中巴两国也有能力在其中发挥更加重要的作用。

第六章

中巴安全合作

中拉安全合作具有起步晚、互动水平和质量与其他领域差距大、偏重非传统安全等特点，同时拉美在中国的外部安全结构中占据特殊地位。[1]国外学者也认同这一观点，同时预测中拉军事互动可能在未来得到加强。[2]鉴于巴西寻求承担更大国际安全责任的雄心、地区影响力和安全禀赋，中巴未来在安全领域的合作有望呈现加速发展的态势。

第一节

————

联合国体系的制度优化

巴西对该国在联合国安理会"入常"的思路、逻辑有较为清晰的认知。

---

[1] 参见吴白乙等：《转型中的机遇：中拉合作前景的多视角分析》，北京：经济管理出版社 2013年版；崔守军、刘祚黎：《中拉军事交流的现状、特征与影响》，载《拉丁美洲研究》 2018年第6期，第96—108页。

[2] Cynthia Watson, "China's Use of the Military Instrument in Latin America: Not Yet the Biggest Stick", *Journal of International Affairs*, Vol.66, No.2, 2013, pp.101—111.

巴西一贯重视在国际多边框架内实现本国的崛起和发挥大国作用。即便是面临内忧外困的特梅尔政府，也努力在困境中借助国际影响来提升该政权在国内的合法性。特梅尔在饱受国内政治困扰之际，没有缺席二十国集团在中国和德国举行的峰会，也没有缺席金砖国家峰会，充分反映出该国对国际影响力的重视。另外，特梅尔政府还在努力改善与拉美太平洋联盟组织的关系，努力争取加入经合组织，这些努力证明特梅尔政府领导下的巴西并未因国内优先议程而放弃追求国际影响力。他的继任者博索纳罗也高度重视联合国大会、达沃斯经济论坛、金砖国家峰会等多边平台的作用。

巴西政府对于联合国安理会的认识在巴西外交圈有很强的共识基础，对安理会的决策功能和安全定位予以肯定之余，也试图对其理念、结构等进行改革。巴西肯定安理会在维护国际和平与安全上的特殊地位，并希望该国能够在其中发挥更大的作用。巴西的"入常"优势主要基于以下几点：（1）巴西在历史上先后10余次当选联合国安理会非常任理事国，与日本的情况很类似，在安理会发挥作用并享有很高的国际支持度。（2）巴西在联合国维和行动上有突出贡献，特别是联合国在海地的维和行动。（3）巴西对联合国安理会的理念发展有着不可忽视的贡献，这包括倡导预防性外交以避免平民伤亡、鼓励透明度和责任的重要性、强调武力是最后手段等。（4）巴西是安理会改革的倡导者，呼吁该机构增加新的常任理事国以适应21世纪的国际权力结构，并与日本、德国和印度在安理会改革问题上组成四国集团，谋求利用该集团的集体力量共同"入常"。（5）拉美没有国家担任联合国安理会常任理事国，巴西"入常"可以增加安理会的地区代表性。（6）安理会常任理事国安排反映的是1945年而非今日的世界格局，越来越滞后于时代，无法体现全球权力的转移，至今都没有永久性地纳入一个非洲或拉美国家成为其成员。改革安理会应该是联合国改革的一项核心议程。

鉴于本国财政能力和军事实力的局限，巴西负担联合国常规财政预算的2.93%（位居第十位），基于其经济发展和发展合作的成就与经验，特别注重从发展安全的角度强调该国"入常"的合法性。巴西在联合国也主要致力于推动维和与建设和平领域的工作，谋求和平建设委员会等相关机构的领导席位。巴西强调安全与发展高度相互依赖，贫困和缺乏就业是冲突的重要根源，并认为巴西可以从发展的角度对国际安全做出贡献。巴西认为这种新型影响力契合第二次世界大战后秩序的新内涵：首先，在传统安全领域，巴西塑造了热爱和平的国际形象和信誉，帮助将拉美地区塑造成无核区与和平区，把发展塑造为拉美地区的主要议程；其次，在非传统安全领域，巴西的国际影响力主要体现在气候变化、发展合作和国际贸易等发展领域，这些领域具有很高的安全相关性，比如武器的非法贸易加剧了冲突，巴西在这些领域的努力夯实了国际安全的基础；最后，巴西强调自身的发展中大国的定位，认为巴西"入常"有助于提升发展问题的重要性，以及增加发展中国家在国际安全中的话语权。

在"入常"策略上，巴西多策并举。第一，巴西坚持强调安理会改革的紧迫性和不可回避性，主张在官方、国际场合和市民社会等多个层面加以推动，而不是仅仅停留在政府间层面的谈判轨道上。多元化轨道有助于提升国际舆论对安理会改革紧迫性的认知，提升部分常任理事国抵制安理会改革的政治代价。第二，巴西注重做大国和构筑改革同盟的工作。除了极力谋求美国等常任理事国的支持之外，巴西还注重通过金砖国家合作机制、巴印日德四国集团和印南巴三国集团等途径加以推动。由于在金砖国家合作机制内明确支持印度与巴西"入常"难有突破，因此巴西的重点放在诉求更为一致的四国集团和三国集团。此外，巴西还注重团结四国集团之外的"联合国安理会改革之友"、联合国秘书长、联合国大会主席和全球各地区机制代表等，推动联合国安理会改革基于文字稿的谈判进程。第三，巴西在改革上保持灵活性。如果在增加具有否决权安理会常任理事国数目上难以突破，巴西也可以退而求其次接受不具否决权的安理会常任理事国地位，并同时增加安理会非常任理事国席位。该战略的关键点是增加安理会成员总数，因为在巴西看来，安理会存在严重的代表性赤字，比如联合国成员已从51个扩展到193个，但安理会常任理事国席位数目没有变化，仅非常任理事国席位从6个增加到了10个，但代表性仍然不足。第四，强调国际机制改革的协同性。既然在国际经济治理体系中有了G20峰会，国际货币基金组织和世界银行等机构也进行了投票权改革，那么在国际安全领域的安理会也应进行相应的结构性改革，以此全面完善全球治理的机制架构。第五，在安理会改革的目标上，巴西主张构建一个更具代表性、包容性、敏感性和有效性的安理会，未来的安理会应该反映国际权力结构的转移，能更加尊重联合国大会的多数意见，也能够对包括平民、女性、儿童和难民等在内的市民社会的要求与利益有所回应，更倾向于采取预防性措施和外交战略解决冲突，从长远和综合的视角构筑国际安全。

相对于巴西较为明确的"入常"立场与逻辑，中国的立场相对而言原则性更强，在国别上不愿持明确的态度。金砖五国是安理会改革有影响力的多边机构，其中中国和俄罗斯是常任理事国，其他三国则是未来常任理事国的重要候选者。所有金砖国家都认同联合国需要全面的改革，包括使安理会更有影响力、更有效率并更具代表性。金砖国家合作机制成立10多年来，尽管中国、俄罗斯支持巴西、印度和南非在联合国中发挥更大的影响力，但并不明确支持这三个国家谋求成为安理会常任理事国。金砖国家内部若能形成一个清晰、统一、坚定的支持立场，则必然会改变联合国改革中的动力关系。对西方守成大国而言，其最大的担心是新兴国家在安理会获得常任席位后会带来不确定性。尽管巴西、印度和南非都是民主政体，但其应对国际事务的方式却更接近第三世界国家的做法。[1]新兴国家不愿意使用联合国强制性权力来捍卫国际规范。巴西与土耳其在2010年试图调停伊朗核危机的努力没有获得安理会五常的公开肯定性评论。巴西与其他金砖国家联手就利比亚和叙利亚问题进行的投票也让西方国家印象不佳。在利比亚问题形成了一个糟糕的先例后，金砖国家已联合起来，无视西方强国的意图，希望避免在叙利亚问题上重蹈覆辙。可见，中巴两国之间、安理会常任理事国与新兴大国之间的意见并非完全一致，再加上中日、中印之间悬而未决的历史遗留问题，各方在联合国安理会改革问题上完全达

---

[1] Stewart Patrick and Preeti Bhattacharji, "Rising India: Implications for World Order and International Institutions", http://www.cfr.org/projects/world/rising-india-implications-for-world-order-and-international-institutions/pr1545.

成一致尚需时日。

在第 74 届联合国大会审议安理会改革问题时，中国常驻联合国代表张军阐述了中方立场，中方支持安理会与时俱进，通过合理、必要的改革，优先增加发展中国家的代表性和发言权，强调团结与合作、最广泛政治共识，政府间谈判是安理会改革问题的唯一合法平台。这一表态反映了中国在安理会改革问题上的一贯立场和路径。由此来看，中国仍然大概率沿用在金砖国家合作机制内支持巴西在安理会发挥更大作用的原则性表述，中巴在此原则下可就安理会改革的具体方案保持经常性沟通。

第二节

———

联合国维和行动是两国合作重点

中巴两国均是联合国维护国际和平与安全的重要成员，通过派出驻军、支持相关决议等为联合国维和行动做出了有价值的贡献。两国都视联合国为维持和重建和平而采取集体行动的最合法组织，比如预防性军力部署和冲突后和平重建等集体行动。两国希望联合国在国际和平与安全事务中扮演关键角色，这些事务已经从国际冲突延伸至国内动乱、全球流行病、跨国恐怖主义和大规模杀伤性武器的扩散。由于联合国在应对国际安全事务方面的重要性，两国都努力为联合国提供更多有效资源或推动联合国安理会改革，以期在联合国框架内发挥更重要的作用。巴西即便曾拖欠过影响该国地区影响力的南美国家联盟的会费，但也未曾影响到该国对联合国的经费义务履行。

中巴经常参与联合国维和行动，这不仅有助于两国承担国际责任，同时还锻炼了其军队的海外行动能力。巴西的决策者认为参与维和行动是成为制定规则的大国过程中必须付出的成本，自 1948 年以来，巴西派出军队

参加了联合国约 60 次行动的一半。[1]中国参与的国际维和行动范围遍布全
球，与 20 世纪 70 年代一度不愿意支持任何维和行动的做法已大不相
同。[2]联合国共同行动面临的主要问题是缺乏足够的资金。鉴于七国集团
逐渐减少军事和资金支持，来自金砖国家的支持就显得尤其重要——无论
是军事人员方面，还是财政支持方面。

随着各国国内冲突的增多，联合国维和行动面临的复杂性在上升。非
洲大陆的内部冲突表现为政府与叛军、民兵组织之间的暴力武装叛乱，这
给金砖国家的主权观造成了困境，尤其是当人道主义危机需要外部干预的
时候。金砖国家对待"国家保护责任"的态度是考量其维和决心程度的一
个重要维度。2005 年，"国家保护责任"得到了所有联合国成员的认可，这
个概念约定，任何国家都有义务保护其人民免受种族灭绝、战争罪、种族
清洗及反人类罪的侵害。如果一国不能够履行这一义务，或是有意不为之，
国际社会就有责任介入，作为最后手段，联合国安理会可授权进行强制干
预。总体来说，中巴两国在联合国安理会内不倾向于采取武力手段解决
问题。这种谨慎态度来自其曾是外来势力干涉受害者的历史，这也导致
了这些国家对于"主权"概念有着严格的理解和界定。两国对西方国家
滥用安理会决议的担忧体现在就利比亚和叙利亚问题所进行的投票上。
然而，与其说是在批评"国家保护责任"原则本身，不如说是在指责此
次干预是由北约而非联合国授权机构执行。因此，为了防止未来在"国
家保护责任"原则适用时滥用军事行动授权，巴西提出了"保护中的责
任"准则。[3]

尽管联合国奉行有关使用武力的基本原则，但对新兴国家来说，接受
"国家保护责任"这一原则比接受维和原则要难得多。之所以新兴国家难以

[1] "Brazil and Peacekeeping: Policy, not Altruism", *The Economist*, September 23, 2010, http://www.economist.com/node/17095626.

[2] Bonny Ling, "China's Peacekeeping Diplomacy", *International Relations and Institutions*, No.1, 2007, p.47.

[3] 关于金砖国家与"保护的责任"的论述可参见［巴西］奥利弗·施廷克尔:《金砖国家与
全球秩序的未来》，钱亚平译，上海：上海人民出版社 2017 年版，第 151—171 页。

理解人权应高于主权，部分是因为它们曾被殖民的历史，部分是因为这些崛起的力量在国际社会中无意扮演侵略性角色。不过，由于中巴两国不断增加的国际地位诉求和海外既得利益，需要在两方面重新思考"国家保护责任"。新兴国家不断增加的海外利益使得它们很难避免与适用"国家保护责任"的国家开展交往。中巴两国正成为多数需要维和行动的区域的主要投资者和进出口商。例如，中国是中东地区的主要石油进口国，同时也是主要的物资出口商。巴西在阿拉伯世界有着重要的禽类出口需求。这些更广泛的利益也许会为新兴国家履行其基于新增利益之上的责任创造机会。两国今后有关"国家保护责任"的决定因此会更加务实、更受利益而非意识形态驱动。

第三节

总体国家安全视角下两国的安全合作空间

2014 年 4 月 15 日，习近平主席在主持召开中央国家安全委员会第一次会议时提出，坚持总体国家安全观，走出一条中国特色国家安全道路，首次提出总体国家安全观，并首次系统提出"11 种安全"。本节拟在总体国家安全观的视角下，探讨中巴两国代表的金砖国家开展安全合作的可能性。

一、总体国家安全观视野下的多边安全合作

随着金砖国家合作走向深入，国际学术界越来越注重从国际秩序转型的角度审视金砖国家合作机制。金砖国家已经不再仅仅是概念产生初期意义上的国际投资概念，也是国际政治安全生活中的一支重要力量。金砖国家与以美国为首的当今全球秩序的主导力量围绕国际规则展开竞争，从而

促进新兴经济体和发展中国家的整体崛起。[1]在探讨巴西对国际秩序的影响力时，一些学者指出巴西不可能只聚焦于某个单一的国际秩序维度以获取影响力，相反国际秩序涵盖多个领域，至少应涵盖国际安全、全球经济治理和全球公域监管三个关键领域的影响力。[2]事实上，以金砖国家合作机制为代表的发展中国家群体力量继续增强、战略力量加快分化组合和国际体系加速演变与深刻调整的趋势，正是中国总体国家安全观形成的重要国际背景。从对外关系来讲，运筹好大国关系是维护国家安全的关键，包括致力于同各大国发展全方位合作关系、同俄罗斯发展全面战略协作伙伴关系以及同发展中大国扩大合作。[3]金砖国家在属性上涉及新兴大国、发展中大国和传统大国，它们是中国在新形势下维护国家安全、运筹大国关系的重要对象。

总体而言，金砖国家在下述方面有利于增强中国的总体国家安全。首先，金砖国家来自不同的文明，尊重国家主权和制度道路选择的自主权，这符合中国的相关理念和权益，有助于增强基于中国特色社会主义道路、理论和制度自信之上的国家政治安全。其次，在世界经济低速增长、反全球化思潮泛起和狭隘国家利益观复燃的国际环境中，金砖国家虽然也由于内外原因而出现经济或执政困难，但仍然是世界经济的重要新兴力量和增长引擎，总体支持经济全球化进程、反对贸易保护主义，加强金砖国家之间的经济合作有利于维护国家的经济安全。最后，金砖国家作为全球治理的重要参与者，是解决全球性挑战的重要新增力量，也是全球治理体系改革的积极推动者，注重通过集体性参与全球治理提供国际公共产品，影响和塑造国际规则制定和维护国家权益。

经过多年的建设，金砖国家合作机制不仅有效促进了金砖国家内部的开放合作，也使得新兴市场国家在全球经济体系中的话语权得到明显提升，

---

[1] 张宇燕：《理解国际秩序和金砖国家合作》，载徐秀军等著：《金砖国家研究：理论与议题》，北京：中国社会科学出版社 2016 年版，第 2—3 页。

[2] [美] 戴维·马拉斯、哈罗德·特林库纳斯：《巴西的强国抱负》，熊芳华、蔡蕾译，张森根审校，杭州：浙江大学出版社 2018 年版，第 100 页。

[3] 参见《总体国家安全观干部读本》编委会：《总体国家安全观干部读本》，北京：人民出版社 2016 年版，第 17 页。

取得了丰硕的成果。然而，金砖国家合作机制所取得的成就主要集中于经济领域，在政治安全领域的合作与互信建设方面还存在很多亟待解决的难题。在现有的国际结构内，金砖国家在提升政治安全互信方面所遭遇的挑战恐怕仍远大于机遇。金砖国家合作机制在经过多年磨合后急需新的战略调适。从内部看，俄中两国面临较为严峻的国家安全挑战，成员国面临经济转型或停滞的深层次挑战。从外部看，俄罗斯被逐出八国集团后，七国集团与金砖国家的竞争性和对立性上升，共同语言减少。金砖国家合作机制浮现出经济与安全何者为先、如何处理与西方国家关系的战略分歧。

安全领域渐成合作新亮点，但亦触发了战略互信低的软肋。出于维护地区稳定和海外利益的需要，金砖国家合作机制在地区安全议题上更趋细致，在乌克兰等安全议题上保持了较高程度的国际协调。金砖国家合作机制支持联合国在国际安全事务中的核心角色，支持印巴南在安理会发挥更大作用。金砖国家在反恐和网络安全上也多有合作。然而，安全合作深化也触发了战略互信低的隐忧。巴西担心安全议题强化对经济优先的冲击。随着七国集团与俄罗斯的敌对性、美中竞争性日趋加强，金砖成员在美俄之间选边站的压力骤增。出于对中国"深蓝力量"发展的忧虑，印度试图把海洋安全列入金砖国家峰会议程，两国边境争端也不时困扰双边关系。

金砖国家对西方利用经济制裁损害他国安全利益的担忧也在上升。当前世界安全秩序与经济发展状况联系日趋密切，俄罗斯等国深受经济制裁之苦也与其经济结构单一、缺乏国际金融话语权高度相关。中国、巴西也面临美国政府的关税压力，巴西在汇率、钢铁出口等少数领域面临美国经济施压，而中国则面临着美国在经贸领域的结构性施压。西方有意识地、单边性地运用经济权力谋求安全利益引起金砖国家的警惕。冷战结束后的美国并不是学习榜样，反而是问题根源，它通过滥发货币迫使世界失去稳定发展的基础，并滥用其国际经济权力实施长臂管辖。美国对伊朗的长期和无限制裁损害了印度和中国的能源安全。博索纳罗政府曾试图强化对美关系的努力，但面临着特朗普政府"美国优先"及其不确定性的冲击，拜登政府在气候和人权问题上的强势态度也对美巴关系造成了挑战。以东升西降、美中互动为主要线索的国际秩序重塑正在冲击金砖国家合作机制的凝聚力。巴西在南共市、美国、欧洲和金砖国家之间的摇摆加剧，试图强化与美欧的经济合作议程，金砖国家借重和防范中国的双重心态比较明显。

二、 中巴政治互信面临的挑战

第一，两国在政治与社会文化方面存在的内在差异是导致很难形成高层次政治互信的基础性原因。中巴虽然同为正在崛起中的新兴经济体，这是双方都认可的共同身份，但在政治制度、意识形态、宗教以及社会价值观等方面存在着较大的差异。近年来博索纳罗政府执政后，巴西的身份定位又偏向于西方国家乃至西方现代国家的维度，对南方国家、南南合作等定位越来越疏远，这导致新兴经济体、新兴大国成为中巴在身份上最核心的交集。这种差异的存在意味着两国几乎不可能自发地建构起高层次的政治信任，所有信任关系都更多建立在共同利益的理性计算和相互尊重差异性的基础上。

第二，两国虽然身处金砖国家合作机制之中，但该机制总体上是一个协调式的、缺乏硬性约束的软性机制，呈现出明显的开放性与灵活性，安全议题的优先度不够。这种灵活性本身就意味着金砖国家合作机制是一种松散的合作机制，虽然使各国保持了在政治和外交上的独立性，但也意味着它缺乏足够的机制内驱动力。国家间政治安全互信又很难依托于金砖国家合作机制而得到提升。

第三，霸权国的分化瓦解政策对于两国互信提升形成严重干扰。对于中巴两国来说，占据其外交议程优先位置的都是对美关系。美国政府不断通过各种手段尝试瓦解中巴之间的政治合作与互信。美国还打压中国的海外利益，从而间接打击巴西发展对华战略关系的信心与自主性。

三、 构建中巴安全合作的可能领域

面对上述政治与安全合作的困难，推动两国政治安全互信的提升，我们可在总体国家安全观的指导下从以下几个方面着手加以推进。

（一）政治安全

政治安全的核心是政权安全和制度安全。从广义范围来看，在国家安全的重点领域中，政权、制度、国土和军事等方面的安全都可以归结为政治安全范畴。在政权和制度层面，中国的国家安全体现为人民群众支持党和政府、防范"颜色革命"、做好意识形态工作以及依法保障"一国两制"实践。其中，"颜色革命"、意识形态压力以及冲击"一国两制"等方面的外部压力主要来自西方国家的行政或立法机关，巴西在对华关系中较少在上述领域施压，而且该国也或多或少面临着各种各样的来自西方发达国家的类似压力。

"颜色革命"即使用支持别国极端政治势力的手段颠覆其政权。在防范"颜色革命"方面，巴西左翼政权尽管在巴拉圭发生议会夺权之后高度警惕，并在南共市范围内防范议会道路的夺权做法，但还是在内外因素的共同作用之下因罗塞夫总统被弹劾而丧失执政地位。

罗塞夫是继 1992 年科洛尔总统之后首位被弹劾的巴西女总统，并在被弹劾后的 8 年内不得竞逐选举性职务。罗塞夫弹劾案表明了巴西的政治安全形势不容乐观，对拉美各国乃至金砖国家的政治安全都有一定的启示意义。在西方的民主政治框架中，最高行政领导人的地位稳固程度因议会制和总统制而有所不同。议会制领导人的地位稳固程度较差，常常会因为党内分歧、执政党联盟变动等发生领导人更迭，比如日本的"十年九相"、澳大利亚首相近年来的更替等，但这种情况通常不会导致政治危机。

总统制领导人的执政地位较议会制更为稳固，比如美国自建国以来发生总统弹劾的次数颇为有限，虽然也会出现府会掌握在不同政党手中的分立政府局面，但按任期换届选举是常态。巴西的总统弹劾案在总统制国家并不常见，这也是罗塞夫强调总统制下其作为民选总统权力合法性的重要原因。然而，与美国基于两党制的总统制不同，巴西的总统制运行环境是多党制，多党在议会的政治组合变动不居，导致巴西总统权力稳固程度远逊于美国总统。虽然巴西总统是经由人民选举产生的最高行政领导人，但赢得国会的支持常常需要仰赖多党组成的执政联盟。多党执政联盟的变动性较大，从而使得维护与国会的良好关系成为执政绩效的重要条件。

维持总统与国会之间的良好关系这一执政条件在罗塞夫任内被弱化。经历了为民主和自由而奋斗的游击战和牢狱考验、担任巴西国有石油公司总裁以及劳工党政府重要阁员的罗塞夫以技术官僚著称，而不是以长袖善舞、平衡协调和周旋各方的政治家闻名。罗塞夫处理与国会关系的能力一直备受各界质疑，最严重的后果是在其第二任期内的经济政策难以获得国会的认可，从而形成政治意志难以落地的窘境。虽然罗塞夫被国会弹劾的官方理由是她动用国有银行金融资源掩盖财政赤字为其 2014 年连选连任提供帮助，这被认为违反了财政责任法，但在众议院议员表决时的发言中很少有议员谈到这一理由，而是更多涉及其他方面。

除了罗塞夫政府与国会关系处理失当、基于政党分肥的执政联盟破裂之外，巴西近年来经济表现严重乏力、腐败调查冲击政坛格局也是罗塞夫政府政权不稳的重要原因。2015 年巴西经济大幅衰退 3.8%，成为该国 25 年来最严重的衰退。经济衰退的现实和前景影响了国民的就业机会和生活水准，危及政府社会福利支出的水平与信誉，打击了企业界的投资信心，此外以巴西国有石油公司为主的"洗车行动"的政治腐败，严重伤害了罗塞夫政府的执政合法性。巴西国有石油公司在 2014 年被曝高管层组成贪腐集团，利用外包工程大肆收受贿赂，或将贿款作为政治献金输送给政党。虽然巴西石油腐败案涉及巴西主要政党各层级的政要，而罗塞夫政府坚持深入调查腐败，这种立场进一步削弱了执政联盟的团结。腐败案的深入揭露引发了人民对政府的不满，虽然罗塞夫弹劾后的继任者深陷腐败丑闻，但民众求变的心态成为主要的诉求。

罗塞夫总统弹劾案，不仅是巴西政治发展进程中的一件大事，也对金砖国家合作机制的内在稳定性造成一定冲击，对金砖成员国的政治发展也有一定的启示意义。

第一，在治国理政上吸取巴西的经历，强化党的建设、反腐败进程、完善制度建设和强化经济发展的核心地位。巴西的政治危机表明西方民主制度在多党制环境下存在较大的脆弱性，对执政党的执政能力提出了很高的要求。巴西政治危机的主要症结表现为多重危机下缺乏坚强有力的政治领导力量。反腐败特别是制度反腐仍然是发展中国家制度建设的薄弱环节，如何把权力关在制度的笼子里至关重要。当反腐议程弱化了执政联盟内部团结时，制度安排应能够兼顾政权的稳固与反腐的推进。人民协商制度是构筑政治共识的有效途径，巴西基于选举和短期利益至上的多党联合执政具有内在脆弱性，容易发展出党派利益侵害国家利益的不良后果，缺乏基于长远国家利益和社会发展所需的政策共识构建进程。巴西的政治危机表明，在经济发展较好、各方面均能从增长中获益的情形下，各方对于政府能力、政治表现的容忍度较高，也是推动改革的良好时机，而经济发展减缓乃至衰退的情形下不但改革进程难以推进，而且容易造成政权易手、发展倒退的恶果，需要把握好改革、稳定与发展之间的动态平衡与宏观管理。构筑政治共识和维系政治领导的能力对于实现发展中国家的发展至关重要。

第二，关注巴西政治危机对金砖国家软实力的影响，减少国际社会对金砖国家发展模式重视国家作用的负面批评，提升金砖国家发展模式和发展合作的国际影响力。巴西、俄罗斯和南非经济增长遭遇困难，有内外部各种因素的影响，也与西方评级机构和媒体唱衰金砖国家发展前景有关。巴西政治危机暴露出巴西发展模式和制度设计存在的缺陷，但不能因此全面否定巴西发展模式的成绩，特别是需要肯定巴西在推动社会议程上有利于国家长远发展的积极表现和广泛影响。同时，也要深刻反思巴西在发展比较好的阶段没有切实推动结构性改革的经验，把社会发展议程与市场经济、制度设计与技术创新结合得更好，不能把社会进步完全建立在政府的财政支出和信用扩张之上，而需不断培育新的增长动力和机制安排。也不能太过于悲观，毕竟在美国等经济更为发达、制度更为成熟的国家也会出现因政治极化而难以推动改革的情形，美国前总统特朗普在任内就经历了两次弹劾危机。

第三，密切关注巴西政治进程对拉美地区合作以及中拉关系的整体影响。巴西作为具有系统重要性的国家，国内政治生态的变化在拉美有相当的示范效应。首先，议会斗争在拉美政治生活中的地位上升，使得政局变化更为动荡，需要加强与拉美国家主要党派的交流合作与政策沟通。其次，右翼力量上台后，虽然整体上仍然会欢迎中国的投资与金融合作，投资环境也会有所改善，但对于中国企业的投资和竞争会更加警惕，需要中国有关部门和企业更为细致深入地研究拉美市场，介绍中国经济转型的思路、举措和给拉美国家带来的机遇。最后，右翼力量执政拉美国家后，基于价值观和亲市场等基础因素，对地区一体化的投入相应减少，加强与美合作的动力也相应增加，这为推动中拉整体合作带来了更多潜在的挑战。中国需要妥善处理与右翼力量领导下的具有地区和系统重要性的拉美国家的关系，在新的地区形势下确立中拉关系可持续发展之道。

意识形态也是两国常常面临的一项主要国际压力。尽管巴西有着西方式的多党政治体制，但并未因此被美国和欧洲等发达国家界定为民主的典范，反而在治国理政和发展思路上受到西方诸多的质疑。巴西受发展水平所限出现的腐败、经济开放度不够、社会暴力较多、执政效率较低等都成为西方国家唱衰其发展前景的依据。巴西在罗塞夫政府期间陷入经济困难，西方评级机构也开始更多从政府制定政策的能力、腐败水平等政治因素出发对该国的主权债进行评级。中巴两国相对强调国家在经济发展中占据重要地位的发展理念和制度安排也经常招致西方批评。

（二）军事安全

在军事安全方面，中国与巴西不存在国土争端，但巴西在维护本国海洋权益上和中国既有共同关切，也有对华防范之心。在日趋重要的海洋权益等问题上，中国在东海和南海面临的挑战主要来自西方国家，特别是所谓的"南海仲裁案"出炉之后，巴西对于中国的立场持理解的战略态度。事实上，巴西作为地区大国和拥有重要海洋资源的国家，也面临着诸多国土安全方面的战略忧虑。巴西特别担忧该国在亚马孙的生态资源和大西洋盐下层的油气资源遭到邻国或者大国的觊觎，美国对巴西前总统罗塞夫以及巴西国有石油公司的监听加剧了这种战略担忧。[1]影响亚马孙地区的所有安全因素中就包括美国军事力量的存在、缉毒军事化和可能在巴西邻国发生潜在的和已有的国内冲突国际化等内容。[2]作为地区内举足轻重的大国，巴西对于中国等域外大国的地区存在和可能介入也格外警惕。

巴西的防务优先与中国不尽相同，由于该地区的和平与稳定，主要的安全威胁来自非法移民和毒品走私，尽管如此，双方在防务领域也有不少共同语言与合作空间。首先，中巴都视联合国为应对国际安全事务的核心机制，两国在海地的联合国维和行动中通力合作。其次，中巴军队在高科技与装备合作上空间广阔。巴西的武器来源比较多元化，主要来自美国与欧洲，与中国的装备合作空间巨大。在卫星等领域，中国与巴西也有很好的合作基础。巴西在航母舰载机飞行员培训上与中国有过合作。鉴于巴西作为地区性军事大国和身处南大西洋的地缘优势，中国未来在远海防御、建设"深蓝力量"、北斗导航系统全球布局和开发太空极地新疆域等方面都将会对巴西有所借助。

在地区热点问题上，巴西的立场相对温和，为中巴可能的合作预留了空间。在朝鲜核问题上，作为在朝鲜拥有外交机构的拉美大国，巴西的立场与邻国的激进做法拉开距离。特梅尔政府主张通过对话解决朝鲜紧张局势的路径，同时支持联合国安理会的相关涉朝决议。特梅尔积极参与了2017年厦门金砖国家峰会期间的相关讨论，他呼吁通过相关方的对话解决朝鲜半岛的紧张局势。巴西担忧朝鲜氢弹试验会升级世界各地的军备建设，巴西支持联合国由此对朝鲜施加制裁的决议。[3]上述姿态符合巴西作为谈判禁止核武器条约的主要推动国家和承诺和平利用核技术国家的立场。

［1］ David R. Mares and Harold A. Trinkunas, *Aspirational Power : Brazil on the Long Road to Global Influence*, Washington D.C.: Brookings Institution Press, 2016, pp.1—21.

［2］ ［巴西］萨缪尔·皮涅伊罗·吉马良斯：《巨人时代的巴西挑战》，陈笃庆等译，北京：当代世界出版社2011年版，第128页。

［3］ 巴西外交部：《关于朝鲜核试验》，2017年9月3日，http://www.itamaraty.gov.br/pt-BR/notas-a-imprensa/17379-teste-nuclear-pela-coreia-do-norte。

2017 年 9 月 20 日，特梅尔签署了《禁止核武器条约》。[1]

在委内瑞拉问题上，特梅尔政府与委内瑞拉的马杜罗政府拉开了距离，加入了更为敌视马杜罗政府的"利马集团"。特梅尔甚至于 2017 年在联合国大会一般性辩论发言中点名批评了委内瑞拉的人权状况，在指出巴西接纳了成千上万委内瑞拉移民和难民的同时，对委内瑞拉恶化的人权表示担忧。之前马杜罗政府对特梅尔政权合法性的质疑为两国关系蒙上了阴影，加上特梅尔政府对马杜罗政府国内政策的批评，使得巴西在委内瑞拉问题上无法再发挥斡旋作用。巴委矛盾对中拉整体合作造成了困扰，与此同时，巴西反对外部力量军事介入委内瑞拉局势，又为拉美地区的稳定与和平创造了好的条件。

（三）经济安全

促进经济增长和维护经济安全是中巴两国的共同追求。金砖国家合作机制的诞生与 2008 年全球金融危机密不可分，某种程度上也是国际经济危机引发国际公共物品供给不足所催生的产物。金砖国家的经济安全越来越依赖于国际经济环境的维护，金砖国家作为新兴经济体的系统重要性在二十国集团和金砖国家合作等机制的形成与成长中得到充分体现。在世界经济持续低迷、缺乏新增长动力、保护主义抬头以及巴西、俄罗斯等成员经济增长陷入困境的新形势下，美国更是提出"经济即安全"的口号，强调经济安全再度成为金砖国家更为迫切的任务。

中巴两国对于经济安全的重要性也有了新的认识。冷战结束之后，经济全球化发展迅速，经济领域成为大国竞争的主战场，经济危机、摩擦和制裁成为世界各国面对的突出问题，经济安全在国家安全体系中的重要地位越来越凸显。[2]从执政基础来看，经济安全在赢得民心、巩固政权与稳

---

[1] 巴西外交部：《签署不扩散核武器条约》，2017 年 9 月 20 日，http://www.itamaraty.gov. br/pt-BR/notas-a-imprensa/17468-assinatura-do-tratado-sobre-a-proibicao-de-armas-nucleares。

[2]《总体国家安全观干部读本》编委会：《总体国家安全观干部读本》，北京：人民出版社 2016 年版，第 106 页。

定社会方面的重要性日趋重要。巴西前总统罗塞夫遭遇弹劾固然有党派斗争、腐败丛生等原因，但该政府第二任期经济表现欠佳才是其被弹劾的根本原因。从实现大国崛起的角度讲，经济安全还强调抵御国际经济危机的能力和经济实现可持续增长的能力。

为了维护经济安全，两国需要聚焦经济长期增长之道和服务于此的国际规则塑造。经济持续增长的能力是大国崛起的决定因素，也是国际影响力的根本依托。两国不宜过分强调基于各自比较优势的互补性，而应强化探讨基于制度安排的增长优势和可持续增长范式。金砖国家新开发银行不仅是融资工具，而且是知识和政策性银行。两国可以利用巴西担任该行行长任期的优势，将金砖国家的发展经验理论化、探讨未来全球化条件下的可持续增长之道作为金砖国家新开发银行的重要任务，这比资本贡献更能增强金砖国家合作机制的向心力和影响力。

鉴于中巴与西方深厚密切的经济联系，两国的经济安全战略需避免与西方对抗、兼顾安全与发展需求，可以"经济安全"为主轴，提升新形势下两国在经济发展上的协调合作水平。在新的历史时期，两国应推动充分挖掘金砖国家合作的经济潜力，加快金砖国家经济的转型升级，提升防范应对外部经济风险的能力和提高金砖国家整体在国际经济治理体系中的话语权等多重战略目标。

倡导"经济安全"理念有助于提升两国合作的韧性，避免内部出现对相对获益、发展空间和地区影响的过度关注。两国的经济合作水平还不高，在国际经济规则制定中影响力也不足，需要进一步开放国内市场和加强相互投资，形成更便利的贸易与投资安排；通过机制性安排提高商业界使用对方货币的积极性和构建更有力的金融安全网；在推进所在地区的经济合作时保持对彼此的开放度和包容性，在发展中地区增进战略协调和开展良性竞争。金砖国家各具比较优势且有一定的互补性，但金砖国家合作需要超越这种互补性，在相互开放市场和促进经济融合上拓展新的发展空间。

中国应以"经济安全"理念推动国际发展合作，提升两国在发展中国家中的影响力。在国际社会达成《2030 年可持续发展议程》的目标之后，消除贫困和严重的发展不均衡已经上升到国家安全的高度，发展中国家普遍渴望实现经济安全。中巴两国总结基于自身经验的发展理念、合作方式与新型经济安全观，建立兼具国际化和金砖特色的投资评级机构、重要原材料的期货交易市场，可以更好地推动金砖国家参与国际发展合作。金砖国家加强探讨可持续发展的内涵与重点，选择一些发展中国家和项目作为发展合作试点，有助于树立金砖国家机制积极推动绿色发展合作的国际形象。

两国还可以运用"经济安全"理念与西方国家开展体系性规则与话语权的良性竞争，避免陷入零和地缘政治竞争。首先，"经济安全"理念重视塑造国际体系层面的经济秩序，注重二十国集团、国际货币基金组织和世界贸易组织等更具包容性的全球性规则制定平台，这有利于引导和平衡美欧倡导的跨区域性、排他性的经贸协定。其次，在金砖国家的金融机制建设过程中，可以保持对西方国家参与的适当开放，构建与其他国际金融组织的伙伴关系。再次，需要在金砖合作机制、二十国集团内借助合力提升谈判的能力，进而推动国际经济治理规则的整体优化。继续有效推进两国的金融合作，不仅有助于国际贸易体系、货币体系的平衡以及大宗商品价格形成机制的完善，而且能对全球地缘政治、文明网络以及生态系统等产生积极的影响。[1]

从更大的视角来看，顺应经济与安全联系日趋紧密的形势，经济与安全难以偏废，可将两者结合起来，构建以经济安全为金砖国家合作主轴的战略。

第一，在维护经济安全基础上恰当处理与西方的关系。美欧主导的国际金融体系虽问题重重，但金砖国家金融合作的基础不在于批评布雷顿森林体系，而是要通过推动自身的积极议程来开展竞争。多极世界的多边主义应构建包容性的世界秩序。金砖国家新开发银行对西方国家的成员诉求

---

[1] 王浩：《金砖国家与全球金融治理》，载徐秀军等：《金砖国家研究：理论与议题》，北京：中国社会科学出版社 2016 年版，第 131 页。

宜尽早开启。既不能把金砖国家合作机制塑造为挑战西方的敌对势力，也要关注金砖成员对国际话语权的诉求，这样才能达到既改进世界秩序又巩固金砖国家合作的目标。

第二，用好金砖国家新开发银行和应急储备安排，力争使其服务于提升软实力、巩固国家经济安全和探索可持续发展道路的战略目标。金砖国家新开发银行本质上是国际发展的新兴力量，且体现了基于金砖发展经验和财经实力的发展话语权。面对西方滥用经济制裁和操纵评级机构诋毁金砖国家信用的错误倾向，需要加大金砖国家金融机制的工作，力争经济安全的早期收获。为有效应对"金砖失色论"，金砖国家新开发银行应该建立独立的信用评级机构和研究机构，对成员的经济状况进行准确评估，并提出应对之策。

第三，通过制度层面的互利安排，积极消除"中国主导论"的担忧。金砖国家内部贸易水平较低且以中国为中心，这要求中国更积极地向金砖伙伴开放国内市场，在人民币国际化战略中照顾金砖伙伴使用本地货币的诉求，统筹协调在亚投行、金砖国家新开发银行内的利益纷争，避免金砖成员在两行中厚此薄彼。另外，考虑到金砖国家商业界对美元的高信赖，金砖国家需为使用本地货币提供机制性安排，有效提升商业界对金砖国家金融合作的支持。

第四，金砖国家新开发银行的优势是制度竞争力而不是资金。金砖国家新开发银行不能仅聚焦基础设施，更需界定可持续发展的内涵与重点，可建立绿色发展基金，优先关注环保住房、清洁水、低碳和卫生等领域。金砖国家新开发银行需避免官僚作风，体现社会融合的活力，与金砖国家政学研保持机制联系，以更前瞻和科学地把握投资机遇。银行可开展成员国宏观经济分析，制定有利于小企业参与、环保标准、人力提升的融资标准，并做好风险管控研究。

（四）能源安全

中巴两国对能源安全的理解和实践都是渐进的。由于利益相关者模式正在出现，很难给出中国对能源安全的看法。不同的行为者对能源安全有不同的关切，但关注的焦点已渐渐从满足中国消费需求转向寻找低碳经济。中国希望兼顾实现经济增长和提高能源使用质量两个方面。

在国内，中国努力促进能源的有效利用，发展风能和太阳能等替代能源。中国正努力向全球价值链的更高地位转移，努力在降低能源消耗的同时，保持经济增长。尽管能源最终用户价格仍然受到管制，但仍赋予差价以劝阻浪费行为。中国需要进口更多的石油和天然气，以解决高度依赖煤炭和大城市汽车数量不断增加造成的环境问题。新能源汽车正获得越来越多的政策支持。习近平主席在 2020 年联合国大会上表示，中国的二氧化碳排放力争于 2030 年前达到峰值，争取在 2060 年前实现碳中和，这对我国的能源结构转型和国际能源合作提出了新的更高要求。

在国际上，中国还努力使其能源海外供应商多样化。然而，作为全球油田竞争的后起之秀，中国企业不得不接受更高的风险溢价。随着在能源领域影响力的增强，中国发现自己越来越多地卷入资源丰富的国家与西方大国之间的地缘政治之中。中国与伊朗、委内瑞拉的能源合作都不同程度地遭受到负面冲击。与此同时，中国公司正在与西方同行发展更多的合作，越来越积极地开发联合投资项目。

自 20 世纪 70 年代石油危机以来，巴西获得了能源独立。在可再生能源方面，巴西在水电和生物燃料方面发展了领先的发电能力。在传统能源方面，海底油田的发现使巴西具有与墨西哥和委内瑞拉等传统石油出口国竞争的巨大潜力。自 2007 年以来，巴西能源公司通过投资非洲能源部门，在国际化方面取得了巨大成就。值得注意的是，巴西在非洲能源部门的存在主要基于商业机会，而不是保障巴西的能源安全。

勘探巴西巨大的石油储备的一个突出困难是缺乏财政资源。巴西国有石油公司受到政府法规的严重影响，因而包括非洲在内的其他地方的廉价石油吸引了投资者。巴西政府优先重视国内能源部门，试图将海外投资转移回巴西国内油田。由于全球能源价格下跌，巴西石油海底储备对世界级投资者的吸引力现阶段正在下降。然而，由于中国在世界能源市场的选择有限，因此，中国仍然对投资巴西这一领域抱有极大的兴趣。

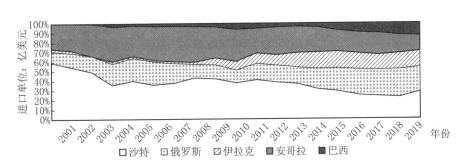

资料来源：https://www.trademap.org/，2021 年 3 月 1 日。

图 6.1　中国原油进口前五大供应国的趋势变化图（2001—2019 年）

在能源合作方面，巴西已经是中国的前五大供油国之一。为了使巴西的能源资源进入世界市场，巴西需要改进其基础设施系统，包括港口、铁路等。中国的投资和技术可以为此做出贡献。除了国内基础设施之外，巴西对中国的能源出口要求在拉丁美洲建立一个更加综合和高效的区域基础设施系统。中国和巴西都可以合作建设这一区域基础设施网络，使跨太平洋网络更加有效，尽管巴西传统上是一个南大西洋国家。

资料来源：https://www.trademap.org/，2021 年 3 月 1 日。

图 6.2　巴西对华石油出口量年度变化图（2001—2020 年）

实现能源供应的多样化，不一定是所谓的锁定供应，这一直是中国确保能源安全的战略选择。中国的石油巨头正在全球投资开发石油和天然气资源，但最引人注目的是，大部分石油是销往海外市场，而不是中国。部分是因为运输成本昂贵，以及中国炼油设施与国外石油之间的技术不相容。另一个原因就是中国能源跨国公司在开展业务方面正变得越来越国际化。巴西对外部投资者相对开放，巴西国有石油公司在任何国内新油田的最低持股比例为30%，但由于勘探和税收以及抗议的不确定性和较高的成本，中国投资者对巴西油田进行投资仍然有很大难度。

中国作为一个严重依赖进口的能源消费市场，将在塑造全球能源市场动态方面发挥更大的作用。2013年，中国已成为最大的石油进口国，而美国开始出口石油。能源革命的动态变化可能在不久的将来带来更便宜的能源供应。针对这种情况，包括巴西在内的拉美国家可能在未来10年内更加重视向中国出口能源。巴西需要认识到，中国的国有企业基本上是商业参与者，中国公司在全球开展业务方面越来越国际化。为增强竞争力，增强金融能力，包括中石油、中石化、中海油在内的中国所有国家级石油公司均在证券交易所上市。它们大部分的投资都是基于商业考虑，尽管它们必须考虑政府的担忧。

发展生物燃料可以增加国内能源供应，但中国奉行保护土地和维护粮食安全的政策。因此，中国不会成为巴西在生物燃料方面的竞争对手，而中国也很难成为生物燃料的大型消费国。巴西和中国国家石油公司在非洲等第三个地区也存在一些能源行业竞争。巴西抗议外国投资来保护国家资源的气氛比较普遍。地区和国内基础设施状况也会对中国和巴西之间的石油贸易产生负面影响。

尽管存在这些不利因素，双方的合作机会仍比竞争的机会多，因为中国将成为最突出的石油进口国和投资者。巴西的能源部门在进口和投资两方面都需要中国。包括巴西在内的拉丁美洲石油业对中国公司也很有吸引力，因为其上游部门仍然对外国投资开放。中国可以通过投资能源部门和基础设施，在帮助巴西将能源资源转化为实体经济力量方面发挥建设性作用。

双方应加强能源领域的合作，使传统能源与非传统能源相得益彰，共同助力双方的能源安全与绿色发展议程。巴西的能源安全经历了曲折的发展历程，在 20 世纪 70 年代石油危机的冲击下，巴西大力发展乙醇燃料。进入 21 世纪以来，巴西发现大规模深海油田，这为中巴两国在以石油为代表的传统能源领域开展合作提供了重要机遇。除了石油贸易之外，中国对巴西石油部门的投资和贷款为巴西开发盐下油田、增加原油产量创造了有利条件。同时中国的原油需求持续增长，在伊朗、委内瑞拉遭受美国单边制裁的形势下，巴西原油的稳定供给对于中国能源安全具有重要意义。2019 年，巴西在中国的原油供应国中排名第五，满足了中国 8% 的进口需求。石油是中国对巴西投资的重点领域，2019 年中国公司在巴西的原油产量位居第三，占巴西原油总产量的 3.2%。[1]

巴西将是中国实现能源供应多元化的战略选择，因为巴西的政治关系相对良好，经济联系日益密切，国内政治也较为稳定。巴西作为投资目的地具有政治稳定、油品良好、价格较低等优势。随着人民币的国际化，在石油贸易中使用人民币的可能性越来越大。巴西仍在讨论巴西国有石油公司的私有化问题，这对保持能源部门国际投资的开放是重大机遇。巴西和中国有扩大能源合作的巨大潜力，包括炼油、清洁能源和核能。

（五）信息安全

互联网治理已经成为巴西和金砖国家参与全球治理和中巴合作的重要和潜在领域。[2]在金砖合作机制和中巴全面战略伙伴关系的框架下，以信息技术为代表的科技合作是中巴关系未来的重要增长点。巴西相对独立的国际战略和外交政策、中巴地球卫星项目的合作经历、巴西潜在的巨大数

---

[1] 参见 ［巴西］亨利：《巴西—中国石油贸易 20 年：演变、特征与趋势》，载《拉丁美洲研究》2020 年第 6 期，第 63 页。

[2] 有关巴西在互联网治理中的角色可参见何露杨：《互联网治理：巴西的角色与中巴合作》，载刘国枝主编：《巴西发展与拉美现代化研究》，武汉：长江出版社 2016 年版，第 50—63 页。

字经济市场以及中巴经济合作日趋深化等因素，都为中国信息产品进入巴西市场提供了较为有利的条件。在看到上述有利条件之余，也要重视主要信息技术服务商在巴西的竞争、巴西复杂的营商环境特别是政治经济矛盾激化的环境，培育战略层面的安全互信，做好市场开拓的前期调研、公共关系和公私伙伴关系建设。

作为世界主要经济体，巴西拥有约 2 亿人口和多元的产业布局，内需市场相较国际贸易更为强劲。巴西支线飞机制造能力享誉全球，互联网使用日益普及，交通结构以空运和陆路交通为主，加上其广袤的亚马孙森林和漫长的海岸线需要管理，这些都清晰地显示出巴西对信息市场的巨大需求。考虑到中印领土争端以及印度、俄罗斯各自的导航系统战略，与中国互信程度高、战略契合度高且没有自身的卫星导航系统的巴西无疑是金砖国家机制中与中国开展卫星导航合作困难最小、潜力最大的成员，也是世界上为数不多的、空间广阔的新兴通信市场。2022 年有 72% 的巴西人在国际网站购物，是 2013 年开始统计以来的最高比例，这表明巴西人越来越多地优先考虑从外国公司进行网购。[1]

在斯诺登曝光美国国家安全局监听巴西国有石油公司高管和巴西总统罗塞夫的信息后，罗塞夫取消了她当年对美国的国事访问，而且发起了全球性的制定国际互联网规则的努力，对于在巴西运行的包括谷歌、脸书等互联网巴西分公司提出服务器设置在巴西境内的要求；巴西还启动了建设金砖国家之间、巴西与欧洲之间的海底光缆建设，试图通过多元化获得某种战略独立性。这种追求战略自主性的态势为中巴两国加强卫星导航检测等先进通信技术合作提供了战略空间。

巴西是世界上为数不多的具有巨大通信网络市场的新兴经济体，拥有适宜导航市场发育的数字化水平、人口结构和经济发展水平。卢拉政府（2003—2010 年）制订了国家宽带计划，旨在使民众上网更方便，加速社会

---

[1] 巴西中资企业协会、中国国际贸易促进委员会驻巴西代表处和巴西 IEST 公司：《巴西经济月刊》，2023 年第 4 期，第 38 页，https://www.ccpit.org/image/1466402630921138178/b68cd9b254bf48ee82d26bf71251995c.pdf。

经济发展，推进数字包容，减少社会和地区不平等，以及促进就业和创收。[1]除了常规的交通和商业导航定位需求之外，巴西需要较为多元的卫星导航服务以维持其战略独立性和危机应对空间。巴西有多达493万平方公里的森林需要监测，海岸防卫和国内空运管理、城市居民的日常出行等都有着巨大的导航需求。占地700万平方公里的亚马孙热带雨林被誉为地球之肺，除了巴西占据该雨林60%的面积之外，雨林还横越了哥伦比亚、秘鲁、委内瑞拉、厄瓜多尔、玻利维亚、圭亚那及苏里南等7个国家，管理难度因其面积巨大、自然环境复杂和跨国协作而急剧提升。巴西政府在亚马孙雨林的政策优先也从原先的发展经济向生态环境、国土安全和移民管理等转移，对雨林的监测需求上升。2023年达成的《中国—巴西应对气候变化联合声明》指出，两国将在技术开发和共享方面进一步合作，包括关于强化对森林覆盖监测的新的中巴地球资源卫星06星（CBERS6）。[2]

鉴于巴西漫长的海岸线和丰富的海洋资源、巴西与非洲日益增长的经济联系，巴西试图成为南大西洋有影响力的海权国家。巴西在拉美大陆特别是南美大陆的地位日趋稳固之后，地缘战略的视野逐渐转向广袤的南大西洋，提升对南大西洋对岸的非洲国家的科技与发展援助，自身的远洋投射能力也逐步延伸至从南极到非洲大陆的广袤区域。早在1986年，巴西联合阿根廷、乌拉圭与21个非洲国家一道建议成立南大西洋和平与发展区，意在减少北约对南大西洋事务的介入。巴西在南大西洋的军事能力建设主要服务于保卫该国的海洋资源，特别是近年来发现的深海油田加强了巴西对海洋油气、渔业和矿业资源的防卫意识。为此，巴西提出"蓝色亚马孙"的设想，强化对南大西洋外部海洋力量活动的监测，在传统的12海里主权水域和200海里专属经济区之外，向联合国提出多达350海里的大陆架延伸。

---

[1] Valeria Jordan, etc., ed., *Broadband in Latin America beyond Connectivity*, ECLAC, 2013, p.196.

[2] 中国外交部：《中国—巴西应对气候变化联合声明》，2023年4月15日，https://www.mfa.gov.cn/web/gjhdq_676201/gj_676203/nmz_680924/1206_680974/1207_680986/202304/t20230415_11059904.shtml。

巴西地域辽阔、城市化率高以及陆路空运为主的环境有利于导航市场的发展。巴西的汽车产业占工业总产值的 40% 以上，鉴于公共交通的羸弱，相关的汽车导航市场相当可观。巴西是拉丁美洲最大的电信市场，被全球电信运营商和终端硬件供货商视为攻入拉美地区的最佳前哨。2016 年巴西奥运会主办方提倡无纸化办公，高度依赖通信导航等通信设施，该国的移动终端设施发展迅速。中国生产的无人机和开发的北斗卫星体系在巴西市场引发了强烈的兴趣，因为广袤的亚马孙森林需要更为细致的监测，无人机物流和监测市场潜力也很大。中国投资者广泛进入巴西市场为北斗导航系统拓展巴西市场提供了先行经验，也为北斗系统进入拉美提供了更多的终端设备和潜在消费客户。

中国巴西双边防务合作近年来有所提升，地球资源卫星合作项目对于巴西维护亚马孙流域的安全非常重要，而亚马孙地区在巴西的国防安全战略中地位重要。此外，中国派员赴巴西培训本国的航母舰载飞行员与巴西派员来华学习核动力潜艇的运行更为两国的防务合作提升了信心。斯诺登关于美国窃听巴西政要和重要企业领导人通信的爆料，严重影响了巴西与美国的防务和军售合作，巴西已经转向更广泛的国际市场寻求先进武器，中国是未来巴西对外防务合作的潜在重要对象。可以预期，巴西在舰载机、潜艇、北斗卫星导航、太空等诸多领域期待与中国发展更多的合作。

巴西在通信产品方面有着严格的政府管制。按巴西政府规定，任何通信产品必须先通过巴西国家电信管理局的认证，业者通过巴西国家电信管理局认证后，必须将产品交予巴西各大电话服务公司等技术部门测试，经测试合格并提出维修保证后才被列入国家通信公司的合格供货商名单。因此，巴西通信市场均以大型供货商为主，作为既得利益者排斥其他有实力的竞争者进入巴西市场。巴西通信导航市场虽然得天独厚，政府也在推动立法给予导航市场更多的灵活性，但总体上面临着较为严重的保护主义问题。作为一项总体原则，长途航行、沿海运输、海事支持以及端口支持都仅允许由巴西导航公司来发展。该公司是一个法人实体，经过水陆交通国家机构的授权开展业务。

　　尽管中巴两国在卫星合作研究和发射上有很好的合作，但巴西也在逐步多元化其合作伙伴。在 2013 年 12 月 9 日，中国未能将中巴合作研制的资源一号 03 星成功发射后，2015 年 7 月 15 日，欧洲阿丽亚娜航天公司的重型火箭阿丽亚娜 5 从法属圭亚那库鲁太空中心将欧洲气象卫星 MSG-4 和巴西商业通信卫星 Star One C4 送入地球同步运行轨道。这固然有发射地点邻近巴西的原因，但也凸显了巴西寻求卫星发射伙伴多元化的态势。2013 年，俄罗斯在巴西首都运营首个 GLONASS 系统国外地面站，该站将有效提高 GLONASS 导航定位精度。中国在深空探测领域的主要合作对象是阿根廷，亟须加强与巴西开展有关合作。值得欣慰的是，中巴两国在 2023 年签署的联合声明中，重申愿强化和拓展两国在和平利用外层空间方面的合作，同意拓展月球与深空探测等领域合作。

　　基于中巴两国的战略互信和机制安排，北斗导航系统拓展巴西市场应充分利用已有的多边和双边机制安排，在官方层面降低北斗系统进入巴西后在国家安全方面的担忧与顾虑，将关注点转移到北斗技术对巴西数字经济、热带雨林监测、海洋资源管理等科技发展、经济受益等积极效应上。巴西政府也在制定针对公共管理的数字政务法规，试图通过在公共服务中利用信息技术和通信资源产出社会效益，北斗导航系统与此理念高度吻合。中巴可充分利用金砖国家合作机制、中巴两国高委会等平台可就北斗导航系统进入巴西进行充分的战略沟通，在完成战略沟通的基础上确定地面基站的选址与布局。北斗导航系统在巴西的推广工作应该注重做好政府、国会和智库等多个层面的沟通，防止相关利益攸关方因感到未被尊重而予以抵制。

　　北斗导航系统还可加强与中方其他行业公司"走出去"进程中的合作力度，利用其先发优势，在汽车、智能手机、计算机和互联网公司等终端上嵌入北斗导航服务，通过这种合作实现服务巴西更大消费者群体的共赢目标。巴西作为全球主要新兴经济体，对于北斗导航系统的主要价值应体现在便利居民数字生活的商业领域，包括车载语音导航系统，步行语音导航，手机地图，手机地图在天气、消费以及交通等方面的应用，商业潜在客户的锁定，定位搜索和广告等方面。而这些服务显然需要通信终端和网络服务商。鉴于巴西财富分配的不均衡性，广大中下阶层民众应该是北斗通信导航的主要用户。质优价廉的手机和新能源车结合百度地图葡萄牙语服务以及阿里巴巴的网上商城等将会极大提升中产阶级和贫困阶层民众的生活质量。

北斗导航系统应当推动中巴两军加强在军用价值上的合作，这有利于破解巴西国内对北斗导航系统进入巴西的安全与战略顾虑。从巴西加强军备水平和武器进口多元化的现状来看，巴西军方显然对片面倚重美国的防务合作格局有所顾忌，这是有利于中巴发展北斗合作的条件。鉴于上述情形，中国可说服巴西在具有重大军事价值的卫星导航领域开展中巴合作，这种在导航服务上的多元化有助于避免在局势动荡时受到外部势力的单方面制约，从而能够从多元化中获取一定的战略灵活性与自主性。北斗导航系统的兼容性也为巴西军方加强与北斗导航系统的合作提供了技术上的可行性。

在看到北斗导航系统科技取得进步之余，我们必须认识到在创新文化、机制与金融支持等方面，巴西仍然与北美、亚太和欧洲等地区存在差距，主要是研发投入偏低，中国可为北斗导航系统落地巴西创造更好的对接条件，包括合作伙伴、人才和设备等多个方面。在如何看待科技对现存经济模式的影响上，中巴也需要更新认识和快速应对。比如，优步公司进入中国和巴西市场后，在带来出行便利之余，均对现存的国家高度管制的出租业产生了冲击，并影响到其开拓当地市场的成绩。除了企业这一技术和创新合作的主体之外，需要强调在金砖国家新开发银行、中拉论坛、双边协定等政府层面的机制支撑，同时在大学教育上开展更深入的合作，将北斗导航系统在巴西市场的拓展放在公私伙伴关系、企业社会责任的框架下展开。华为公司已在拉美地区 10 个国家的雨林保护中部署和推广雨林守护方案，与非政府机构"雨林保护组织"（RFCx）合作。[1]

---

[1]《华为投资控股有限公司 2019 年年度报告》，https://www-file.huawei.com/-/media/corporate/pdf/annual-report/annual_report_2019_cn.pdf?la = zh。

（六）海洋安全

在 20 世纪的大部分时间里，北大西洋的战略重要性均高于南大西洋。然而在过去的 10 多年中，巴西参与大西洋的动力和优先顺序发生了显著变化，大大加强了其在南大西洋的控制力和影响力。巴西的战略包括海军建设、国内的军事宣传、努力影响相关国际法律以及涵盖南大西洋沿岸国家在内的扩大国际防务合作计划。巴西对于南大西洋潜在的影响者特别是以中国为代表的新兴大国的重视程度逐渐提升。

巴西重视南大西洋的一个原因是对海洋自然资源的保护，特别是最近以来近海盐下层发现大量的石油和天然气储量后，加强南大西洋海域的安全成为当务之急。[1]从长远来看，这些资源可帮助巴西成为世界领先的石油出口国。巴西还从国际法律制度层面强化巴西合法拥有这些资源的主权和权利。巴西在南大西洋海域的主人翁意识大大增加，这种南大西洋主人的身份认同可能会导致巴西与美国乃至中国等新兴大国的矛盾，可能引发新的地缘政治竞争。

巴西海岸线漫长，长期以来巴西认为海洋是一个重要战略问题。在过去的十几年里，巴西政府在南大西洋的注意力和资源量明显增加。这种转变体现在过去十几年发布的两个关键文件：2008 年国防战略和 2012 年的国防白皮书。这些文件赋予南大西洋一个崭新水平的战略优先级，以保护巴西海上领土内丰富的天然资源，应对在南大西洋武装冲突的可能性。巴西力图通过单边行动与国际合作的混合战略扩大在南大西洋的影响力，不仅与其他南美国家，也与非洲西海岸各国合作。白皮书指出，巴西不仅关注海上领土内的石油，而且还要保护该国的商业利益和涉及全球贸易的海洋安全。这些文件认为需要维护巴西在南大西洋的主权，保护海洋资源和至关重要的国家利益，并应对其他贪婪国家成为该海域的潜在敌人。

这一战略分为三个主要部分。首先，巴西推出了扩军计划，不仅升级

---

[1]　Ministerio da Defesa，*Estrategia Nacional de Defesa*，2008，www.defesa.gov.br.

其老化的军事装备，同时也提升其在南大西洋的影响范围；努力实现军事技术的自主权，提升该国的军工复合体水平；在国防设备上加大采购力度和发展规划，主要从英法俄等国购买并进行合作，加强在相关海域的巡逻能力。其次，为避免海军力量过于集中在里约热内卢的弊端，在帕拉州的海岸上建立第二支海军舰队。最后，为加强对亚马孙地区的监控，巴西投资新的卫星和雷达系统，加强巡逻。

在国内，巴西以"蓝色亚马孙"为主题，通过学校教科书、巡回展览和其他宣传材料，提高民意对新的海洋战略（以及相应的军费开支）的支持。与此同时，巴西推出或加强各种法律举措，以确定其主权扩大至南大西洋深处。巴西提出其专属经济区（EEZ）的延伸，通过《联合国海洋法公约》的海洋法律，扩大其实际管辖的海洋面积。为此，巴西也在不断扩大海洋研究计划，对其大陆架（EEZ扩建方案的基础）加强科学调查，并派遣研究人员居住在南大西洋岛屿。依靠这些法律和制度渠道，巴西试图明确定义海洋边界，扩大其在南大西洋的利益。

最后，巴西迅速扩大其沿南大西洋周边国家的防务合作。外交部、国防部和巴西海军经常强调南南合作以及巴西与其他葡萄牙语国家的关系。然而，在南大西洋，巴西的防务合作计划并不局限于葡萄牙语国家。例如，在纳米比亚，巴西一直在帮助建立该国的海军。巴西还扩大合作的战略合作伙伴，如安哥拉、尼日利亚和南非（巴西正在开发一种短程空对空导弹的A-Darter导弹），巴西也注重加强与小国的关系，包括佛得角、几内亚比绍、圣多美普林西比和赤道几内亚。

虽然这些方案涉及不同分支的武装部队，但巴西明确优先发展海军合作，推动包括人员培训、联合演习、提供设备、武器出口等方面的合作。此外，巴西帮助南大西洋沿岸国家进行资源调查，尤其是在巴西大陆架内可能存在石油储量。这种识别和保护海洋资源的行为表明，巴西正在努力创造一个共同的南大西洋的身份，强调海洋资源国家主权之间的联系与合作。巴西试图恢复或巩固多边平台，如南大西洋和平与合作区（ZOPACAS）、葡萄牙语国家共同体（CPLP）、非洲—南美洲首脑会议（ASA），这也是显而易见的。

不断增长的海上利益要求巴西关注能够在南大西洋活动的主要国家。在欧洲国家中，英国在该海域拥有较大的影响力。虽然巴西支持阿根廷的要求，但并不妨碍巴西加强与英国的防务合作。巴西也加深了与法国的军事合作，并与美国在设备的采购和发展上合作。与此同时，巴西对北约加强在南大西洋的存在，尤其是美国第四舰队返回该地区的前景持怀疑和抵制态度。同时，巴西对北约之外的新兴大国的潜在威胁也越来越重视。

中国、印度和俄罗斯与南大西洋两岸国家的贸易额急剧增加，这种情况引起了自视为南大西洋地区大国的巴西的警觉。中国与大多数拉美和非洲国家有紧密的经贸关系，并建立了多种形式的战略合作伙伴关系，比如阿根廷、尼日利亚、安哥拉、南非等。中国也加深了与小国的关系，包括那些与巴西有防务合作关系的国家，包括纳米比亚在内。尽管印度在南大西洋地区的存在在规模上还很小，但印度公司在该地区的采掘业日趋活跃。此外，2006 年印度海军参谋部试图把南大西洋列入印度洋；通过印度巴西南非对话论坛，印度还与南非和巴西合作举行联合海军演习。俄罗斯对南大西洋和南极海底矿物勘探感兴趣。这些动态迫使巴西更加重视南大西洋，考虑到南极重要性上升的前景更是如此。

虽然巴西的南大西洋战略致力于建设一个共同的南大西洋国家的身份，但巴西在南大西洋日趋增强的主人翁意识或民族主义情绪，可能在无意中加强了其他大国对该海域权益的关注。其他大国对该海域的关注可能导致巴西与相关国家的不适感。当前，巴西仍然注意维护与英法美的合作关系，以获取关键性的军事技术和维持重要的贸易与投资合作关系。至于其他新兴大国，巴西已经比以往任何时候都更多注意强化在战略性海域的权力，包括在处理与金砖国家成员的关系时也是如此。虽然中国等国的外交政策和防御策略优先考虑邻近海域，但它们在包括南大西洋在内的更广泛海域的利益也在迅速增长。因此，巴西需要在加强对南大西洋控制和影响力的基础上，与包括中国在内的外部大国保持建设性的关系。

中巴均是海陆复合型国家，经济发展战略也是海陆并重。随着经济实力的快速上升，金砖国家加强了海军力量建设，建设海权强国的态势日趋明确。金砖国家的海权战略有着多重内涵，其强化海军的态势不仅反映了金砖国家的国际政治抱负，也是金砖国家参与世界经济日趋深入的结果。金砖国家海权的兴起反映了世界经济与安全力量在全球的重新分布。[1]金砖国家发展海权也面临着不小的挑战：权力格局的约束、自身实力的欠缺、金砖国家内部海洋战略协作不足甚至出现竞争苗头。

金砖国家近年来均大幅提升了对本国海空力量的战略投入，将海权作为实现大国地位的重要依托。中国提出了建设海洋强国的目标，两艘航母初具战力，并划设了东海防空识别区。印度试图加强与日本、越南等亚洲国家的海上防务合作，并追随美国的印太战略，以更大程度地实现其"东向"战略。俄罗斯在普京的领导下着力重振其海军实力，提出海军面向世界大洋的战略，并重点发展在太平洋和北极的军事行动能力。巴西加强了近海防卫和在南大西洋两岸海域的军事存在。南非也在种族隔离制度消灭之后，加强海军建设以充分发挥其两洋优势。在提出这些目标后，金砖国家纷纷提高了海军预算，加快了海军装备的补充。

金砖国家的海权战略是开放式的，目前阶段主要聚焦于近海和地区海洋强国的建设，但长远来看呈现出发展远洋海军的势头。金砖国家的经济发达地区多分布于沿海地带，沿海渔业和能源等资源对金砖迅速发展的经济具有战略价值，海外市场也日趋重要，因此金砖国家的经济繁荣需要得到海军的有力护卫。金砖国家的海军活动重点在所在区域，但在全球范围也日趋活跃。印度竭力维护其在印度洋的天然地位，拒绝美国提出的"印太"概念，以避免美国和中国介入印度洋事务。巴西发展海军实力的公开目标是保护该国在近海发现的深海油田，并强调保护该国在南大西洋日趋活跃的海上贸易安全。南非的活动也主要局限在周边海域。俄罗斯仍旧是世界主要的海权强国，中国正在快速赶超，其活动已经逐渐涉及全球主要海域。

---

[1] Juan L. Suarez de vivero, Juan C. Rodriguez Mateos, "Ocean Governance in a Competitive World", *Marine Policy*, Vol.34, 2010, pp.967—978.

　　金砖国家的海权建设较为强调国际公共产品的供给，包括维护临近地区或主要国际海峡通道的安全、应对非传统安全威胁、维护相关海域生物系统平衡等。中国参与打击索马里海域海盗、参与为联合国销毁叙利亚生化武器护航等均是此类行为。印度也加强了海军军事角色之外的外交、维稳和人道主义功能定位，2004 年签署了亚洲打击海盗和海上抢劫的地区性协议，2008 年发起了印度洋海军论坛。

　　此外，金砖国家海洋战略对太平洋的重视程度提升，也使得国际海权布局更加多元化，印度洋、北极航道和南大西洋的重要性将会因金砖国家崛起而获得更大提升。西太平洋的经济实力和大国聚集是引起各方关注的主要缘由。中国发展远洋海军必须经营好西太平洋，俄罗斯重振海军大国地位也选择太平洋作为重点突破口，印度利用海域国家地缘政治和历史矛盾对中国南海的渗透不断加深，巴西虽然军事上很难影响太平洋局势，但中国作为其首要贸易伙伴无疑增进了该国对太平洋局势的关注。加上美国重返亚太和印太战略的影响，西太平洋有望成为金砖国家互动的热点海域。

　　金砖国家的海洋军事环境并不优越，表现为美国海洋霸权的结构性制约和周边群雄环伺两个不利局面，而且美国往往通过其盟友和伙伴体系控制金砖国家的海军活动范围。美国在大西洋、印度洋、太平洋都保持着强有力的存在，这使得金砖国家即便是建设地区海军强国也面临着严重制约。中国在周边海域与邻国发生的海洋权益争端背后均有美国的影响。金砖国家扩展所在区域的海权面临着霸权国家和周边国家在实力和国际法两方面的制约。

　　金砖国家之间在海权发展方面合作不足甚至存在竞争关系。印度与中国周边国家合作开采海洋能源以及培训海军对中国海洋安全利益不利，此外印度对中国在印度洋活动的增加表示担忧，把中国作为其印度洋权益的重要挑战国。金砖国家在海权发展方面的协作不足也与其海权战略的排他性有关，缺乏合作维持海洋秩序的思维。俄罗斯在北极地区、巴西在南大西洋以及印度在印度洋都有把相关海域作为势力范围的意图，这种态势不仅与海权霸主国家美国产生矛盾，而且也会影响金砖国家在相关海域的合作潜力。

金砖国家的近海综合防御能力强，而远洋活动能力普遍较弱，也缺乏充分的战略和理论准备。中印等新兴大国传统上主要奉行近海防御和保卫国土安全的海洋战略，目前正处于海洋战略的调整期，在战略决策、部门协调、执行机制和装备水平等方面都缺乏深入和完善的准备。巴西虽然明确了南大西洋的优先地位，并致力于保护亚马孙流域和近海油田资源，但还缺乏在更大海域发挥影响力的战略规划。随着金砖国家的海外利益日益重要，金砖国家的海军实力与其海外利益扩展的步伐不相匹配。

鉴于上述情况，包括中国、巴西等新兴的海洋力量，在金砖国家合作机制内推动海洋安全上的发展与合作，可遵循下述路径。

第一，加强两国在海洋资源划分方面的协作，合作应对公海范围日趋缩小和海洋权益重新划分的挑战。随着金砖国家海洋能力的提升，出现加强专属经济区管控甚至扩展专属经济区的势头，这种情形实际上会损害金砖国家的长期海洋权益。真正符合海洋强国的权益是公海扩大而不是缩小。金砖国家可以就此进行战略协调，规范好国家在不同海域的权益及其维护路径。金砖国家在维护海洋权益和应对海上多重威胁方面具有广泛的共同利益。中印均是重要的能源需求国，面临维持海上能源通道安全的共同利益，巴西和俄罗斯的能源出口也需要海上贸易通道的安全。合作打击海盗符合金砖国家作为贸易大国的共同利益。

第二，加强在关键海域的国际行为规则协调，特别是处理好航海自由与安全管控之间的关系，防止排他性战略占据上风进而导致权益冲突，提升金砖国家在海洋事务上的话语权。中印在中国周边海域有可能发生权益争夺。中国在加入北极委员会后，也应防范俄罗斯在北极争夺利益时使用武力。针对印度担忧和防范中国在印度洋活动的情况，中国应推动印度就此进行相互协调。巴西也对中国加强与南大西洋沿岸非洲国家的军事交往有所忧虑，特别是考虑到中国对巴西资源的需求可能会危及巴西安全的长远前景。上述情景要求中巴两国加强海权力量发展过程中的战略沟通与互信。

第三，加强两国之间的相互合作，建立包括相互提供海外军事补给、联合培训海军以及开展海军合作演练等长效性机制。巴西曾为中国培训航母飞行员提供便利，中国也为巴西制造先进的科考船，此类旨在通过互利共赢方式提升各自海洋活动能力的合作值得加强。金砖国家的现有海空装备水平尚不具备进行大规模远程投送的能力，需要依靠相互协作、共同维护海上通道安全。金砖国家注重本国海军装备的自主技术能力，可以就此开展合作，中国在卫星通信、机舰制造等领域可以提供更多合作机会。金砖国家应明确把海军作为相互开展军事合作的重点军种。

第四，两国可以在海洋环境治理、海洋科研、打击海盗、反走私、海外公民安全及紧急救援等跨国性、非传统议题上加强合作，以此增加在海洋治理与合作方面的互信和共识，重视合作提升海洋开发与和平利用能力，为中国走向海洋营造有利的国际环境。墨西哥湾的石油泄漏和日本的核泄漏都对相关海域造成严重污染，这种类似的环境污染要求金砖国家开展协作，制定相关国际规则切实推动国际海洋环境治理水平，敦促有关国家承担相应责任，提升金砖国家在处理海洋事务中的软实力。

笔者在调研中发现，巴西有寻求加入北极理事会的意愿，并希望得到中国的帮助。巴西以往没有表达加入北极理事会的意愿的原因主要有两点：其一，巴西缺乏北极研究，过往的研究主要集中在南极地区；其二，巴西海军缺乏影响北极事务的能力。但巴西正在寻求加入北极理事会，这主要是基于下述考虑：首先，巴西正在改变内向型国家的特征，更加注重在世界体系变迁中寻求自身的位置，且由于国力相对弱小，因此巴西更加重视多边，对于二十国集团、金砖国家合作机制和北极理事会等具有全球性和关键区域影响力的机制非常看重；其次，巴西认为北极事务可以影响海平面和气候变化等重要公益，对国际社会具有经济、环境和社会等多方面影响，因此越来越具有国际性和公共性，需要制定一项全球性的极地政策，这不能仅仅由地理上靠近北极的国家完全主导；最后，巴西在北极事务上有自身利益，并可以发挥独特作用。一是作为贸易大国，巴西将会在北极航道开通后成为重要的航道使用者；二是亚马孙流域的气候对北极有着直接影响，源自亚马孙河的水流经墨西哥湾和大西洋的洋流直达北极，因此维持亚马孙雨林的健康对于北极航道乃至全球气候有重要影响；三是巴西在南极的科考经验有助于更好地维持北极的生态平衡、勘探资源以及保护生物多样性。基于上述理由，巴西乐见中国成为北极理事会正式观察员，并期待中国支持巴西申请北极理事会观察员。

第四节

———

前景与展望

大国兴衰史清楚地表明大国崛起的范围、影响和持久性取决于该国在多大程度上能够获得总体安全并进而引领全球化。中巴既是以美国为首的西方主导下全球化的受益者，也是新一轮全球化的重要引领者。涉及安全、经济和秩序的全球治理在很大程度上塑造了两国崛起的外部环境。

中巴两国合作应致力于引领全球化注重新旧力量的互补优势与相互促进，旨在提升全球治理能力，同时避免体系性失序。两次世界大战的惨痛经历表明，基于国际合作、良性竞争的和平转型是最符合包括新旧大国在内的体系性利益。一方面，双方需要借助协作谋求与美欧形成有效的竞争性合作；另一方面，协力推动全球化避免开放度与包容度不足的缺陷，只有在国内外更具公平性和包容性的全球化才能获得广泛与持久的支持。在中东、非洲等诸多面临秩序调整乃至秩序丧失的地区，需注重通过竞争性合作谋求更为公平合理的新秩序，从而为新一轮全球化开创稳定环境与新增长点。

中巴两国可通过战略协调，更注重平衡全球治理与国内治理，优化全球和地方两个层次的公共品供给，避免全球化进程中出现的政府信任危机，增强维护政权安全与塑造全球化的能力。2023 年巴西三权广场遭冲击事件表明巴西国内矛盾已从经济领域延伸至政治、社会、行政和文化领域，提升了国家治理的难度。两国国情各不相同，巩固政权的挑战尤其复杂深刻，加强全球与地方两个层面的治理尤为必要，两国有必要进一步加强政党之间就治国理政和国际形势的交流。随着中巴全面战略伙伴关系深入发展，两国不断加强司法和执法合作具备更好条件，中巴增进司法和执法领域专业交流，共同打击跨国犯罪，有助于进一步提升两国的战略互信水平。

中巴两国倡导的多文明和谐共处是非常重要的安全理念贡献，有助于消解逆全球化的文化优越论和极端思维。中巴两国的发展成就也因其非跨北大西洋国家身份而备受质疑。随着两国国家经济纽带的日益深化，也需要妥善处理日益增多的移民现象。两国通过加强文明层面的交往和建设命运共同体，有助于孕育多元文明包容互动的新格局，这有利于缓解当今极端思维和行为带给世界的安全危害。

第七章

中巴发展合作

2017 年 5 月 17 日，习近平主席指出，拉美是 21 世纪海上丝绸之路的自然延伸，中方愿同拉美加强合作，包括在"一带一路"建设框架内实现中拉发展战略对接，促进共同发展，打造中拉命运共同体。[1]这是中国首次就"一带一路"倡议是否涵盖拉美国家进行表态，正式回应了拉美国家关于是否可以参加该倡议的战略关切。2018 年 1 月，中国—拉共体论坛第二届部长级会议就"一带一路"倡议发出了特别声明。[2]声明指出，拉共体国家外长对中国外长关于"一带一路"倡议的介绍表示欢迎和支持。截至 2020 年底，已有 19 个拉美地区国家签署了协议。[3]虽然加入"一带一路"倡议较晚，但拉美相较于其他较早加入倡议的地区也有自己的特色，即拉美是金融最活跃与金融渗透度最深入的地区，是政府间贷款与中资企

---

[1] 央广网：《习近平同阿根廷总统马克里举行会谈，强调拉美是 21 世纪海上丝绸之路的自然延伸》，2017 年 5 月 18 日。http://china.cnr.cn/news/20170518/t20170518_523760658.shtml。

[2] 中国外交部：《中国—拉共体论坛第二届部长级会议关于"一带一路"倡议的特别声明》，2018 年 2 月 2 日。http://www.chinacelacforum.org/chn/zyxw/t1531607.htm。

[3] 19 个拉美国家包括：智利、圭亚那、玻利维亚、乌拉圭、委内瑞拉、苏里南、厄瓜多尔、秘鲁、哥斯达黎加、巴拿马、萨尔瓦多、多米尼加、特立尼达和多巴哥、安提瓜和巴布达、多米尼克、格林纳达、巴巴多斯、古巴和牙买加。

业收购、投资额最大的地区，也是合作领域与合作方式最多样化的地区。[1]巴西作为拉美大型经济体之一，尚未与中国签订共建"一带一路"协议，这种局面似乎与中巴全面战略伙伴的定位有差距，本章试图分析中巴围绕"一带一路"倡议的互动。

第一节

————

巴西对"一带一路"倡议的解读

一、 巴西对中国在拉美地缘政治影响力的扩展心存担忧

一个非常有趣的现象是，巴西与金砖国家机制成员的印度、俄罗斯等国态度相似，避免直接与中国签订共建"一带一路"合作协议，而是选择考虑以本国的发展倡议对接"一带一路"倡议，从而保持本国的地区影响力或战略自主性。在"一带一路"倡议的具体开展过程中，如何实现与潜在合作伙伴的战略对接是一个很大的挑战。比如俄罗斯提出了欧亚经济联盟、印度提出"季风计划"等，这些大国的地区发展战略与中国的"一带一路"倡议之间存在着地缘政治与经济意义上的互动。

巴西的地区雄心随着左翼政府的离任而出现削弱，继任的特梅尔政府忙于内政，无暇顾及地区事务，博索纳罗政府更是另辟路径，宣布退出南美国家联盟，转而推动基于自由主义模式的地区集团，如南美洲进步论坛。与南美国家联盟的中立实用精神相比，南美洲进步论坛强调意识形态，成员基本上来自致力于推翻委内瑞拉马杜罗政权的"利马集团"，客观上造成

—————————

[1] 参见赵忆宁：《"一带一路"与拉美十国调研报告》，《21世纪经济报道》2019年10月19日，http://www.21jingji.com/2019/10-19/2MMDEzNzlfMTUxMjk2MA.html。

了南美洲的分裂。更注重意识形态色彩的南美洲进步论坛不再把地区基础设施放在优先位置，也缺乏机制性的议事和决策机构，更缺乏强有力的领导国家。在这种形势下，巴西新政府对"一带一路"倡议下可能的区域性基础设施规划缺乏实质性兴趣。

二、 巴西面临着财政困难和美国干涉的内外双重压力

随着"一带一路"倡议的全面展开，它注重关键性基础设施项目的特色最引人注目，同时也引发了传统债权国的非议，比如美国政府和智库以债务陷阱、损害主权等说辞污名化"一带一路"倡议，这些新的情况显然影响了巴西决策者对共建"一带一路"倡议的认知。客观而言，在"一带一路"倡议提出之后，巴西国内发展基础设施的规划遭遇了严重的财政能力制约，政府更强调通过私有化来维护和升级国内的基础设施，对于"一带一路"倡议的政府间协议模式心存疑虑，也缺乏财政配套能力。

美国的介入和博索纳罗政府的亲美立场也是巴西在加入"一带一路"倡议上裹足不前的重要原因。特朗普政府的新战略注重从预期管理上塑造该地区国家的对华关系，试图说服地区国家把未来压在对美关系而非对华关系之上，表现为支持该地区政治人物反华和敌视社会主义的言论，把中国在拉美的经济拓展定性为"掠夺性""不公平性"的行为，进而预期中拉关系深入发展将会损及该地区的治理、民主前景。特朗普政府为此提供的论据是美国主要从拉美进口制成品，美国的投资和贸易主体是私营企业以及美拉共享民主价值观，并许诺在双边层面改进美拉经贸安排以促进技术交流和投资。除了财政能力硬约束和美国影响的软约束，巴西还有一些技术官僚认为中巴合作的水平实际上就是按照"一带一路"倡议的路径开展的，因此签订共建"一带一路"合作协议谅解备忘录的必要性不大，而且还可以回避美中角力带来的伤害。巴西对国内资本市场较为自信也降低了巴西加入"一带一路"倡议的急迫性。[1]

---

[1] Marcos Caramuru de Paiva，Clarissa Lins，Guilherme Ferreira，*Brazil-China The State of the Relationship Belt and Road and Lessons for the Future*，CEBRI，2019.

尽管如此，仍有不少巴西学者呼吁巴西应重视"一带一路"倡议的重要性，包括帮助巴西融入全球供应链。[1]

第二节

————

以"五通"衡量中巴发展合作的水平

一、政策沟通

"一带一路"倡议注重实现战略对接、优势互补的目标，客观上需要合作双方开展政策沟通，寻找发展战略和合作优势的契合点。虽然"一带一路"非常注重市场主体和市场作用，但市场运行的环境特别是营商环境客观上需要政府通过制定相应政策予以保障。尽管中巴之间尚缺乏在"一带一路"框架下的政策沟通，但双方已经发展出较好的政策对话机制，并提升至长期合作规划的层面。

中巴两国领导人签署了《2015 年至 2021 年共同行动计划》，该计划同《十年合作规划》互为补充；中巴高委会是落实《共同行动计划》与《十年合作规划》的主要机制。中巴达成的《2015 年至 2021 年共同行动计划》是两国合作的"顶层设计"，起到了为中巴双多边领域对话与合作描绘新蓝图的作用。[2]中国与巴西于 2017 年 6 月启动的中巴产能合作基金项目、中拉论坛下设立的一些专项资金等，这些都是中巴项目可资利用的机制设置。这些机制安排与"一带一路"倡议的合作原则

---

[1]　[巴西]若昂·保罗·尼科里尼·加布里埃尔等：《巴西亚洲政策的变化及对中国"一带一路"倡议的认知与回应》，载程晶主编：《巴西发展报告（2017—2018）》，北京：社会科学文献出版社 2018 年版，第 276—296 页。

[2]　参见李金章：《中巴合作迈向新高度》，《光明日报》2015 年 5 月 26 日第 12 版。

与精神并不相悖。

二、设施联通

从"一带一路"倡议近年来的实施成果来看，设施联通主要是以陆上的铁路建设和海上的港口建设为代表的基础设施项目。比如，陆上项目有雅万高铁、中老铁路、亚吉铁路、匈塞铁路以及中欧班列等，海上项目主要有瓜达尔港、比雷埃夫斯港等港口规划与建设。基础设施是中巴两国政府明确的优先合作领域之一，也是巴西对中国寄予厚望的合作领域，有利于实现巴西的可持续发展。

巴西的基础设施相对比较落后，而且分布很不均衡，主要集中在沿海地区，而内陆产粮地区的基础设施薄弱，严重影响了这些地区的经济发展。巴西也缺乏全国性的基础设施配套，成为影响培育国内产业链的不利因素。巴西基础设施领域的政策变化也值得关注和研究，总体趋势是通过公共特许经营来弥补巴西公共资源的缺乏，同时允许政府通过公私合营模式来投入适当的公共资源。[1]截至目前，中国企业对巴西的基础设施表现出了浓厚的兴趣，而且这种兴趣建立在服务于巴西国内发展和加强中巴日益密切的经贸纽带之上。比如，曾开展可行性研究的中国、巴西和秘鲁关于修建连接巴西大西洋港口与秘鲁太平洋港口的"两洋铁路"项目；中国企业还在巴西的水电、港口和电力远程输送等基础设施领域进行了大量的投资。巴西虽然尚未正式加入"一带一路"倡议，但加入了亚投行。中国在巴西电力、港口等领域的基础设施投资有利于巴西的长远发展，但也面临着巴西政府更替后国家支持力度可能下降的困扰。[2]

---

[1] 参见陈涛涛等：《拉美基础设施 PPP 模式与中国企业投资能力》，北京：清华大学出版社 2016 年版，第 213—224 页。

[2] Cilio Hiratuka, "Chinese Infrastructure Projects in Brazil", in Enrique Dussel Peters, Ariel C. Armony, Shoujun Cui, ed., *Building Development for a New Era*, Pittsburgh: University of Pittsburgh Press, 2018, pp.122—143.

三、贸易畅通

大力推动贸易和投资便利化，不断改善营商环境是"一带一路"倡议促进国际合作的重要目标。在贸易畅通方面，中国与沿线国家的主要合作方式包括简化通关手续和缩短通关时间，建设经贸合作区以及签署自由贸易协议等方面。2017 年 8 月，在金砖国家第七次经贸部长会议期间，中国与巴西在上海签署《中华人民共和国商务部与巴西工业外贸和服务部关于服务贸易合作的谅解备忘录（两年行动计划）》（以下简称《两年行动计划》）。该计划旨在推动两国在建筑、工程咨询、工程建设、信息技术、电子商务和银行自动化、旅游、文化、中医药等领域的服务贸易合作。中国与拉美主要经济体巴西签订此类贸易协议，对于推动中拉贸易关系自由化进程具有重要意义。

即便在 2020 年全球贸易遭受新冠病毒疫情严重冲击的情况下，巴西对华出口在上半年屡创新高，对中国的贸易依赖程度随着其他贸易伙伴进口需求的下降而增加。[1]事实上，贸易是中巴关系大发展的主要领域和战略

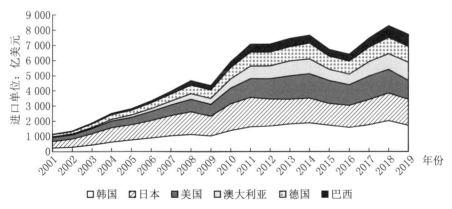

注：来自中国台湾地区以及中国再进口的数据未包含在内。
资料来源：https://www.trademap.org/，2021 年 3 月 1 日。

图 7.1　中国 2019 年前六大进口来源地变化趋势图

---

[1] Matt Rivers, "China and the US Are Racing for Influence in Latin America," *CNN News*, August 15, 2020.

支撑，中国是巴西的第一大贸易伙伴。中国在巴西对外经贸关系中的这种地位体现在方方面面。在中国经济迈入新常态和高质量发展、巴西经济增长整体乏力和美国贸易保护主义兴起的新形势下，中巴蓬勃发展的经贸关系如何走向深入和维护国际贸易多边主义与开放格局值得思考。

四、 资金融通

中国同"一带一路"建设参与国和组织开展了多种形式的金融合作。这些金融合作的形式包括亚投行的项目贷款，"丝路基金"投资和中国与沿线国家成立的金融控股公司，等等。在中国对外部世界的经济影响力中，金融走出去起步最晚，发展也不够充分，但增速较快、作用重要，也是外部世界颇为期待的部门。特别是对资本形成率较低的巴西而言，中国的金融资源对于巴西的财政安全和可持续发展具有重要价值，两国央行签署的货币互换协议就属于这种类型的合作。资金融通对中巴贸易、投资的发展发挥着重要的支撑作用。

在中巴经济关系已经形成贸易、投资和金融合作三个引擎驱动的格局下，资金融通在中巴关系中已经具有一定的基础。这种基础表现为中拉论坛下的一系列合作基金、中国政策性银行对中国企业进入巴西的融资支持、石油换贷款合作、双边性的货币互换机制以及中国商业银行对巴西本地业务的拓展，包括银联等支付机构开展跨境支付业务，为巴西国有石油公司提供贷款等。但是受制于当地政府金融监管要求，中资银行资本金规模小，难以满足大型项目的融资需求。[1]当然，如果从更广泛的意义上来讲，相互投资也是资金融通非常重要的一部分。在投资领域，巴西是中国在海外重要的投资目的地，投资对象也从战略性资产扩展至制造业、高科技行业、基础设施和服务业等诸多领域。据巴西对外贸易商会的统计，中国对巴西

---

[1] 参见辛晓岱：《中拉经济发展战略对接的潜力和路径选择》，载《拉丁美洲研究》2017 年第 5 期，第 1—15 页。

投资存量超过 800 亿美元，成为最重要的投资来源国之一，为当地创造了 4 万余个直接就业岗位。[1]

伴随着中巴两国经济结构的转型，服务业在两国经济中的占比不断攀升，也成为两国贸易的潜在增长点。巴西政府鼓励出现更多附加值高的服务业，也欢迎多样化的服务贸易帮助巴西更好地融入全球价值链，为全球经济创造更多财富。巴西服务业在国民经济占比超七成，2020 年服务业在巴西国内生产总值构成中占比达到 72.7%，2021 年巴西服务贸易金额高达 812 亿美元。[2]巴西地理统计局统计数据显示，该国 2022 年国内生产总值较上年增长 2.9%，其中服务业生产总值较上年增长 4.2%，对该国国内生产总值增长贡献明显。[3]巴西与智利 2018 年签署自由贸易协定，涉及电信、电子商务、服务贸易及环境保护等领域，还包括投资方式、金融服务和公共采购等内容。比如，两国决定互免手机通信漫游费。

从中巴两国各自的服务贸易水平来看，金砖国家服务贸易的总体特点是增速快、质量偏低、逆差较大、潜力较大。服务贸易也逐步进入中巴战略合作的优先议程。2017 年，中巴签署了《两年行动计划》，推动双方在建筑、工程咨询、工程建设、信息技术、电子商务和银行自动化、旅游、文化、中医药等领域的服务贸易合作。此外，中巴经贸关系的日趋密切、多样和高战略依存度，也为服务贸易提供了好的基础。巴西等拉美国家对中国游客的兴趣正在快速上升。[4]巴西更多高附加值产品正在进入中国市场，中国对巴投资也向价值链高端攀升。在巴西经营的中资企业经营活动涵盖金融、能源、建筑、制造和电信等多个领域，在维护、维修、知识产权使

---

[1] 陈威华、赵焱：《疫情肆虐，中企助力巴西复工复产》，载《参考消息》2020 年 7 月 7 日第 11 版。

[2] 香港贸发局：《巴西市场概况》，2022 年 11 月 23 日，https://hktdc.infogram.com/brsc-1hd12yxnc99vx6k。

[3] 赵焱、陈威华：《巴西 2022 年国内生产总值增长 2.9%》，2023 年 3 月 3 日，http://www.news.cn/world/2023-03/03/c_1129410348.htm。

[4] ［哥斯达黎加］安娜贝尔·冈萨雷斯：《全球紧张局势下中拉贸易与投资需要升级及多样化》，载《拉丁美洲研究》2019 年第 1 期，第 99—121 页。

用、信息服务、技术咨询等诸多方面存在对服务贸易的相应需求。数字化转型将大幅提升服务的可贸易性，也有望为中巴服务贸易提供助力。

中巴服务贸易水平的提升有赖于双方创造更好的条件。比如，巴西治安和交通状况较差，降低了中国游客前往巴西旅游的意愿。巴西政府为此提出放松枪支管制以增强自卫能力，提高警察执法权等措施。基础设施项目采用公私伙伴关系，但政府财政能力有限，项目的政策环境存在不确定性。双方在服务贸易政策与规则环境的讨论不够。双方的比较优势仍有待挖掘。比如巴西边远地区缺好的医生，工业化缺工程师，安保技术与服务，职业技术和基础教育，电信和数字化服务，文化、影视、体育、电影、中文教学交流都蕴藏着增长的商机。中巴两国在产能合作和服务贸易协议的落实，可以形成对周边经济体的辐射和影响。[1]

在如何促进资金的双向流动上，双方目前存在不对称态势，即中国流向巴西的资金远远大于巴西流入中国的资金。这种情况与巴西的优势产业不突出和中国金融市场相对封闭都有关系。一些有竞争力的巴西企业如马可波罗客车、巴西航空工业公司等都在中国投资设厂，但巴西企业和资本在华的整体存在度不够，影响力也不大。随着中国证券市场和债券市场开放程度的扩大以及人民币国际化的进展，继参与亚投行等中国发起的多边投资银行之后，巴西资本将有更多的机会参与中国的经济增长。两国共同参与金融领域的多边合作倡议的态势正在形成，巴西鼓励中国参与到美洲的现有多边金融机制之中，包括美洲开发银行、拉普拉塔发展基金和拉丁美洲开发银行等。[2]

投资合作是中巴资金融通的重要领域，考虑到投资涉及的基础设施等长周期和公共产品类项目，如何发展出良好的公私合作伙伴关系至关重要。中国投资者需要从此类合作中获得稳定和可持续的收益，这样才能吸引中国投资者参与其中。诸如"两洋铁路"等大型区域性基础设施项目进展较

---

[1] 吴白乙：《全球化与"一带一路"视角下的中拉发展战略对接》，载《拉丁美洲研究》2017年第6期，第19页。

[2] [巴西]克劳迪奥·普提：《对中国—巴西关系的思考》，载谌华侨主编：《中国与巴西发展与聚焦》，北京：时事出版社2017年版，第113页。

为缓慢，地区相关国家就路线走向也未达成一致，从而增加了该项目的不确定性。此外，巴西的营商环境也是影响中国公私投资者进入的不利因素之一。巴西政府财政能力偏弱，税制也较为复杂，劳工权益和环保标准也比较高，治安形势普遍较差。巴西需进一步改善本国的营商环境，更好地促进投资便利化，从而为中资创造更好的投资环境。事实上，巴西已经意识到这个问题并正在做出政策上的改变。比如，特梅尔政府和博索纳罗政府都曾努力通过私有化进程来吸引中国资本进入该国的基础设施部门。两国需要加强对话探讨中巴扩大产能基金等制度安排发挥作用的方式方法。

中巴双方在当前经济保护主义有所升温的情况下，保持了对经济开放和市场改革的承诺，有利于双方创造更多资金融通的机遇和有利条件。本币结算、联合融资、债券市场开放等金融合作也日益提上议事日程，在巴西设立更多的人民币清算行和提供更多的"人民币合格境外机构投资者"额度，要落实这些举措双方仍然有许多工作要做。特别是在政治友好关系之外，还要特别重视项目本身的经济与社会可行性以及市场力量的充分参与。正如国际货币基金组织所警示的那样，在那些公共债务已经高企的伙伴国，"一带一路"项目的融资条款需要谨慎管理显得颇为关键。[1]中国与巴西在发展基础设施领域大项目的过程中，应注意防止财政困难损害项目的财务可持续性，并予以更好的融资安排与政策准备。巴西还希望中国可以增加绿地投资、基础设施和技术知识密集型行业的投资。[2]

五、 民心相通

"一带一路"倡议注重夯实国际合作的民意基础和筑牢社会根基。中国

[1] Christine Lagarde, "Belt and Road Initiative: Strategies to Deliver in the Next Phase", IMF-PBC Conference—Beijing, April 12, 2018, http://www.imf.org/en/News/Articles/2018/04/11/sp041218-belt-and-road-initiative-strategies-to-deliver-in-the-next-phase.
[2] Celio Hiratuka, "Chinese OFDI in Brazil Trends and Impacts, 2000—2017", in Enrique Dussel Peters, eds., *China's Foreign Direct Investment in Latin America and the Caribbean*, UNAM, 2019, pp.167—188.

政府每年向相关国家提供 1 万个政府奖学金名额，地方政府也设立了丝绸之路专项奖学金，鼓励国际文教交流。各类丝绸之路文化年、旅游年、艺术节、影视桥、研讨会、智库对话等人文合作项目也随之开展。2019 年瓦加斯基金会召开"一带一路和一河"研讨会，讨论中国和里约热内卢州（州名是"一月的河"之意）的合作，取意连接新丝绸之路广阔海洋的自然水道。新冠病毒疫情暴发以后，中国组织中巴双方医疗团队开展 10 余场在线防疫交流，协助巴西在华采购大量医疗设备，两国多家生物制药机构开展疫苗研发合作，中国还向巴西援助了大量医用口罩等个人防护用品。

　　巴西虽然尚未正式加入"一带一路"倡议，但中巴都非常注重加强人文交流的工作。中国在中拉论坛的框架下向巴西提供一定数量的留学生奖学金和青年政治家交流名额。中国在巴西的孔子学院数量可观且颇为活跃，为巴西的中文热提供了有力的教学支撑和文化交流机会。巴西足球运动员近年来在中国足球职业联赛日趋活跃，其中一些杰出运动员还选择入籍中国，代表中国国家队征战国际足球赛场。巴西对中国的认识也从早期的借助西方视角转换到互动伙伴视角。[1]民心相通不仅仅体现在文化和人文交流的层面，也有着通过治国理政交流和合作实践培育出的对彼此发展模式的理解之深入。笔者在巴西调研期间，巴西政府、智库的有关人士对中国发展经验的熟悉程度令人印象深刻。这可能归功于两国学术界的努力，包括 2013 年两国科研机构合作开展的跨越中等收入陷阱研究。[2]

　　"一带一路"倡议仍然处于不断发展之中，巴西尚需要时间来深化对它作为国际合作平台的作用、运行逻辑和地缘影响的认知。中巴青年交流还需要加强，克服目前存在的规模小、落实不足、双向性和互动性欠缺、广度和深度有待加强等问题。[3]在巴西，关于中国的三种意象并存，即古代

[1] 参见严怡宁：《身份与认同：巴西主流媒体涉华报道分析》，载《拉丁美洲研究》2016 年第 3 期，第 102—116 页。
[2] ［巴西］费尔南多·韦洛索、莉亚·瓦尔斯·佩雷拉、郑秉文主编：《跨越中等收入陷阱：巴西的经验教训》，北京：经济管理出版社 2013 年版。
[3] 程晶：《人文交流视角下中国与巴西青年交流的发展及成效评析》，载刘国枝主编：《巴西发展报告（2016）》，北京：社会科学文献出版社 2017 年版，第 195—210 页。

中国、社会主义中国和提供资本机遇的中国，巴西仍无法充分理解中国，缺乏能够真正理解 21 世纪中国的汉学家。[1]中国也缺乏世界公认的巴西学家。鉴于中巴既往合作模式与"一带一路"倡议的理念并无重大区别，双方的合作已经落地并结出硕果，"一带一路"倡议在巴西的落地可能会更具特色。目前，两国采用对接各自发展规划的做法是一种务实的可取路径，对于中国与大型新兴经济体在"一带一路"倡议框架下的合作模式具有启发意义。

第三节

————

中巴关系颇具韧性

新冠病毒疫情暴发以来，巴西成为疫情重灾区，进一步加剧了巴西原本已经较为脆弱的政治、经济和社会形势。美国特朗普政府奉行的对华竞争战略进一步增加了巴西发展对华关系的难度。尽管面临上述困难因素的干扰，围绕合作抗疫和复工复产这一主线，中巴关系持续走向深入。患难见真情，抗疫外交进一步加深了中巴友谊。

一、 携手构建中巴卫生共同体

面对持续不断的流行病挑战，中国成为包括拉美地区在内的发展中国家可信赖的抗疫合作伙伴。2020 年 3 月疫情席卷拉美以后，中国政府通过领导人电话外交、捐赠医疗设备和物资、派遣医疗专家组、合作研发疫苗

---

[1] 傅一晨：《巴西及其视域中的"多个中国"：巴西学术界如何理解中国》，载《拉丁美洲研究》2019 年第 4 期，第 40 页。

和技术经验视频交流会等形式，特别是中国关于疫苗国际公共产品化的承诺，让拉美国家切实感受到了中国的诚意和善意。新冠病毒疫情也让巴西等拉美国家更直观地感受到中国在供应链、科技领域的成就，坚定了发展对华关系的信心。

中巴在抗疫进程中坚持多边主义并照顾发展中国家的需求，体现了人类命运共同体的情怀。在多边场合，双方一道发挥新兴大国影响力，坚定支持世界卫生组织在全球抗疫中发挥领导和协调作用，共同推动"确保全球各国公平获得药品、疫苗及医疗设备"的倡议在联大获得通过，共同支持拉美和加勒比国家团结抗疫。[1]在双方处于抗击疫情最困难阶段时，中巴守望相助，给予彼此力所能及的帮助。在中国较早控制国内疫情后，中国新冠疫苗研发的临床试验遭遇缺乏病人的困境。为了及早完成疫苗研发的临床试验，中国与巴西等拉美国家在疫苗研发上开展了深度合作。巴西知名医疗机构布坦坦研究所与科兴生物疫苗就新冠疫苗临床试验乃至生产开展了密切合作。2020年12月中旬，巴西与科兴公司合作的"克尔来福"新冠疫苗在巴西投产，用以供应巴西和其他拉美国家的市场需求。[2]克尔来福新冠疫苗的Ⅲ期临床试验在巴西、印度尼西亚、土耳其和智利四国展开。2020年12月23日，巴西圣保罗州政府和布坦坦研究所举行新闻发布会，宣布北京科兴中维生物技术有限公司研发的克尔来福新冠疫苗具备有效性，这为该疫苗获得卫生监管机构批准上市提供了坚实的科学试验依据。

二、 中巴经贸合作在疫情中行稳致远

拉美地区对华贸易在逆势增长，新业态、新需求不断显现，中拉在电商、人工智能、数字经济、医疗、文创产业、生物、海洋经济等新兴领域

---

[1] 祝青桥：《团结是战胜疫情的最有力武器》，《千年报》2020年6月1日，http://www3.fmprc.gov.cn/web/dszlsjt_673036/t1784954.shtml。

[2] 张日：《虽远犹近，中拉经贸合作常刷新》，《国际商报》2020年12月25日，http://www.comnews.cn/article/gjhz/202012/20201200067055.shtml。

合作潜力巨大，不断涌现新的合作增长点。[1]扩大服务贸易比重成为中巴深化经贸关系的新共识。2020 年 9 月，首届中国巴西（里约）云上国际服务贸易交易会举行，涉及智慧医疗、智慧城市、文化贸易、技术服务和数字贸易等领域，旨在搭建服务贸易公共平台以推动双边经贸合作。中国国际投资促进会常务副会长刘作章说："这些措施将为中巴两国继续发挥互补优势，加强运输、电信、旅游和建筑等重点领域服务贸易合作、共同承接生产性服务业国际转移、联合开发第三方市场等提供广阔的机遇。"[2]

中拉贸易连续 3 年增长，2019 年贸易额达 3 174 亿美元。尽管遭受疫情冲击，但中巴贸易展现出强大韧性。[3]2020 年，中国与巴西虽先后成为不同时期的新冠病毒疫情"震中"，但中巴经贸合作的"稳定器"作用愈加凸显，巴西在产业链供应端的基础性作用更加明显，在确保中国食品供应链稳定中发挥了积极作用，中国的需求也是确保巴西收入稳定的重要基础之一。[4]2020 年第二季度，拉美经济受疫情冲击陷入衰退，但这种衰退的势头在第三季度得到缓解，主要得益于拉美国家对美国制造业和对华初级产品的出口表现。[5]据巴西经济部数据，尽管 2020 年巴西进出口因新冠病毒疫情影响而出现下滑，但全年贸易顺差达到 509.95 亿美元，比 2019 年高出近 30 亿美元。其中，2020 年巴西对华出口同比增长 7.8%。[6]中国经济回

---

[1] 上海贸促网：《周敏浩会长出席"上海—拉美及加勒比地区国家经贸座谈会"》，2020 年 9 月 16 日，http://www.cpitsh.org/page.aspx?node＝17&id＝8995。

[2] 王露：《专家：中国巴西服务贸易合作前景广阔》，新华社北京 2020 年 9 月 11 日电，https://politics.gmw.cn/2020-09/13/content_34181888.htm。

[3] Fabiane Ziolla Menezes, "To Get Back on Track, Latin America Needs to Find a Never-before-achieved Balance between Structural Reforms and Monetary Stimulus", January 1, 2021, https://labsnews.com/en/articles/business/latin-america-growth-2021-forecast/.

[4] 岳云霞：《经贸合作推动中拉"一带一路"共建行稳致远》，人民日报海外网《一带一路舆情报告》2020 年 10 月 21 日，https://finance.sina.com.cn/roll/2020-10-21/doc-iiznezxr7186181.shtml。

[5] 李晓骁等：《中拉携手抗疫生动诠释"天涯若比邻"》，《人民日报》2020 年 8 月 1 日第 2 版。

[6] 新华丝路里约热内卢 1 月 6 日电：《巴西 2020 年实现贸易顺差近 510 亿美元》，2021 年 1 月 6 日，https://www.imsilkroad.com/news/p/441000.html。

暖、需求复苏，是带动巴西原材料出口反弹的重要因素。这种情况凸显了包括中国的需求对巴西经济安全的重要性，疫情使得巴西民众加深了对中国作为经济伙伴重要性的认知。

作为中拉"1＋3＋6"务实合作新框架内的重点合作领域，农业成为新冠病毒疫情下中巴经贸合作的突出亮点。在世界经济深受贸易保护主义、地缘政治竞争和新冠病毒疫情冲击的情形下，中国持续扩大对巴西优质农产品的市场开放，提振了巴西在疫情中应对本国经济困难的信心，也提升了我国在新冠病毒疫情特殊时期的粮食安全与食品品质。中巴农业合作具有较强互补性，不仅有助于稳定巴西的农业产业链供应链，还对双方调整农业产业结构、丰富农产品市场有重要促进作用，截至 2019 年年底，中国对拉美农业直接投资存量为 20.13 亿美元。[1]据商务部统计，受疫情冲击，2020 年 1—9 月中拉贸易额下降 2.8%，但自拉美进口增长 1%，特别是自拉美进口农产品逆势强劲增长，增幅近 20%。[2]据中国农业农村部数据，2020 年上半年，中拉农产品贸易额为 267.5 亿美元，占中国农产品贸易总额的 22.9%。[3]其中，巴西的农产品出口比例颇为可观。

中巴农产品贸易的快速发展，也带动了桑托斯港等重要港口的建设与发展，吸引了中国企业在巴西农业及相关基础设施部门的投资，带动了当地经济的可持续发展，帮助巴西更好地融入全球价值链。双方的科研机构也随之加强了合作研究，2020 年 12 月 18 日，中国、拉美 46 所涉农高校和科研机构共同组建了"中国—拉丁美洲农业教育科技创新联盟"，15 所中拉高校签署校际合作框架协议。中巴农业合作不断深化不但基于双方贸易结构的互补性，而且也符合双方经济发展的内生需求。中国中产阶层人群的扩大及其消费升级带动了巴西对华农产品输出的多元化和附加值

[1] 姚明峰等：《中拉农业合作不断提质升级》，《人民日报》2020 年 11 月 24 日第 17 版。
[2] 郑青亭：《商务部：1—9 月中国自拉农产品进口激增 20%，在拉新签合同额增长 17.3%》，《21 世纪经济报道》2020 年 11 月 3 日，https://m.21jingji.com/article/20201103/herald/b8cf4b531fd88f4ee7235074fa3c9a0b.html。
[3] 颜欢等：《中拉农业合作向多元纵深发展》，《人民日报》2020 年 9 月 21 日第 3 版。

的提升。非矿产品的输出也符合巴西改善对华出口结构的战略需求。中国越来越多的贸易便利措施为巴西更多优质农产品进入中国市场提供了"绿色通道"。[1]

中国在履行中美第一阶段贸易协定时并未减少对巴西农产品的进口，这大大降低了巴西的有关顾虑，也彰显了中国支持经济全球化和自由贸易的坚定立场，从而增加了巴西各界深化对华经贸的信心。此外，面对疫情，中国从其在粮农组织捐资设立的信托基金中安排资金帮助拉共体国家应对粮食安全问题。[2]在新冠病毒疫情出现环境传人的情况后，拉美国家愈加担心中国禁止巴西有关产品出口中国的可能性，双方通过加强沟通和检验检疫措施很好地加以应对。中国海关针对进口冷链食品采取相应的"熔断性"紧急预防性措施，即同一境外生产企业输华冷链食品或其包装第一次和第二次被检出新冠病毒核酸阳性的，海关分别暂停接受该企业产品进口申报一周，期满后自动恢复。[3]

中巴经贸关系在疫情期间的增长表明，双方依然视对方为彼此重要的发展伙伴，并坚守经济全球化的大方向。拉美地区的"一带一路"舆情更加认同倡议符合巴西经济发展需要，承认"'一带一路'倡议不是一种威胁，而是一次机会"。[4]与一些国家政府在新冠病毒疫情期间采取的脱钩和去全球化做法不同，巴西支持建设开放的世界经济，重视与中国建立全面和共同发展的伙伴关系，深化了对中国作为主要出口目的地以及重要抗疫物资供应国的认知。巴西总体上的政治中立也有助于稳定中国的对外经贸和投资关系，中国的技术进步通常不被视为巴西国家的安全或经济威胁。

---

[1] 中国进口博览会：《拉美味道"走红"中国的背后》，2019年4月9日，https://www.ciie.org/zbh/bqxwbd/20190409/15958.html。

[2] 姚明峰等：《中拉农业合作不断提质升级》，《人民日报》2020年11月24日第17版。

[3] 钱小岩：《牛肉和铁矿石源源不断装船　中国巴西贸易已不仅仅是复苏》，《第一财经日报》2020年11月10日。

[4] 岳云霞：《经贸合作推动中拉"一带一路"共建行稳致远》，人民日报海外网《一带一路舆情报告》2020年10月21日，https://finance.sina.com.cn/roll/2020-10-21/doc-iiznezxr7186181.shtml。

三、创新合作领域与方式

（一）开展线上外交

2020 年 7 月，中国外交部长王毅在中拉应对新冠病毒疫情特别外长视频会议上指出，公共卫生、粮食安全、数字经济和清洁能源是后疫情时代中国与拉美地区合作的新的优先领域。这些新的优先领域实际上已在中巴双边合作议程之中，但新冠病毒疫情大大提升了这些领域在中巴合作议程中的优先度。中巴食品、医药产品及游戏的贸易量逆势增长，"健康丝绸之路""数字丝绸之路"受到巴西各界更多的关注，数字经济和服务贸易有望促使中巴经贸合作进一步转向价值链高端。[1]

（二）巩固供应链

正如中国商务部副部长王炳南指出的，中拉加强基础设施合作，将更有效地实现双方要素共享、优势互补，推动构建稳定畅通的中拉产业链供应链。[2]巴西等拉美产粮大国的国际竞争力长期受制于国内基础设施的短缺。2020 年 6 月，由中海油自主集成的 35 万吨级海上浮式生产储卸油装置 P70FPSO 克服疫情困难，在巴西桑托斯盆地盐下油田成功交付并实现首次产油，得到合作伙伴巴西石油公司的高度赞誉。[3]港口设施、水电站建设和特高压输电网成为中国企业在巴西基础设施建设中最为引人注目的领域。

根据商务部 2020 年 11 月初的情况通报，疫情以来中国对拉美直接投资同比增长 21%，远高于中国对全球投资增幅（10%）；投资领域从传统的

---

［1］ 岳云霞：《经贸合作推动中拉"一带一路"共建行稳致远》，人民日报海外网《一带一路舆情报告》2020 年 10 月 21 日，https://finance.sina.com.cn/roll/2020-10-21/doc-iiznezxr7186181.shtml。

［2］ 中国商务部：《第六届中拉基础设施合作论坛在澳门举行》，2020 年 12 月 3 日，http://www.mofcom.gov.cn/article/ae/ai/202012/20201203020031.shtml。

［3］ 吴杰、张远南：《"中国制造"巴西"海上油气工厂"成功产油》，《人民网》2020 年 6 月 28 日，http://world.people.com.cn/n1/2020/0628/c1002-31760927.html。

能矿、农业、电力逐渐向基础设施、组装加工、金融、新能源等领域延伸；工程承包在工程总承包（EPC）模式之外积极尝试公私伙伴关系、建设运营转让（BOT）等方式，推动合作转型升级。[1]此外，越来越多的基础设施建设采用了投资并购的方式。2020年12月，第六届中拉基础设施合作论坛在澳门成功举办，中方表达了注重质量控制、传统基建与新基建并重、加强规划对接、创新投融资模式和加大金融联合支持力度对双方基础设施合作的重要性。这些都为中巴加强基础设施领域的合作描绘了更好的前景。

四、 新发展格局的机遇

中国正加快构建以国内大循环为主体、国内国际双循环相互促进的新发展格局，这将给中巴互利合作带来更多机遇。"构建新发展格局绝不是闭关内顾，而是要从供给和需求两端同时发力，全面畅通生产、分配、流通、消费各环节，在提高经济韧性和竞争力的同时，建设更高水平的开放型经济新体制。这将为各国共享中国经济高质量发展成果带来更多机遇。"[2]中国构建新发展格局，在更高的起点上推进改革开放，将为巴西提供更广阔的市场和发展机遇。巴西是中国搞好国内国际双循环的重要环节，不仅是中国全球价值链的重要供给方，而且是全球价值链拓展的重要对象。中国坚持扩大内需这个战略基点，形成强大国内市场，也有利于扩大巴西对华出口的规模与水平，从而提升其应对世界经济不确定性。中国经济的韧性、超大市场规模及内需潜力释放有利于促进巴西农产品出口多元化，以国内大循环为主体、国内国际双循环相互促进的新发展格局将为巴西提供更多商机。[3]

---

［1］ 郑青亭：《商务部：1—9月中国自拉农产品进口激增20%，在拉新签合同额增长17.3%》，《21世纪经济报道》2020年11月3日，https://m.21jingji.com/article/20201103/herald/b8cf4b531fd88f4ee7235074fa3c9a0b.html。

［2］ 新华社：《习近平：新发展格局将为各国共享中国经济高质量发展成果带来更多机遇》，2020年11月21日，http://www.gov.cn/xinwen/2020-11/21/content_5563268.htm。

［3］ 陈瑶、黄顺达：《财经观察：拉美经济遭疫情重创　中国市场助拉美复苏》，新华网2020年10月27日，http://www.xinhuanet.com/fortune/2020-10/27/c_1126665165.htm。

在双循环的新发展格局下，中拉经济关系迈入深度互动阶段，不仅要均衡推动双方的贸易、投资和金融合作，而且需要改善双方的投资环境，提升双方经济关系的制度化水平。在中国共产党中央委员会关于制定国民经济和社会发展第十四个五年规划的建议中，包括了实现高水平走出去、稳慎推进人民币国际化、推进基础设施互联互通、构筑互利共赢的产业链供应链合作体系、健全多元化投融资体系等内容。这些新的政策建议有助于中国市场力量深度参与巴西的经济发展，提升中巴经济的相互融合度，释放巴西经济发展的活力。

中国坚持走绿色发展之路，这也将进一步助推已扬帆起航的中巴绿色能源合作进程。面对疫情的冲击，中巴仍积极开展绿色发展合作，推进绿色复苏，取得了丰硕成果。如中国国家电力投资集团公司同巴西电力研究中心签署综合智慧能源项目，成功收购墨西哥大型清洁能源平台公司；比亚迪在巴西磷酸铁锂电池工厂投产。[1]环境领域是中巴优先合作领域，双方都支持绿色发展与国际合作，在绿色发展上志同道合，合作空间广阔。

根据当代中国与世界研究院联合相关机构发布的《中国企业海外形象调查报告2019》，在阿根廷、巴西、智利、墨西哥、秘鲁的调查显示，拉美民众对中国企业总体印象良好。该报告显示有73%的受访者对中国企业印象良好，最为认可中国企业为本国带来先进的技术，选择比例高达61%，超过半数受访者期待与中企在生物技术领域开展合作，另有49%的受访者期待在基础设施和环保领域开展合作。在认可中国企业的同时，巴西民众对"一带一路"的认知度仍有待提高。[2]中国外文局国际传播发展中心联合当代中国与世界研究院、凯度集团共同完成的《中国企业形象全球调查报告2022》显示，2022年的巴西受访者最期待与中国企业合作的领域依次

［1］ 贾平凡：《赋能绿色发展提振复苏信心　中拉绿色合作风正帆扬》，《人民日报海外版》2020年12月22日第10版。
［2］ 参见孙敬鑫：《"一带一路"在拉美，企业认可度如何提高?》，2020年6月24日，https://www.thepaper.cn/newsDetail_forward_7979312。

为科技（65%）、生物技术（37%）、环保和基础设施（36%）以及物流运输（35%）等；约34%的受访巴西民众认为在提升海外民众对中国企业好感度方面，中国企业最应该采取的举措是积极在服务对象国社区建立良好口碑，支持和增加与对象国的人文交流；巴西受访者对中国企业在维护和支持可持续发展相关方面态度的信心高达64%。[1]

---

［1］　中国对外书刊出版发行中心：《中国企业形象全球调查报告2022》，2023年1月10日，http://www.ccicd.org.cn/ppxm/hqlt/202301/t20230116_800318650.html。

第八章

走进地方： 以上海对巴交往为例

　　地方层面的交往正在成为中巴关系的新兴领域。上海正在大力推进国际经济、金融、贸易、航运和科技创新等"五个中心"建设，这为上海服务于国家"一带一路"倡议和中拉命运共同体建设提供了有利的条件和支撑。事实上，上海已经具备了推动中拉关系深入发展的现实基础。上海也是中巴经贸往来的重要桥梁，多年来与巴西的友好城市开展了广泛交流。上海以其综合优势在促进中巴战略伙伴关系上拥有一定的比较优势，在与市场相对成熟的巴西交往时更具适应力。上海的电影节、博物馆和涉外资源等元素也是推动中巴友好落地的软实力。

第一节
——
经验交流促政策沟通

　　上海是中拉共建"一带一路"倡议中双方治国理政交流与政策沟通的

重要参与者，是展示中国经济社会发展成就的重要窗口。上海先后与圣保罗、里约热内卢结为友好交流城市，也是金砖国家新开发银行总部的所在地。巴西副总统莫朗 2019 年访沪期间表示，上海经济社会建设成就显著，巴西希望推动地区间合作交流，分享城市管理经验，实现共同发展。[1] 2019 年 9 月，上海市人大常委会代表团对阿根廷布宜诺斯艾利斯、智利瓦尔帕莱索及圣地亚哥、秘鲁利马进行了友好访问，就进一步做好地方预算审查监督、完善本市生态环境保护、城市规划建设及建筑保护更新的法治保障工作考察学习了对方的经验做法，并调研了上汽集团南美公司落实"一带一路"倡议的成果与需求。通过访问，不仅增强了四个自信，而且形成了很多政策建议，比如建议上海天楹环境科技有限公司等企业到南美国家开拓市场；建议上海进一步加强与南美城市的交往，在积极对外宣传"一带一路"及进博会、讲好中国故事等方面发挥其应有的作用，更好地服务国家总体外交战略；建议国家进一步加大与南美国家的贸易谈判，努力消除中国产品的准入壁垒，为中国企业走出去创造更加有利的条件。[2]

2020 年 9 月 14 日至 18 日，外交部组织拉美和加勒比国家驻华使节代表团赴上海交流考察，共有 18 国 27 名驻华使节参团。代表团参观了中共一大会址，考了上汽乘用车集团生产线、中国船舶集团有限公司江南造船和沪东中华造船以及中国商飞 919 飞机生产线等，加深了对上海经济发展情况和全力打造法治化、国际化、便利化的营商环境的印象和认识。时任上海市委书记李强在会见代表团时指出，上海与地区国家交往密切，期待进一步推动双方在经贸、产业、科技、教育、文化等领域的交流与务实合作，为中拉友好关系发展做出积极贡献，欢迎更多拉美和加勒比国家企业参与即将在上海举办的第三届中国国际进口博览会，分享合作商机，实现共赢发展。[3]代表

---

[1] 上观新闻：《促进双方企业加大投资　应勇会见巴西副总统莫朗》，2019 年 5 月 21 日，http://www.shio.gov.cn/sh/xwb/n782/n783/u1ai21117.html。

[2] 上海人大：《上海市人大常委会代表团访问阿根廷、智利和秘鲁情况的报告》，2020 年 3 月 2 日，http://www.spcsc.sh.cn/n1939/n2440/n7267/u1ai206624.html。

[3] 中国外交部：《外交部组织拉美和加勒比国家驻华使节代表团赴上海市和江苏省交流考察》，2020 年 9 月 24 日，http://www3.fmprc.gov.cn/web/wjb_673085/zzjg_673183/ldmzs_673663/xwlb_673665/t1817810.shtml。

团在访沪期间参加了"上海—拉美及加勒比地区国家经贸座谈会"，上海市国际贸易促进委员会（以下简称"上海市贸促会"）会长周敏浩表示，愿以共建"一带一路"为契机，热忱欢迎包括拉美及加勒比地区的企业来沪投资兴业，上海建工、新联纺（东方国际）、振华重工、汇付天下等 30 多家企业代表与会交流。[1]

新冠病毒疫情成为全球流行病以来，上海在中巴合作抗疫中发挥了重要作用。2020 年 4 月 6 日，"上海—圣保罗抗击新冠肺炎经验交流视频会"举行，双方政府和医护人员等数十人与会，这是自 1988 年结为友好城市以来，圣保罗同上海友谊的新进展。双方交流了新冠防控基本知识及疫情防控经验，包括院感防控、专科护理操作及危重症病人的护理经验等。上海等圣保罗在华友好省市向圣保罗捐助了数量不菲的医疗物资。

第二节
———

经贸合作增经济韧性

中国有序推动企业复工复产，积极打出稳外贸政策"组合拳"，上海作为国际航运中心，积极助力国际货运逆势而上，为稳定和畅通全球供应链产业链发挥重要作用。上海港成为服务中拉贸易的重要物流枢纽。得益于先进制造业和国际航运优势，上海不仅成为近年来中国在拉美汽车市场拓展的主力军，而且成为中国汽车产品进入南美市场的重要物流枢纽。作为全国最大的汽车进出口口岸，上海外高桥口岸在 2020 年首次实现出口大于进口的局面，上海汽车自主品牌多年深耕拉美市场对此功不可没。[2]上海

---

[1] 上海贸促网：《周敏浩会长出席"上海—拉美及加勒比地区国家经贸座谈会"》，2020 年 9 月 16 日，http://www.cpitsh.org/page.aspx?node=17&id=8995。

[2] 上观新闻：《上海口岸汽车出口同比增近 7 成 以拉美、亚洲、非洲为主的局面有望打破》，2021 年 1 月 27 日，http://sh.people.com.cn/n2/2021/0127/c176738-34550969.html。

良友新港是散装粮食的重要入境港。2020 年，来自阿根廷、巴西的大豆经该港大规模入境，3 月进口大豆到港量已达 26 万吨，同比增长 98.4%。[1]据上海海关统计，2020 年前 7 个月，上海关区共进口大豆 35 万吨，比 2019年同期增加 76%，其中自巴西进口占比超 7 成。[2]南美大豆市场与北美形成季节差，从而为上海港全年进口大豆提供了持续营收。上海也是很多拉美国家在华首选的产品物流中心。

拉美地区近年来已成为中国重要的整车出口市场，巴西、秘鲁等国均位居中国品牌汽车出口目的国前列，越来越多中国车企选择在拉美投资设厂，并与当地企业展开合作，不断扩大中国品牌汽车市场占有率。[3]2019年 6 月，上汽集团旗下安吉物流开通南美西航线，30—35 天的航程使其成为从中国到南美洲西海岸各港口最快捷的航线产品，新航线、新运力为上汽国际业务提供了保障，而海外销量的增长也让新航线、新运力有了经济性和可持续性。汽车产品走出去带动整个供应链体系、售后服务体系、物流保障等也随之走出去。安吉物流不仅服务上汽海外销售，而且服务于整个中国汽车产业"走出去"。[4]近 10 多年来，拉美地区中产阶层队伍逐步壮大，数以百万计的家庭涌入新车市场，为中国品牌汽车进入拉美市场提供了契机。

上海发挥先进制造业中心的优势，克服疫情冲击，为稳定中外产业链、供应链稳定做出了重要贡献。2020 年 6 月，上海振华重工生产的 8 台起重机抵达巴西萨尔瓦多港并顺利交付，为后者提升码头运营能力提供了有力保障。在科技创新等领域，上海企业也成为中拉创新合作的生力军。上海光源不仅承担了多项国家重大科技基础设施的建设任务，而且承接了多项

［1］参见李桦：《上海大豆进口量同比大增》，《解放日报》2020 年 5 月 28 日第 9 版。
［2］上海海关：《今年前 7 个月上海关区大豆进口量增价跌》，2020 年 8 月 20 日，http://202.127.48.170/shanghai_customs/423405/fdzdgknr8/423468/423465/3250343/index.html。
［3］张远南、李晓骁：《拉中汽车产业合作前景广阔》，《人民日报》2020 年 12 月 24 日第 17 版。
［4］彭苏平：《上汽加快国际化步伐：汽车物流出海》，《21 世纪经济报道》2019 年 6 月 7 日，https://m.21jingji.com/article/20190607/herald/52de975e24f783c4297036795b99889e.html。

国际同类装置的研制任务。[1]2018 年 5 月，巴西 Sirius 光源直线加速器整机顺利完成验收，这是上海应用物理研究所与巴西能源与材料国家研究中心技术合作的成果，是当时我国出口到国外的能量最高的粒子加速器整机。巴西"天狼星"新型同步加速器光源是世界上第 4 代同步加速器，上海光源参与其中是中巴在科技创新领域合作的例证。巴西瓦加斯基金会国际财务管理研究中心主任夏华声高度评价中国为全球经济复苏注入的信心与动力，表示"中国具有完备的制造业体系，是全球产业链的重要一环。中国企业复工复产对于全球产业链供应链的恢复具有重要意义"[2]。

振华重工、中交疏浚、上海港湾等上海企业在巴西承包工程和投资业务中扮演着重要角色。1999 年以来，中交上航局巴西公司陆续参与累西腓港、桑托斯港、亚苏港、伊塔雅伊港和巴拉那瓜港的疏浚项目，提升了巴西港口的运营能力并注重生态保护，为当地的经济和社会发展做出了贡献。[3]上海电建福建公司立足巴西拓展南美输变电市场，不仅承揽了美丽山特高压项目为代表的多个巴西重要工程，而且在智利市场逐渐站稳脚跟。2020 年 11 月，中国电建首次中标智利公共招标第 26 标，项目由上海电建福建公司承建。[4]美丽山 ±800 千伏特高压直流输电一期项目运行安全稳定，极大地支持了当地经济社会发展，是中巴两国国际产能合作的一张靓丽名片，被纳入了"一带一路"故事丛书。[5]

---

[1] 李成东：《这个被誉为"大国重器"的项目，系统解决产业核心技术问题 | 而立浦东再出发》，《上观新闻》，2020 年 11 月 4 日，https://export.shobserver.com/zaker/html/307360.html。

[2] 张远南、张朋辉、刘军国：《为全球经济复苏注入信心和动力》，《人民日报》2020 年 6 月 16 日第 3 版。

[3] 陈效卫、朱东君：《中企疏浚技术为巴西港口带来活力》，《人民日报》2018 年 9 月 26 日第 21 版；朱东君：《中交上海航道局走进巴西 20 周年庆典活动举行》，人民网 2019 年 9 月 1 日，http://world.people.com.cn/n1/2019/0901/c1002-31330037.html。

[4] 黄志阳、陈国平：《智利 198 号法令输变电项目群第 26 标段项目正式签约》，中国电建集团福建工程有限公司官网，2020 年 11 月 11 日，http://fjec.powerchina.cn/art/2020/11/11/art_8242_905699.html。

[5] 张玉雯、[巴西] 安塞尔莫·莱尔：《美丽山的赞歌》，载商务部研究院编：《共同梦想》，北京：人民出版社 2019 年版，http://www.mofcom.gov.cn/article/beltandroad/br/chnindex.shtml。

　　上海企业不仅大力开拓南美市场，而且很好地履行企业社会责任，助力中国企业海外形象的建构。在疫情影响汽车销售市场的不利情况下，上汽因地制宜在皮卡市场、新能源车市场实现逆势增长，展现了中国"智造"的魅力，推出多款新能源车型。疫情暴发以后，上海汽车南美有限公司、上汽大通汽车有限公司等企业积极向所在国政府捐赠医疗抗疫物资，为消费者提供免费消毒及上门服务，帮助后者应对严峻的疫情形势。上海与巴西的经贸文化交流日益走近基层、企业和民间。2018年年末，上海市闵行区30多家企业与巴西、墨西哥和哥伦比亚三国近70家企业对接。据悉，截至2018年10月，闵行区共有24家拉美企业，总投资近1亿美元，主要集中在贸易、咨询、设备制造等行业。[1]

　　巴西地方政府参与中巴经贸合作的积极性不断提升。近年来中资企业在巴西东北部的投资初见成效，圣路易斯港绿地投资项目、南大西洋海底光缆项目、一批风电和太阳能电站项目相继落地，吸引了该国东北部各州对华关注度，比如阿拉戈斯州希望吸引更多中资企业投资兴业。[2]2017年巴西北里奥格兰德州州长罗宾逊·法利亚在参观正泰集团在上海的设施后，双方签署了在该州建立光伏电池板厂的框架协议。正泰集团已经成为巴西乃至南美太阳能光伏业务的深耕企业之一。

　　2019年9月12日，上海批准巴西圣保罗州投资促进局在沪设立代表处。该代表处主要从事经贸促进领域的业务联络，协助巴西圣保罗州企业在中国市场拓展商业机构，促进巴西圣保罗州企业和中国各地的商贸往来，并吸引中国到巴西圣保罗州直接投资。据悉，该代表处活动地域包括北京、上海、江苏、浙江、安徽、福建、河南、湖北、湖南、广东、重庆、四川等省市。巴西圣保罗州州长多利亚表示该办事处将在多个战略领域寻求合

---

[1] 方佳璐：《闵行与拉美、西班牙共话"美食盛宴"吃货们赶紧看过来》，《东方网》2018年11月11日，http://city.eastday.com/gk/20181111/u1a14371670.html。

[2] 和佳：《专访巴西阿拉戈斯州州长费里奥："一带一路"倡议很重要，希望中国成为关键合作伙伴》，《21世纪经济报道》2019年7月24日，http://www.21jingji.com/2019/7-24/yMMDEzNzlfMTQ5OTUyMA.html。

作，包括农业、科技、基础设施、物流与交通、健康、经济发展、能源、旅游等领域。[1]圣保罗上海办事处是圣保罗州在巴西之外的全球首个投资贸易办事处。圣保罗州是巴西重要的经济中心，200多家中资企业都将总部设在圣保罗州，该州将对华投资业务办事处设置在上海，显示出其对上海在服务国家"一带一路"倡议中重要性的认可。

第三节

——

深度开放促贸易畅通

办好中国国际进口博览会（以下简称"进博会"）也越来越成为上海服务中拉共建"一带一路"倡议的重要战略性平台。2020年，习近平主席指出，经过3年发展，进博会让展品变商品、让展商变投资商，交流创意和理念，联通中国和世界，成为国际采购、投资促进、人文交流、开放合作的四大平台，成为全球共享的国际公共产品。[2]2020年9月14日，时任上海市委书记李强在会见拉美和加勒比国家驻华使节团时指出，上海与拉美和加勒比国家交往密切，期待进一步推动双方在经贸、产业、科技、教育、文化等领域的务实交流合作，为中拉友好关系发展做出地方的积极贡献；第三届进博会在上海如期举办，欢迎更多拉美和加勒比国家企业参与，展示优质商品，分享合作商机，实现共赢发展。[3]事实上，从进博会举办伊始，它就深深吸引了拉美国家和企业的目光。

---

[1] 新华网：《巴西圣保罗州将在上海设立全球首个办事处》，2019年4月3日，http://world.people.com.cn/n1/2019/0403/c1002-31011964.html。

[2] 新华网：《习近平在第三届中国国际进口博览会开幕式上的主旨演讲》，2020年11月4日，http://www.qstheory.cn/yaowen/2020-11/04/c_1126698479.htm。

[3] 人民网：《李强会见拉美和加勒比国家驻华使节代表团，欢迎该地区更多企业参与第三届进博会！》2020年9月15日，http://sh.people.com.cn/n2/2020/0915/c134768-34292665.html。

通过积极参加进博会，拉美国家进一步了解了中国坚持自由贸易和扩大开放的诚意，对开拓中国市场的兴趣变得更加浓厚。中国首届进博会得到了拉美国家的积极响应，拉美 15 个国家积极参与，277 家企业参展。进博会成为拉美国家宣传本国优势产品、扩大对外出口、实现贸易多元化的一个重要平台。巴西、阿根廷、澳大利亚为上海进口牛肉前三大进口来源地。2020 年第一季度，上海关区自巴西进口牛肉 8.9 万吨，同比增长 1.6 倍，占比达 35.5%；自阿根廷进口 6 万吨，同比增长 74.7%，占比达 24%。[1]

在前两届进博会参展商采购商供需对接会的基础上，第三届进博会贸易投资对接会拓展了业务范围，新增投资推介等功能，既撮合贸易成交，也促进双向投资，为参展商和采购商搭建了贸易洽谈、投资推介的服务平台。第三届进博会期间，全球知名肉类加工企业巴西 JBS 集团与苏宁家乐福、浙江物产公司现场签署采购意向书，未来 JBS 集团将通过家乐福 200多家门店及销售网络快速进入中国市场。作为上海交易团采购商和进博会常年平台服务商，绿地集团不仅组织巴西、阿根廷等海外合作品牌参展，而且为哥伦比亚等拉美国家在上海绿地全球商品贸易港进行常设性产品推介。[2]随着巴西企业日益重视巨大的中国市场，它们随时都在寻求向中国推介产品的机会，专门致力于开拓中国进口市场的进博会无疑是最佳的展示平台。在上海所在的长江三角洲，巴西投资集中在机械设备、整装客车、汽车部件和电机制造等方面。巴西出口投资促进局连续 5 年参加进博会，巴西企业积极通过参加进博会寻求与中国伙伴的合作机会。除了肉类、咖啡、果汁等巴西传统优势企业连续参展外，2022 年第五届进博会首次迎来巴西科创企业展团，这是巴西首次为科创企业在进博会创新孵化专区设立专门展区，有 19 家巴西企业参展，其中 16 家是初创企业，涵盖新能源、智慧农业和碳减排等多个领域。[3]

---

[1] 新华社：《俄罗斯牛肉首次进入中国市场：上海关区牛肉进口大幅增长》，2020 年 5 月 6 日，https://www.ciie.org/zbh/bqxwbd/20200506/21867.html。

[2] 罗珊珊等：《同世界真诚分享中国市场机遇》，《人民日报》2020 年 11 月 8 日第 3 版。

[3] 南美侨报网：《共享机遇 巴西元素亮相进博会》，2022 年 11 月 7 日，http://www.br-cn.com/static/content/home/mainnews/2022-11-07/1039183145561767936.html。

进博会正在成为促进中拉关系更紧密的贸易纽带。进博会发挥作为国际采购平台、人文交流平台和开放合作平台的积极作用，有利于改善全球经济运行环境和构建开放型世界经济体系。

进博会不仅是贸易和投资促进的多边平台，而且是各国精英关于国家发展与全球治理的思想交流平台。2020 年 11 月 4 日，智利等 8 国国家元首线上发表视频致辞，参与第三届虹桥国际经济论坛。[1]2020 年 6 月 10 日，虹桥国际经济论坛高端对话研讨了面对席卷全球的疫情挑战而中国产业链并没有"掉链子"的个中奥秘。联想集团高级副总裁、首席战略官和首席市场官乔健的答案是坚定地走全球化道路。疫情发生之初，在联想国内工厂全部停工停产的时候，企业能把影响降低到最小，靠的是联想在巴西、印度、墨西哥、美国、日本的全球生产布局。[2]论坛的嘉宾笃信疫情加深而不是削弱了经济全球化的重要性。进博会对经济全球化的促进作用也得到了巴西企业家的认可，淡水河谷的达特·奥利维拉表示："进博会不但体现中国对经济全球化的坚定支持，还展示出中国坚持高水平对外开放、与世界共享市场机遇的决心。"[3]

第四节

金融中心助资金融通

上海也是促进中拉金融合作的重要城市。早在 2010 年，专门为中国与

[1] 新华网：《哥斯达黎加总统说中国国际进口博览会对拉美至关重要》，2018 年 4 月 22 日，http://www.xinhuanet.com/2018-04/22/c_1122723456.htm。
[2] 吴卫群、刘锟、张煜：《为全球经济恢复增长贡献"虹桥智慧"》，《解放日报》2020 年 6 月 11 日第 2 版。
[3] 中国国际进口博览会：《进博会为中巴经贸合作注入活力》，2023 年 4 月 20 日，https://www.ciie.org/zbh/bqxwbd/20230420/37059.html。

拉丁美洲之间的跨境交易提供服务的投资银行华复拉丁股权投资管理（上海）有限公司（以下简称"华复拉丁"）落户上海，提供金融咨询和私募投资业务，专注于农业、矿业和能源等自然资源行业。该公司的管理层多是美国的拉美通，在沪设立公司总部正是因为看到了中国企业投资拉美的趋势及其蕴含的知识和资本需求。华复拉丁是较早获得筹集和管理人民币计价执照的外资私募股权基金，也是一家管理人民币私募股权基金专注拉美市场的公司。曾在上海主持华复拉丁股权投资多年的中国通埃里克·保罗·贝瑟尔（Erik Paul Bethel）在特朗普政府任内出任驻巴拿马大使。2012年，花旗银行在上海设立亚洲首个拉美贸易服务处，作为拉美地区客户进入亚洲地区的一个窗口。

巴西也非常注重上海这个中国的新兴金融中心城市。2014年，巴西银行在上海设立首家在华分行，也是第一个在中国境内开设分行的拉丁美洲银行。除了代理巴西政府业务外，该行也拓展了外汇、贷款及融资等产品和服务。此外，巴西非常关注证券指数对上市公司业绩的反映，巴西证券期货交易所（Brasil Bolsa Balcao）与上海证券交易所具有多年的良好合作关系，巴西副总统莫朗2019年曾访问上海证券交易所，并就市场数据交换签订了协议。

2018年，由氪空间与Magma基金共同打造的"中国—拉美创新创业加速器"在沪成立，并启动了中国—拉美产业创新服务平台。该平台依托氪空间全国空间网络和Magma基金拉美网络，面向中国及拉丁美洲创业者、投资人、企业服务机构和商务人士提供出海项目孵化与加速、跨境项目市场对接、技术对接、投融资对接、创业培训辅导的全链条综合创新服务，建立全国首家拉美跨境创投服务生态系统。[1]上海有400多家孵化器，是创业者实现创意的乐土。巴西驻沪总领馆科技领事葛宇帆表示，圣保罗也是巴西创业公司的聚集地，创意是连接圣保罗与上海的最好纽带。2019年12月，巴西政府主办的创业项目"巴西初创企业国家化项目路演、落地对

---

[1]　中国科学网：《中国—拉美创新创业加速器在沪正式启动》，2018年1月23日，http://science.china.com.cn/2018-01/23/content_40198527.htm。

接会"在上海举行，涉及互联网、大数据、网络安全、AR/VR、先进制造、文化创意等多个高科技领域和先进产业。

第五节

———

文化交流促民心相通

上海拥有较为丰富的涉拉美方向外事和研究资源。巴西、墨西哥等 12 个拉美国家在沪设立总领事馆。巴西作为重要成员的金砖国家新开发银行总部坐落在上海浦东。进博会近年来成为拉美国家开展对上海交往的新多边性平台。此外，上海也有着从事拉美研究的诸多高校、智库与科研机构，为中拉友好交往提供了较强的智力支撑。

一、社会文化交流

上海作为海派文化的代表性城市，在中国与巴西的文化交流和民心相通中扮演着活跃且独特的角色。早在 2012 年，上海在巴西开展了上海城市形象海外推广活动，以此纪念中国人移民巴西 200 周年，通过举办画展、非遗演出、图书赠书等活动，使巴西观众近距离接触了中华文化、感受到上海气息。正是在包括上海在内的方方面面的努力下，在华人华侨的艰辛奋斗和两国战略伙伴关系不断深化的进程中，巴西政府于 2018 年颁布法令，正式确立每年的 8 月 15 日为"中国移民日"。2019 年 9 月，上海鼓舞东方艺术团参与了首届中国巴西电影电视展，为巴西观众奉上了精彩演出。[1]

---

[1] 朱东君：《首届中国巴西电影电视展闭幕》，人民网 2019 年 9 月 14 日，http://world. people.com.cn/n1/2019/0914/c1002-31353230.html。

2019 年 11 月 26 日，上海犹太难民纪念馆和巴西圣保罗犹太博物馆联合主办的"犹太难民在上海"巡展在圣保罗犹太博物馆开幕。圣保罗犹太博物馆主席赛吉奥·丹尼尔·西蒙希望双方密切合作，将这段上海犹太难民的故事世世代代讲下去。[1]

巴西元素也强化了上海"海纳百川"的城市形象，增添了上海作为国际化大都市的魅力。上海不仅向南美推广城市形象，这座城市也因越来越多的南美国家文化元素的存在，其国际化大都市的形象日趋丰满。早在 20 世纪 30 年代，巴西就在上海派驻过外交人员，1992 年巴西驻沪总领馆开馆。2020 年 7 月，巴西战舞卡波耶拉（Capoeira）走进上海普陀区。卡波耶拉是一种 16 世纪时由巴西非裔移民创立的、介于武术与舞蹈之间的独特艺术，在巴西街头小巷非常流行。上海的巴西战舞卡波耶拉社团正在迅速成长。自 2010 年举办世博会以来，上海日益成为拉美企业开拓中国市场的首选之地。2017 年 1 月，中国首家巴西风情的精品咖啡馆"Carioca 西爱西"在上海思南公馆开业。咖啡馆不仅供应最纯正的巴西咖啡，还提供最诱人的巴西美食、最地道的巴西表演和最多彩的巴西文化，成为巴西美食与文化的载体和中国人认识巴西的窗口和桥梁。[2]拉美元素也成为上海打造夜间经济和顶级时尚中心的有机组成部分。2020 年 7 月，上海虹口区白玉兰广场为期 1 个月的猫头鹰城市夜市突出拉美风情主题，打造"美味研究所""夜蒲游乐场""酒吧栖息地""女巫杂货铺"四大主题场景，增强了北外滩时尚地标属性。[3]2020 年，巴西驻沪总领馆副总领事马安文高度评价文化交流在拉近两国距离中的重要性，他介绍了 2019 年巴西有两部影片在上海国际电影节展映，巴西与上海作家协会、上海林肯爵士乐中心、上海国际音乐节组委会、上海外国语大学等都有合作交流，希望未来能加强与出版

[1] 东方网：《"犹太难民与上海"巴西圣保罗巡展开幕 积极推动中巴人文交流与合作》，2019 年 11 月 27 日，http://sh.eastday.com/m/20191127/u1ai20183531.html。

[2] 中国网：《中国首家巴西精品咖啡店登陆上海思南公馆》，2017 年 1 月 9 日，http://lady.people.com.cn/n1/2017/0109/c1014-29009241.html。

[3] 周楠：《一场拉美风情夜市今晚在北外滩开启，将为期一个月》，上观新闻 2020 年 7 月 3 日，https://web.shobserver.com/news/detail?id=265787。

社的合作，出版更多的巴西文学作品。[1]

二、 教育科研交流

（一）中拉法治交流

高质量共建"一带一路"要求加强规则联通和协调对接，完善法治保障体系，上海积极参与了中拉法治交流的有关工作。作为中国和拉美国家法学法律界的长效交流机制和合作平台，2007 年创办的中拉法律论坛被纳入《中国与拉美和加勒比国家合作规划（2015—2019）》和"中国—拉共体"论坛框架，为加强中拉法学法律界的对话交流、推动中拉经贸合作发展发挥了积极作用。作为该论坛机制化建设的组成部分，2015 年"中国—拉美法律研究中心（上海）"和"中国—拉美法律培训基地（上海）"正式在上海财经大学成立。2019 年 5 月，"中国—拉美和加勒比国家法律人才交流项目研修班"在该校举行，宣介中国"一带一路"倡议和民主法治建设新成就，进一步推动了中拉经贸领域、法律领域的务实交流与合作。来自拉美和加勒比地区 14 个国家的 20 名资深法律人士出席了这次会议。[2]

（二）中拉教育交流

成立于 2017 年 5 月的复旦—拉美大学联盟（以下简称"联盟"）由复旦大学发起，阿根廷、巴西、智利、哥伦比亚、墨西哥和秘鲁等拉美 6 国 12 所高校为创始成员，是中国高校与拉美高校开展人文交流的重要平台。联盟秘书处设立在复旦大学发展研究院，负责联盟日常运营和联络工作。联盟制定了秘书处会议和年会制度。[3]通过联合研究、学者互访和会议活

---

[1] 项兰：《我们要用文化来缩小两国间的距离》，《国际市场》2020 年 1 月。
[2] 中国法学会：《"中国—拉美和加勒比国家法律人才交流项目研修班"开班仪式在上海财经大学举行》，2019 年 5 月 24 日，http://www.chinacelacforum.org/chn/ltdt/t1666318.htm。
[3] 央广网：《复旦—拉美大学联盟（FLAUC）在沪成立》，2017 年 5 月 28 日，http://www.cnr.cn/shanghai/tt/20170528/t20170528_523776642.shtml。

动，联盟增进了中拉之间的交流合作与相互理解，为促进中拉人文交流做出了积极贡献。作为上海论坛的特别活动，2019复旦—拉美大学联盟理事会在上海国际会议中心举办，设立"种子基金"专项支持"复旦—拉美大学联盟访问学者"项目和中拉多学科交叉研究平台建设。2019年，"种子基金"确认接收了8组中拉联合科研团队，共同围绕"中巴税负再分配效应比较""中拉创新项目对比""中秘高等教育"等议题开展研究。

（三）中拉智库交流

上海国际问题研究院、复旦大学、上海外国语大学、上海大学、上海社会科学院等智库与高校在中巴智库交流中扮演着活跃的角色，不仅直接参与了中国—拉共体智库论坛的官方活动，而且与巴西瓦加斯基金会、巴西中国研究网、巴西国际关系研究中心、金砖政策研究中心等举办了主题丰富的研讨会，开展人员交流、联合研究。

上海在中巴关系中的活跃角色印证了中拉关系正在走向地方的趋势。[1]从上海参与中巴合作的情况来看，地方层面合作具有一些有别于国家层面的独特优势。其一，地方是落实国家间合作规划的重要层级，便于在特定领域开展更为具体的合作。上海在经贸、文化、防疫、国际组织总部落户等多个方面支持了中巴全面战略伙伴关系的落实。其二，地方政府参与的积极性正在迅速提升。一方面，两国政府均重视促进本国更多地方能够从两国关系的发展中受益，有意愿推动两国地方的交流合作。在《中国—拉共体成员国重点领域合作共同行动计划（2022—2024）》中，中拉双方同意推动地方政府开展交往，支持省州市结好，构建中拉友好省市网络；继续举办中拉地方政府合作论坛。在双边层面，中国积极支持巴西在成都设立总领事馆，以便扩大中国西部地区与巴西的交往，而巴西希望借助成都总领馆的运行加强与中国在科技领域的合作。另一方面，两国的地

---

[1] 有关中拉地方合作的论述可参见：Myers, Margaret, "Going Local: An Assessment of China's Administrative-Level Activity in Latin American and the Caribbean". *Research Publications*, 35, 2020. https://digitalcommons.fiu.edu/jgi_research/35。

方政府也有意愿加强彼此之间的互动与合作，建立友好城市正在掀起热潮。2022 年，里约热内卢成为深圳第 90 个国际友好城市，从而为推动里约热内卢与珠江三角洲的合作走向深入提供了契机。继福建省与塞阿腊州于 2001 年建立友好省州关系之后，2023 年 5 月厦门和福塔莱萨正式缔结友好城市，因两市均举办过金砖国家领导人会晤而被称为"金砖双城"的合作，它们将积极助力金砖国家之间的创新合作进程。其三，巴西联邦制的政治架构也为巴西各州加强对华关系提供了制度上的便利。追求发展的巴西地方政府高度重视吸引来自中国的基础设施投资，重视与中国企业开展公共卫生、可持续发展等领域的合作。总之，地方合作交流正在成长为支撑中巴全方位合作的重要支柱。

余论与展望

中巴关系是新中国对外关系中一对具有代表性的双边关系。它开启了新型战略伙伴关系，兼具南南合作与大国关系的双重属性，又是新兴经济体共同发展与合作参与全球经济治理的典型代表，同时也是中国开展全球性地区整体外交的重要支撑，还是东方文明与西方文明的交流互鉴。这些多重属性显示出中巴关系的丰富内涵，两国关系的深入发展将对新型国际关系构建和人类社会的未来样貌产生重要影响。中巴战略伙伴关系在下个阶段有必要突出下述合作路径和要义。

一、 在国际体系转型中引领两国和谐共生

作为政治制度和文化差异巨大的两个新兴大国，中巴当从构建人类命运共同体和增进人类社会福祉的高度看待两国关系，通过在国际体系转型中不断提供国际公共产品来实现求同存异和共同发展。中巴作为一种跨地区、跨文化和跨政治形态的新型大国关系，多元共生的特性非常明显。与传统大国伙伴关系强调利益、安全、政治、人文等的一致性与合作的高制度化水准相比，中巴伙伴关系更加强调互利共赢、相互尊重、多元共存等兼容并包、面向未来的时代特性。中巴两国可以通过深入广泛的合作走出一条不同文化、制度的国家间和谐共生的新路。中巴两国在联合国、世界贸易组织、金砖国家合作机制等多边舞台上的既有合作证明了这一点。在全球化遭遇挫折乃至深度调整的今天，中巴两国更需要以兼容并蓄、有容

乃大的精神把握两国关系的未来。

中巴关系的深化受益于经济全球化进程，也是两国内部改革开放进程与双方辛勤培育的结晶，两国关系的未来发展离不开经济全球化的持续推进和推动共同发展战略共识的不断巩固。争取好的中巴合作前景需要把握转型中的机遇。[1]中巴战略伙伴关系的持续推进应该超越意识形态和发展模式差异的局限，从全球化和共同发展的高度予以把握。两国的思想界人士也都具备历史和全球的视野，两国都是多极化和全球化的重要推动力量，需要不断从国际体系转型和优化全球治理的角度审视和规划两国的合作进程。从大国崛起的路径来看，国内进步和深度参与全球化是关键因素，两国合作应该遵循此道。一方面，中巴两国要在促进拉美乃至其他发展中地区的发展上多做贡献，另一方面，两国也需要不断改进当今全球治理的制度安排与治理绩效，协调在气候变化、互联网治理等国际公共问题上的立场，提供更多的国际公共物品并削减全球治理赤字。

中巴开展全方位合作是构建人类命运共同体的组成部分，需要尊重世界多极化、经济全球化、文化多元化和社会信息化的客观趋势；摒弃南北关系、东西关系以及冷战式的二元对立过时思维；中巴全方位合作不是搞封闭的小圈子，而是为建立开放型世界、增添共同发展新动力积极努力，构建绿色发展、包容发展等共享价值，不排斥与第三方开展建设性合作的可能性。坚持从人类和地球命运前途的角度去思考其内涵和构建路径。党的十九大报告指出，中国坚持和平发展道路，推动构建人类命运共同体，这是对全球社会做出的庄严承诺和宣示，立意高远。为此，中巴全方位合作也要从全球的高度来把握，丰富和完善两国平等互利、共同应对全球挑战的伙伴关系，并将私人部门、发展银行、地方政府、社会组织等利益相关者纳入其中，提升各层面和领域的利益攸关方的命运共同体意识。

---

[1] 参见吴白乙等：《转型中的机遇：中拉合作前景的多视角分析》，北京：经济管理出版社2013年版。

二、 以相互尊重、互利共赢指导新时代的中巴关系

在看到中巴关系取得长足发展之余，也要清醒地认识到两国在政治制度、意识形态上的差异将会长期存在。对于两国关系中存在的问题也要认真对待，努力防止损害双方关系的健康发展。对于这种差异性，最为可取的态度是相互尊重、平等相待，避免在国家间关系中滋生优越感和偏见。最能避免这种傲慢与偏见心态的方法就是增进交往和了解。很多巴西青年留学生在中国学习生活后，对中国的治理与发展水平深感钦佩，也增加了进一步研究中国历史与制度的学术兴趣。而一些中国的研究人员或实业界人士在深入研究巴西后，发现这个国家实际上有着较为完备的制造业体系和战略思维，甚至在商用飞机、热带农业和医学等方面有着部分领先优势。与巴西和欧美的关系更强调共同价值观与规范层面不同，中巴合作更注重务实灵活、互利共赢、互学互鉴等特性。如果用更宽广的视角来观察当今世界的变化趋势，就会发现越来越多来自不同文明、不同发展模式的国家具有系统重要性。换言之，未来世界将更具多样性，相互尊重更有利于保持多样性世界的稳定与繁荣。

面对新的发展瓶颈和谋求可持续发展的挑战，在经济日趋深度互动的情况下，中巴拓宽和增强双方在治国理政、发展经验和战略规划等方面的交流与协作很有必要。很多国际组织都在建议中巴相互学习，双方在发展、治理等领域也有很多值得相互学习之处，比如巴西应对中等收入陷阱、社会问题上的经验，中国在基础设施、制造业发展以及公共安全等领域的经验。唯有敞开胸襟，取长补短，才有望携手发展。中巴历史上没有领土争议，也没有地缘政治上的相互竞争，所以两国天然就有友好合作的基础，相互开展文明对话和发展模式交流有着较好的政治和社会基础，加强政治互信、培育社会效益有助于厚植两国全方位合作。

在政治与社会基础之外，构建两国深度相互依赖的经济纽带也同等重要。经济纽带往往在大国关系中发挥着压舱石和稳定器的作用，也是推动

两国关系惠民生、促繁荣的重要渠道和工具。中巴经济合作已经初具规模，在金砖国家经济合作中独树一帜，今后还需要加强在相互直接投资、资本市场开放、基础设施开发以及数字经济建设等方面的合作力度，实质性提升相互开放的水平。特别是两国金融市场、数字经济领域的合作很重要，不但可以为本国企业谋求更多的资本支持、促进两国贸易的金融支持、克服距离遥远的障碍，而且能够把握全球经济迈入数字化时代的机遇。中国对巴西的投资目前主要是直接投资，还缺乏对巴西权益市场的积极参与。中巴经济都在结构调整和转型当中，双方前20年的经贸模式可能未必适用于未来的关系模式，中国更趋内需型的新经济要求双方加强战略沟通，寻求下阶段的合作机会与共同发展之路。

三、 改善营商环境发挥企业的市场主体作用

孔子学院与媒体在西方某些国家遭遇妖魔化，一些引领未来技术和趋势的中国企业也遭到封杀打压，然而正在深入参与全球化的企业特别是民营企业成为塑造中国国际形象和增强中巴关系活力的中坚力量。随着国内企业运营环境的规范、环境和劳工标准的提升以及科学技术的迅猛发展，中企在国际上的形象正在趋于优化。优质企业的跨国投资伴随着资本、技术和知识的转移，是一国的核心竞争力，也是各国竞相争取的资源。在美国鼓励其海外企业回归本土的形势下，中巴双方应为各自企业相互投资创造更加便利的条件，结合好政府的顶层规划与市场的能动性。重视企业的主体作用并创造更好的营商环境，也有利于发掘和参与双方市场蕴藏的发展机遇。从过去中巴各自的发展经验来看，市场化取向是共同的选择。[1]中巴关系的成绩也离不开企业和文化界的积极参与。[2]中巴未来的经济合

---

[1] 参见辛晓岱：《中拉经济发展战略对接的潜力和路径选择》，载《拉丁美洲研究》2017年第5期，第1—15页。

[2] Luciano Coutinho and Lucas Dib, "China and Brazil: A Balanced Partnership", *Shanghai Daily*, November 26, 2018.

作模式将会以市场机制为主导，政府沟通的重点不是签订政府间合同，而是进行发展规划、政策沟通和信息分享等方面的工作，充分调动包括民营企业在内的市场主体的积极性，引导中巴经济关系朝可持续的方向发展。

从好的经验来看，中企的三点变化值得点赞。一是企业类型日趋多元化，除了规模巨大的银行、电力、建筑、石油等国企外，华为、腾讯、阿里、抖音、奇瑞、百度等一大批民营企业开始在国际社会崭露头角，它们展示了中国极富市场活力和创新精神的一面。这种企业构成的多元化展现了中国市场运营以及民营企业的活力。二是企业市场沟通与社会责任意识大为强化，重视与当地企业结伴、为当地社区造福和重视当地环境保护。虽然中企出于效率考虑在巴西运营时仍然雇用了很多国人，但随着中国劳动力价格的快速上扬，以及企业对当地劳工等法律法规的了解，当地劳工的雇用比例正在提升，相关的培训也在进行，这增加了中企在巴西长期发展的社会基础。三是企业自主创新能力的快速提升，特别是在可再生能源领域形成一定的竞争优势，日趋成为企业成功在海外立足的核心竞争力。高铁、电信和数字服务等行业具备优质产能的中企走出去后，不仅拓展了市场，而且改变了以往中国制造价低质次的形象，中国制造已经越来越以技术领先、用户友好、注重环保为核心的质量优势立足。

从启示来看，中企在走进巴西的过程中还需把握以下几点：第一，企业在海外运营上尚需提升合乎法规、注重程序的自觉性。企业海外运营面临各种风险和挑战，既包括非政府组织在劳工权益、环境保护等方面的强力监督，也包括政治斗争、反腐调查以及政权更迭的挑战。面对这些挑战，只有合法合规才能有力规避有关的政治和法律风险。第二，企业在公共关系的运作上尚需提升功力。企业在海外运营上面临着塑造当地公共舆论的重任，企业搞公共关系不仅是做政府主管部门的工作，还要把工作做得更加广泛和细致，包括国会、媒体、智库、律师事务所等机构都要有所接触，要增加企业运营的透明度以便接受公众的监管。第三，企业在项目运营中包括环境保护在内的社会责任意识还需提高。德国大众的"排放门"事件令其在美国市场遭受巨额罚款、销量下滑和道德受损等代价，虽然这是他国企业在美投资的情况，但这值得中国企业在开拓巴西等新兴市场的过程中予以注意。公共关系依托的是企业的社会责任感。企业不但要创造社会财富，更要创造一个人类可持续发展的生态家园，这应是从事各领域业务的中企深度开拓巴西市场时需秉承的核心理念。第四，企业要学习和适应当地的运营要求，避免照搬国内市场模式和中国与其他地区等的老做法，以便适应更为本地化与市场化的运营环境。

四、 重视科技创新对可持续伙伴关系的推动

当前国际体系一个明显的趋势是科学技术发展迅速，转化为生产力的速度明显加快，科学技术是第一生产力、科学技术是实现发展的核心要素以及破解中等收入陷阱的关键等共识日趋深入人心。围绕科学技术的创新与市场应用展开的竞争博弈，已经成为当前大国政治经济竞争的核心领域。由于历史和现实的原因，科技发展滞后成为制约中巴两国经济可持续发展的最大瓶颈。在严格的知识产权保护体系和国际竞争激烈的形势下，技术转移和扩散困难一直是南北合作的一个制约因素，先进技术和创新能力长期被发达国家垄断。令人鼓舞的是，中国、巴西等新兴经济体在科技进步和科技合作方面取得了令人瞩目的成绩，科技合作不仅可以惠及两国，也能惠及更广大的发展中国家。

中巴 2012 年签署的《十年合作规划》，将科技、创新与航天合作列为两国 2012—2021 年合作的优先领域与重点项目，且明确了政策协调、高级对话、联合实验室、优先项目、金融支持、提升当地含量和人才交流等合作的形式与内容。随着中巴经济合作步入贸易、投资和金融并重，机制化不断推进的新阶段，共同发展和可持续发展成为两国经济合作的重要方向和需求，基于科技与创新优势的产业合作日趋增多。两国也可积极探讨在保护亚马孙的生态环境及可持续发展上携手合作，造福当地民众和保护全球生态。比如，中国人工智能企业在帮助巴西抗击新冠病毒疫情中也发挥

了重要作用。[1]

巴西资源富集，在国际贸易中较为依赖原材料和初级产品出口，在世界价值链分工中主要处于中低端，抵御外部风险能力低，这也是巴西长期未能跨越中等收入陷阱的重要因素，因而希望借助科技与创新摆脱这一窘境。中国也面临着经济转型的重要挑战，若要突破环境和资源约束，就要更加注重调整经济结构和可持续发展，依靠创新驱动经济增长充分发挥人力资本的作用。双方的发展战略转型高度契合，均重视科技与创新对经济发展的重要推动作用。比如，数字贸易可以有效发掘双方新的需求，同时推动交通、贸易领域互联互通的不断改进。

在创新文化、机制与金融支持等方面，中巴仍然与北美和欧洲等地区存在差距，主要是研发投入偏低和市场化机制不够成熟。在当前经济比较困难的情况下，两国通过市场机制在技术与创新领域加强合作更加必要和可行。两国可以借助第四次工业革命的新机遇，加强双方在科研创新领域的合作，缩小与前沿技术的差距，提升两国贸易产品的附加值。此外，两国需要排除外部大国的施压干扰，避免犯将技术合作过度政治化的错误，独立自主地从本国国家利益出发确保市场相互开放，深度推进关键技术的合作研究与推广，把握好通过技术合作缩小南北差距的机会之窗。

---

[1] 陈威华、赵焱：《疫情肆虐，中企助力巴西复工复产》，载《参考消息》2020年7月7日第11版。

参考文献

一、中文期刊

陈笃庆等：《世界新格局下的中国巴西战略伙伴关系》，载《拉丁美洲研究》2009 年第 5 期。

程郁、叶兴庆：《高水平开放背景下继续深化中国与南美国家农业合作——基于巴西和阿根廷的调研》，载《世界农业》2019 年第 12 期。

崔守军：《中国与巴西能源合作：现状、挑战与对策》，载《拉丁美洲研究》2015 年第 6 期，第 46—55、80 页。

傅一晨、贾诗慧：《巴西及其视域中的"多个中国"：巴西学术界如何理解中国》，载《拉丁美洲研究》2019 年第 4 期，第 40—59、155 页。

何露杨：《互联网治理：巴西的角色与中巴合作》，载《拉丁美洲研究》2015 年第 6 期，第 67—73 页。

贺双荣：《巴西与中国的经贸关系及发展前景》，载《拉丁美洲研究》1995 年第 1 期。

江时学：《对中国与巴西全面战略伙伴关系的认识》，载《江苏师范大学学报（哲学社会科学版）》2016 年第 4 期，第 15—20 页。

江时学：《中巴关系的发展及其认识误区（英文）》，载 China International Studies 2014 年第 4 期，第 3、119—142 页。

金彪：《浅析中国和巴西多边框架内的合作》，载《拉丁美洲研究》2012 年第 2 期。

今朝：《中国与巴西合作转型升级 打造新兴国家合作典范》，载《中国对外贸易》2019 年第 9 期，第 76—77 页。

雷瑞虹、车翔宇：《城市外交之中国与巴西友城合作分析与展望》，载《科教文汇（上旬刊）》2018 年第 8 期，第 188—190 页。

李慧、谢文泽：《巴西主要智库的中国研究》，载《西南科技大学学报（哲学社会科学版）》2018 年第 6 期，第 1—8 页。

李仁方：《中国与巴西贸易结构新解：中国的视角》，载《拉丁美洲研究》2014 年第 3 期，第 40—48 页。

李仁方、陈文君：《论巴西在中巴经贸合作关系中的战略地位》，载《西南科技大学学报（哲学社会科学版）》2014 年第 3 期，第 1—10 页。

李紫莹、孙业：《中国与巴西金融合作发展状况及其风险与挑战》，载《国际贸易》2015 年第 12 期，第 26—30 页。

刘津含：《巴西新总统就职后中巴合作前景展望》，载《国际金融》2019 年第 3 期，第 75—80 页。

刘明：《"一带一路"倡议下中国与巴西基础设施合作研究》，载《国际贸易》2019 年第 3 期，第 65—72 页。

马强：《新时期深化中国和巴西经贸合作的建议》，载《中国经贸导刊》2014 年第 24 期，第 42—43 页。

铁平：《浅析中国巴西经贸关系》，载《经济研究导刊》2013 年第 19 期。

王飞：《从"去工业化"到"再工业化"——中国与巴西的经济循环》，载《文化纵横》2018 年第 6 期，第 65—71 页。

王飞：《中国—巴西基础设施建设合作：进展、挑战与路径选择》，载《国际问题研究》2020 年第 1

期,第 54—66 页。

王飞、吴缙嘉:《中国和巴西经贸关系的现状、机遇与挑战》,载《国际论坛》2014 年第 4 期,第 52—58、80 页。

魏子青、徐之明:《中国与巴西关系的发展历程、特点与问题》,载《大连海事大学学报(社会科学版)》2013 年第 4 期,第 88—91 页。

夏晓娟:《中国与巴西双边关系发展中的掣肘因素》,载《洛阳师范学院学报》2016 年第 1 期,第 35—39 页。

谢文泽:《巴西特许经营模式与中巴基础设施合作》,载《国际经济合作》2016 年第 6 期,第 69—72 页。

徐文永、谢林森:《华侨华人社团与中国侨务公共外交——以巴西华人文化交流协会为例》,载《八桂侨刊》2012 年第 3 期,第 18—23 页。

许嫣然:《试析中国与巴西的战略伙伴关系——以石油合作为例》,载《现代国际关系》2017 年第 7 期,第 33—38 页。

许嫣然:《中国与巴西的可再生能源合作——基于全面战略伙伴关系的视角》,载《当代财经》2019 年第 4 期,第 110—118 页。

严怡宁:《身份与认同:巴西主流媒体涉华报道分析》,载《拉丁美洲研究》2016 年第 3 期,第 102—116、156 页。

杨宏云:《从巴西浙商谈华侨华人促进中国对巴西公共外交的优势与对策》,载《西南科技大学学报(哲学社会科学版)》2018 年第 3 期,第 1—8 页。

杨宏云:《华侨华人在中国公共外交中的作用探析——以巴西浙商为例》,载《八桂侨刊》2017 年第 2 期,第 32—39 页。

杨志远、许婉韵、秦勤:《贸易战背景下中国—巴西贸易摩擦分析及对策》,载《金陵科技学院学报(社会科学版)》2018 年第 3 期,第 19—22 页。

张庆、周文:《中国与巴西外交政策的构建与互动——基于中央与地方关系的视角》,载《西南科技大学学报(哲学社会科学版)》2015 年第 3 期,第 8—14 页。

张蓉:《中国与巴西金融服务贸易的竞争力与潜力分析》,载《拉丁美洲研究》2015 年第 2 期,第 73—78 页。

张若希、王飞:《巴西货币危机预警与经济危机——兼论中巴经贸合作的风险规避》,载《拉丁美洲研究》2017 年第 2 期,第 60—76、156 页。

赵重阳:《浅论 20 世纪 90 年代中国与巴西的战略伙伴关系》,载《拉丁美洲研究》2014 年第 6 期,第 60—65 页。

钟点:《巴西主流媒体"一带一路"报道倾向分析》,载《国际传播》2018 年第 2 期,第 44—50 页。

周超:《博索纳罗当选巴西总统与中巴关系的未来》,载《当代世界》2018 年第 12 期,第 48—51 页。

周丹:《中国与巴西贸易成本弹性测度与分析——基于超对数引力模型》,载《拉丁美洲研究》2015 年第 3 期,第 61—66 页。

周世秀:《论中国巴西建交及两国战略伙伴关系的重要意义》,载《湖北大学学报(哲学社会科学版)》2004 年第 4 期。

周志伟:《中巴关系"伙伴论"与"竞争论":巴西的分析视角》,载《拉丁美洲研究》2014 年第 2 期,第 17—23、79 页。

周志伟：《中国—巴西关系"风波"与巴美接近》，载《世界知识》2020 年第 10 期，第 46—47 页。

朱祥忠：《中国和巴西岁月风雨 40 年》，载《百年潮》2014 年第 7 期，第 42—48 页。

左晓园：《中国与巴西：战略伙伴关系的建立与深化》，载《拉丁美洲研究》2011 年第 2 期。

二、中文专著

[巴西]奥利弗·施廷克尔：《中国之治终结西方时代》，宋伟译，北京：中国友谊出版公司 2017 年版。

谌华侨：《经济视角下的中国与巴西关系研究》，北京：时事出版社 2017 年版。

谌华侨主编：《中国与巴西：发展与聚焦》，北京：时事出版社 2018 年版。

程晶主编：《巴西发展报告（2017—2018）》，北京：社会科学文献出版社 2018 年版。

程晶主编：《巴西发展报告（2019）》，北京：社会科学文献出版社 2020 年版。

丁浩、尚雪娇主编：《中国与葡语国家合作发展报告（2019）》，北京：社会科学文献出版社 2019 年版。

樊勇明、潘忠岐：《中国—巴西城市化进程与基础设施建设比较研究》，上海：上海人民出版社 2015 年版。

顾学明、林广志主编：《中国与葡语国家经贸合作发展报告（2018—2019）》，北京：社会科学文献出版社 2020 年版。

顾学明、林志军、林广志主编：《中国与葡语国家经贸合作发展报告（2017—2018）》，北京：社会科学文献出版社 2018 年版。

刘国枝主编：《巴西发展报告（2016）》，北京：社会科学文献出版社 2017 年版。

隋广军主编：《中国与葡语国家合作发展报告（2019）》，北京：社会科学文献出版社 2019 年版。

王成安、张敏主编：《葡语国家发展报告（2014—2015）》，北京：社会科学文献出版社 2015 年版。

王成安、张敏、刘金兰主编：《葡语国家发展报告（2015—2016）》，北京：社会科学文献出版社 2017 年版。

王成安、张敏、刘金兰主编：《葡语国家发展报告（2016—2017）》，北京：社会科学文献出版社 2018 年版。

王成安、张敏、刘金兰主编：《葡语国家发展报告（2017—2018）》，北京：社会科学文献出版社 2019 年版。

魏丹主编：《全球化世界中的葡语国家与中国》，北京：社会科学文献出版社 2014 年版。

张曙光主编：《中国与葡语国家关系发展报告·巴西（2014）》，北京：社会科学文献出版社 2016 年版。

周志伟、吴长胜主编：《我们和你们：中国和巴西的故事》，北京：五洲传播出版社 2020 年版。

三、外文论文

Abdenur, Adriana Erthal, "China in Africa, Viewed from Brazil", *The Journal of Asian Studies*, Vol.74, No.2, 2015, pp.257—267.

Abdenur, Adriana Erthal, "Navigating the Ripple Effects: Brazil-China Relations in Light of the Belt and Road Initiative(BRI)", *Vestnik of St Petersburg University. International Relations*, Vol.12, Issue 2, pp.153—168.

Abdenur, Ambassador Roberto, "Brazil and Its Strategic Relations with China, Germany, and the United States", *Latin America Policy*, Vol.2, No.1, 2011, pp.58—71.

Albuquerque, J.A. Guilhon, "Brazil, China, US: A Triangular Relation?" *Revista Brasileira de Política Internecinal*, Vol.57, No.spe, 2014, pp.108—120.

Albuquerque, J.A. Guilhon, "U.S., China, and Brazil: Do We Need Three to Samba?" in *China*, *The United States*, *and the Future of Latin America: U.S.-China Relations*, Volume III, edited by David B. H. Denoon, New York: New York University Press, 2017, pp.162—184.

Albuquerque, J.A. Guilhon, and Lima, Luis Afonso Fernandes, "Chinese Investment in Brazil: Can It Match the Relevance of Bilateral Trade?" *Asian Perspective*, Vol.40, No.4, 2016, pp.579—601.

Alves, Ana Cristina, "China's Resource Quest in Brazil: The Changing Role of Economic State-craft", *Portuguese Journal of International Affairs*, No.6, Spring—Summer 2012a, pp.28—39.

Alves, Ana Cristina, "Chinese Economic Statecraft: A Comparative Study of China's Oil-backed Loans in Angola and Brazil", *Journal of Current Chinese Affairs*, Vol.42, Issue 1, 2013, pp.99—130.

Avila, Carlos Federico Domínguez, and Araujo, João Paulo Santos, "Brazil and Other BRICS Members: Convergences and Divergences Among Emergent Powers", *World Affairs: The Journal of International Issues*, Vol.16, No.1, 2012, pp.164—179.

Barbi, Fabiana, "Governing Climate Change in China and Brazil: Mitigation Strategies", *Journal of Chinese Political Science*, Vol.21, Issue 3, 2016, pp.357—370.

Barral, Welber, "Brazil and China: Trade in the Twenty-First Century", in *Settlements of Trade Disputes between China and Latin American Countries*, edited by Wei Dan, Singapore: Springer, 2015, pp.1—16.

Becard, Danielly Silva Ramos and Macedo, Bruno Vieira de, "Chinese Multinational Corporations in Brazil: Strategies and Implications in Energy and Telecom Sectors", *Revista Brasileira de Política Internacional*, Vol.57, No.1, 2014, pp.143—161.

Becard, Danielly Ramos, et al., "One Step Closer: The Politics and the Economics of China's Strategy in Brazil and the Case of the Electric Power Sector", in *China-Latin America Relations in the 21st Century: The Dual Complexities of Opportunities and Challenges*, edited by Raúl Bernal-Meza and Li Xing, London: Palgrave Macmillan, 2020, pp.55—81.

Bekerman, Marta, et al., "The Emergence of China and Its Impact on Commercial Relations between Argentina and Brazil", *Problemas del Desarrollo*, Vol.45, No.176, 2014, pp.55—82.

Blanchard, Jean-Marc F., "Brazil's Samba with China: Economics Brought Them Closer, But Failed to Ensure Their Tango", *Journal of Chinese Political Science*, Vol.24, Issue 4, 2019, pp.583—603.

Bueno, Nidi, et al., "An Elite Experiment: How the Brazilian Ruling Class Sees China", *Journal of China and International Relations*, Vol.6, No.1, 2018, pp.130—145.

Bull, Benedicte, and Kasahara, Yuri, "Brazil and China: Partners or Competitors?" *NorLarnet Analysis*, February 22, 2011.

Burton, Guy, "What President Bolsonaro Means for China-Brazil Relations", *Diplomat*, November 9, 2018, available at: https://thediplomat.com/2018/11/what-president-bolsonaro-means-for-china-brazil-relations/.

Bustelo, Santiago, and Reis, Marcos, "A Strategic Agenda for the Sino-South America Relationship under China's 'New Normal'", *Initiative for Policy Dialogue*, 2015.

Bustelo, Santiago, and Reis, Marcos, "The Economic Relationship Between Brazil and China: Recent Trends and Prospects", in *International Integration of the Brazilian Economy*, edited by Elias C. Grivoyannis, London: Palgrave Macmillan, 2019, pp.247—264.

Cacciamali, Maria C, et al., "Brazil-China Economic Relations: Trade Pattern and China Investment Profile in Brazil", *Intellector*, Vol.XI, No.22, 2015, pp.1—19.

Canton, Mikki, and Gables, Coral, "The New Silk Road: China and Brazil", *The International Law Quarterly*, Vol.XXIX, No.4, Fall 2011, pp.20—23.

Cardoso, Daniel, "Between Dependence and Autonomy: Understanding the Power Dynamics in Brazil-China Relations", *Global Dialogue*, Vol.15, No.2, 2017, pp.11—14.

Cardoso, Daniel, "China-Brazil: A Strategic Partnership in an Evolving World Order", *East Asia*, Vol.30, Issue 1, 2013, pp.35—51.

Cardoso, Daniel, "Coping with a Rising Power: Understanding the Making of Brazil's Foreign Policy towards China", PhD Dissertation, Freie Universität Berlin, 2015.

Carmo, Corival Alves do, and Pecequilo, Cristina Soreanu, "Brazil and the Regional Leadership Vacuum: The Chinese-American Advance(2011/2016)", *Austral: Brazilian Journal of Strategy & International Relations*, Vol.5, No.9, 2016, pp.53—73.

Christensen, Steen Fryba, "Brazil-China Bilateral Relations: Between Strategic Partnership and Competition from the Brazilian Perspective", *International Political Economy Series*, 2016.

Christensen, Steen Fryba, "How Prioritized Is the Strategic Partnership between Brazil and China?" in *Emerging Powers, Emerging Markets, Emerging Societies*, edited by Steen Fryba Christensen and Li Xing, London: Palgrave Macmillan, 2016, pp.87—109.

Cunha, André Moreira, et al., "Brazil in Face of the Chinese Rise: The Risks of Regressive Specialization", *Austral: Brazilian Journal of Strategy and International Relations*, Vol.1, No.2, 2012, pp.129—168.

Cunha, Guilherme Lopes da, "The United States, China, and Brazil in the Geopolitics of Regional Integration Process", Paper presented at *the 56th ISA Annual Meeting*, February 2015, pp.18—21.

Curado, Marcelo and Hernández, Luis Alberto, "China Rising: Threats and Opportunities for Brazil", *Latin American Perspectives*, Vol.42, Issue 6, 2015, pp.88—104.

Dantas, Alexis Toribio, and Jabbour, Elias Marco Khalil, "Brazil and China: An Assessment of Recent Trade relations", *Economics of Agriculture*, Vol.63, No.1, 2016, pp.313—322.

Das, Shaheli, "China-Brazil Strategic Partnership: Demystifying the Relationship", *The BRICS Post*, January 23, 2017, available at: http://www.thebricspost.com/china-brazil-strategic-partnership-demystifying-the-relationship/#.XzegD6fitPY.

Delgertsetseg, Delgerjargal, "The Impact of the Brazil-China Trade Relation on the Brazilian Manufacturing Sector", *KKI Studies*, 2019.

Fearnside, Philip M., and Figueiredo, Adriano M.R., "China's Influence on Deforestation in Brazilian Amazonia: A Growing Force in the State of Mato Grosso", in *China and Sustainable Development in Latin America: The Social and Environmental Dimension*, edited by Rebecca Ray, et al., London: Anthem Press, 2017, pp.229—266.

Ferreira, Humberto Medrado Gomes, "Opportunities for Cooperation between Brazil and China in the Brazilian Energy Sector", in *Innovation, Engineering and Entrepreneurship*, edited by José Machado et al., Felgueiras: Springer, 2018, pp.992—997.

Ferreira, Leila da Costa, et al., "Global Environmental Changes: Environmental Policies in China with Reference to Brazil", XVIII World Congress of Sociology, Yokohama, 13—19 July, 2014.

Ferreira, Leila da Costa, and Barbi, Fabiana, "The Challenge of Global Environmental Change in the Anthropocene: An Analysis of Brazil and China", *Chinese Political Science Review*, Vol.1, Issue 4, 2016, pp.685—697.

Flores, Fidel Pérez, and Jatobá, Daniel, "Domestic Reactions to China's Presence in Three Latin American Countries: Brazil, Nicaragua, and Venezuela", *Journal of China and International Relations*, JCIR Special Issue, 2016, pp.128—150.

Gabriel, João Paulo Nicolini, et al., "Bolsonaro, China and the Indo-Pacific: Challenges in Sight", *Mural Internacional*, Vol.10, 2019.

Gouvea, Raul, and Montoya, Manuel, "Brazil & China: Partners or Competitors? Designing Strategic Alliances in the Age of Uncertainty", *Asian Journal of Latin American Studies*, Vol.26, No.1, 2013, pp.1—23.

Gwynn, Maria A., "China and Brazil's Infrastructure Initiatives and the Role of Regional Counterparts", *GEG Working Paper 135*, The Global Economic Governance Programme, University of Oxford, 2017.

He, Tianhao, "Back to ABCs: Emerging Partnerships among Africa, Brazil, and China", *Harvard International Review*, Vol.34, No.1, 2012, pp.30—33.

Hearn, Adrian H., "Australia and Brazil: Common Experiences of the China Challenge", in *Australian-Latin American Relations*, edited by Elizabeth Kath, London: Palgrave Macmillan, 2016, pp.131—148.

Hearn, Adrian H., "State-Society Trust in Sino-Brazilian Agriculture", *Journal of Chinese Political Science*, Vol.20, No.3, 2015, pp.301—317.

Hochstetler, Kathryn, and Kostka, Genia, "Wind and Solar Power in Brazil and China: Interests, State-Business Relations, and Policy Outcomes", *Global Environmental Politics*, Vol.15, No.3, 2015, pp.74—94.

Horta, Loro, "Brazil-China Relations", *RSIS Working Paper*, No.287, 2015.

Hurel, Louise Marie, and Santoro, Maurício, "Brazil, China and Internet Governance: Mapping Divergence and Convergence", *Journal of China and International Relations*, Vol.6, No.1, 2018, pp.98—115.

IEA(2015), "Energy Investments and Technology Transfer Across Emerging Economies: The Case of Braziland China", *IEA Partner Country Series*, IEA, Paris, https://doi.org/10.1787/9789 264247482-en.

Jenkins, Rhys, "China and Brazil: Economic Impacts of a Growing Relationship", *Journal of Current Chinese Affairs*, Vol.41, Issue 1, 2012, pp.21—47.

Jenkins, Rhys, "Chinese Competition and Brazilian Exports of Manufactures", *Oxford Development Studies*, 42, pp.395—418.

Jenkins, Rhys, and Alexandre De Freitas Barbosa, "Fear for Manufacturing? China and the Future of Industry in Brazil and Latin America", *China Quarterly*, No.209, 2012, pp.59—81.

Jenkins, Rhys, "Is Chinese Competition Causing Deindustrialization in Brazil?" *Latin American Perspectives*, Vol.42, Issue 6, 2015, pp.42—63.

Jiang, Shixue, "Demystifying the China-Brazil Relations", *China Institute of International Studies*, September 29, 2014, available at: http://www. ciis. org. cn/english/2014-09/29/content_7270603.htm.

Junior, Jairo Luiz Fremdling Farias, "One Belt, One Road: The Chinese Soft Power Influencing the Brazil-Africa Economics Connections", *Effects of Democratic Recession: Authoritarian Wave*, IPSA.

Júnior, Emanuel Leite, et al., "Chinese Soft Power and Public Diplomacy: Football as a Tool to Promote China-Brazil Relations", *Boletim do Tempo Presente*, Recife-PE, Vol. 8, No. 3, 2019, pp.194—214.

Klinger, Julie Michelle, "Rescaling China-Brazil Investment Relations in the Strategic Minerals Sector", *Journal of Chinese Political Science*, Vol.20, Issue 3, 2015, pp.227—242.

Kramer, Cynthia, "Brazilian Trade Remedies Practice against China", in *Settlements of Trade Disputes between China and Latin American Countries*, edited by Dan Wei, Berlin: Springer, 2015, pp.35—54.

Leite, Alexandre Cesar Cunha, and Li, Xing, "Introduction-China and Brazil at BRICS: 'Same Bed, Different Dreams?' ", *Journal of China and International Relations*, Vol. 6, No. 1, 2018, pp.i—vii.

Li, Xing, and Christensen, Steen Fryba, "The Rise of China and the Myth of a China-led Semi-periphery Destabilization: The Case of Brazil", in *The Rise of China: The Impact on Semi-Pheriphery and Periphery Countries*, edited by Li Xing and Steen Fryba Christensen, Aalborg: Aalborg University Press, 2012, pp.31—58.

Lucena, Andréa Freire de, and Bennett, Isabella, "China in Brazil: The Quest for Economic Power Meets Brazilian Strategizing", *Carta Internacional*, Vol.8, No.2, 2013, pp.38—57.

Lv, Hongfen, and Chen, Qian, "A Study on Economy and Trade Competition between China and Brazil", in *Technology for Education and Learning*, edited by Honghua Tan, Berlin: Springer, 2012, pp.151—160.

Maciel, Rodrigo Tavares, and Nedal, Dani K., "China and Brazil: Two Trajectories of a 'Strategic Partnership' ", in *China Engages Latin America*, edited by Adrian H. Hearn and José Luis León-Manríquez, Colorado: Lynne Rienner Publishers, 2011, pp.235—255.

Magalhães, Diego Trindade d'Ávila, "New Globaliser in the Hood: How Is China Globalising the Brazilian Economy?" *Journal of China and International Relations*, Vol.6, No.1, 2018, pp.16—35.

Marcondes, Danilo, and Barbosa, Pedro Henrique Batista, "Brazil-China Defense Cooperation: A Strategic Partnership in the Making?" *Journal of Latin American Geography*, Vol.17, No.2, 2018, pp.140—166.

Martinez-Pacheco, Selene, *Chinese Loan-for-Oil Deals in Brazil, Venezuela and Ecuador: Local Concerns and Perceptions*. Ph. D. Thesis, Faculty of Arts and Social Sciences, The University of Technology Sydney, 2014.

Martins, Fernanda de Castro Brandão, "New Institutions on the Block: The BRICS Financial Institutions and the Roles of Brazil and China", *Journal of China and International Relations*, Vol.6,

No.1, 2018, pp.36—52.

Medeiros, Sabrina Evangelista, et al., "Defense Economy and National Development: Exploring the Models and Synergies between China and Brazil", *Journal of China and International Relations*, Vol.6, No.1, 2018, pp.74—97.

Melo, Maria Cristina Pereira de, and Filho, Jair do Amaral, "The Political Economy of Brazil-China Trade Relations, 2000—2010", *Latin American Perspectives*, Vol.42, Issue 6, 2015, pp.64—87.

Menéndez, Fernando, "A Second Look at the China-Brazil Relationship", *China-US Focus*, July 14, 2014, available at: https://www.chinausfocus.com/foreign-policy/a-second-look-at-the-china-brazil-relationship.

Mendes, Carmen Amado, "China in South America: Argentina, Brazil and Venezuela", *East Asia*, Vol.30, No.1, 2013, pp.1—5.

Mothe Stephan, "What President Dilma Rousseff's Impeachment Means for Brazil-China Relations", *Coordinadora Regional de Investigaciones Económicas y Sociales*, 2016, available at: https://medium.com/@CRIESLAC/what-president-dilma-rousseffs-impeachment-means-for-brazil-china-relations-45737ae0afc5#.9703jjhs4.

Murakami, Yoshimichi, and Hernández, René A, "The Impacts of China on Economic Growth: Evidence for Brazil, Chile, and Peru", *Journal of Post Keynesian Economics*, Vol.41, No.3, 2018, pp.430—454.

Niu, Haibin, translated by Xing, Haibing, " 'Deindustrialization' and Sino-Brazilian Ties", *Contemporary International Relations*, Vol.23, No.4, 2013, pp.44—57.

Niu, Haibin, "Emerging global partnership: Brazil and China", *Revista Brasileira de Política Internacional*, Vol.53, No.spe, December 2010, pp.183—192.

O'Connor, Ernesto A., "China, Brazil and Argentina: Agricultural Trade and Development?" *American Journal of Chinese Studies*, Vol.20, No.2, 2013, pp.99—110.

Oliveira, Gustavo de L.T., "Chinese Land Grabs in Brazil? Sinophobia and Foreign Investments in Brazilian Soybean Agribusiness", *Globalization*, Vol.15, Issue 1, 2018, pp.114—133.

Oliveira, Gustavo de L.T., "The Battle of the Beans: How Direct Brazil-China Soybean Trade Was Stillborn in 2004", *Journal of Latin American Geography*, Vol.17, No.2, 2018, pp.113—139.

Oliveira, Henrique Altemani de, "Brazil and China: From South-South Cooperation to Competition?" in *Latin America Facing China: South-South Relations beyond the Washington Consensus*, edited by Alex E. Fernández Jilberto and Barbara Hogenboom, Berghahn Books, 2010, pp.33—54.

Peine, Emelie K., "Trading on Pork and Beans: Agribusiness and the Construction of the Brazil-China-Soy-Pork Commodity Complex", in *The Ethics and Economics of Agrifood Competition*, edited by Harvey S. James, Jr., Berlin: Springer, 2013, pp.193—210.

Pereira, Carlos and Neves, João Augusto de Castro, "Brazil and China: South-South Partnership or North-South Competition?" *Brookings Policy Paper*, No.26, March 2011.

Permanent Secretariat of the Forum for Economic and Trade Co-operation between China and Portuguese-speaking Countries (Macao), "The Transformation and Upgrading of Bilateral Economic and Trade Relations between China and Brazil", *Macau Journal of Brazilian Studies*, Vol.1, Issue 1, 2018, pp.1—14.

Phillips, Dom, "China and Brazil Are Becoming BFFs. Should We Be Worried", *The Washington Post*, May 20, 2015, available at: https://www.washingtonpost.com/news/worldviews/wp/2015/05/20/china-and-brazil-are-becoming-bffs-should-we-be-worried.

Pinto, Luiz, "A New Age for China in Brazil and South America", *Georgetown Journal of International Affairs*, Fall 2015, available at: http://journal.georgetown.edu/a-new-age-for-china-in-brazil-and-south-america/.

Pires, Marcos Cordeiro, "Notes on the Brazil-China Strategic Partnership", in *Latin America, the Caribbean, and China: Sub-Regional Strategic Scenarios*, edited by Adrian Bonilla Soria and Paz Milet Garcia, FLACSO: General Secretariat, 2015, pp.239—260.

Previdelli, Maria de Fatima Silva do Carmo, et al., "Brazil in the Context of the Commercial War Between USA and China", *Global Journal of Emerging Market Economies*, Vol.12, Issue 1, 2020, pp.80—92.

Raftopoulos, Malayna, and Riethof, Marieke, "Promoting Renewable Energy or Environmental Problems? Environmental Politics and Sustainability in Sino-Brazilian Relations", *Journal of China and International Relations*, Vol.4, JCIR Special Issue, 2016, pp.151—176.

Ramaswamy, Muruga Perumal, "Sino-Brazilian Trade and Antidumping Concerns", in *The Rise of the BRICS in the Global Political Economy: Changing Paradigms*? edited by Vai Io Lo and Mary Hiscock, Edward Elgar Pub, 2014, pp.84—98.

Revelez, Lincoln Bizzozero, and Raggio, Andrés, "Cooperative Relations with China in Brazil's International Politics: Scope and Interests of the Global Strategic Partnership", in *China-Latin America Relations in the 21st Century: The Dual Complexities of Opportunities and Challenges*, edited by Raúl Bernal-Meza and Li Xing, London: Palgrave Macmillan, 2020, pp.83—109.

Santos, Enestor Dos, and Zignago, Soledad, "The Impact of the Emergence of China on Brazilian International Trade", *BBVA Bank*, *Economic Research Department. Working Papers 1022*, 2010.

Silva, Magno Klein, "Brazilian Press and Foreign Policy Towards China During Luis Inácio Lula da Silva's Government", *Humanities and Social Science Review*, Vol.3, No.5, 2014, pp.131—141.

Spanakos, Anthony Peter, and Marques, Joseph, "Brazil's Rise as a Middle Power: The Chinese Contribution", in *Middle Powers and the Rise of China*, edited by Bruce Gilley and Andrew O'Neil, Washington: Georgetown University Press, 2014, pp.213—236.

Stolte, Christina, "Why Africa? Motives for Brazil's Africa Engagement", in *Brazil's Africa Strategy: Role Conception and the Drive for International Status*, Christina Stolte, London: Palgrave Macmillan, 2015, pp.139—148.

Strüver, Georg, " 'Bereft of Friends'? China's Rise and Search for Political Partners in South America", *The Chinese Journal of International Politics*, Vol.7, Issue 1, Spring 2014, pp.117—151.

Stuenkel, Oliver, "China's Diplomats Are Going on the Offensive in Brazil", *Foreign Policy*, May 15, 2020, available at: https://foreignpolicy.com/2020/05/15/chinas-diplomats-are-going-on-the-offensive-in-brazil/.

Stuenkel, Oliver, "In Spite of Bolsonaro, China Quietly Deepens its Influence in Brazil", *Americas Quarterly*, November 11, 2019, available at: https://www.americasquarterly.org/article/in-spite-of-bolsonaro-china-quietly-deepens-its-influence-in-brazil/.

Torres, Marcus, et al., "BRIC's Impact over Brazilian Bilateral Commercial Relations with China", *RICRI*, Vol.2, No.4, pp.42—55.

Trinkunas, Harold, "Testing the Limits of China and Brazil's Partnership", *Brookings*, July 20, 2020, available at: https://www.brookings.edu/articles/testing-the-limits-of-china-and-brazils-partnership/.

Urdinez, Francisco, et al., "MERCOSUR and the Brazilian Leadership Challenge in the Era of Chinese Growth: A Uruguayan Foreign Policy Perspective", *New Global Studies*, Vol.10, Issue 1, 2016, pp.1—25.

Urdinez, Francisco, and Rodrigues, Pietro, "Trapped in Proto-Bipolarism? Brazilian Perceptions of an Emerging Chinese-American Rivalry", *Rising Powers Quarterly*, Vol.2, Issue 2, 2017, pp.105—123.

Veiga, Pedro Da Motta, and Rios, Sandra Polonia, "China's FDI in Brazil: Recent Trends and Policy Debate", Policy Center for the New South, Policy Brief, June 2019, https://www.policy-center.ma/sites/default/files/PCNS-PB1921.pdf.

Wei, Dan, "Antidumping in Emerging Countries in the Post-crisis Era: A Case Study on Brazil and China", *Journal of International Economic Law*, Vol.16, Issue 4, December 2013, pp.921—958.

Wei, Dan, "Bilateral Investment Treaties: An Empirical Analysis of the Practices of Brazil and China", *European Journal of Law and Economics*, Vol.33, Issue 3, 2012, pp.663—690.

Wei, Dan, "The Use of Trade Defense: Some Considerations for Brazil-China Bilateral Trade Relationship", in *Settlements of Trade Disputes between China and Latin American Countries*, edited by Dan Wei, Berlin: Springer, 2015, pp.17—33.

Whalley, John, and Medianu, Dana, "The Deepening China Brazil Economic Relationship", *CESifo Working Paper Series*, No.3289, December 2010.

Wilkinson, John, et al., "Brazil and China: the Agribusiness Connection in the Southern Cone context", *Third World Thematics: A TWQ Journal*, Vol.1, Issue 5, 2016, pp.726—745.

World Bank (2014), Implications of a Changing China for Brazil: A New Window of Opportunity? Washington, DC: World Bank Group, https://documents.worldbank.org/en/publication/documents-reports/documentdetail/794561468017425088/implications-of-a-changing-china-for-brazil-a-new-window-of-opportunity.

Xavier, Philipe Pedro Santos, "Brazil-China Energy Cooperation: Did BRICS Change Anything?" *Journal of China and International Relations*, Vol.6, No.1, 2018, pp.53—73.

Zheng, Aotian, "Utilizing Economic Ties with China: Brazilian Economic Development Policy in the Age of Bolsonaro", *Pepperdine Policy Review*, Vol.12, 2020, Article 6.

四、外文专著

Cui, Shoujun, and García, Manuel Pérez, eds., *China and Latin America in Transition: Policy Dynamics, Economic Commitments, and Social Impacts*. London: Palgrave Macmillan, 2016.

Ferreira, Leila, and Albuquerque, J. A. Guilhon, *China & Brazil: Challenges and Opportunities*, Annablume, 2013.

Gallagher, Kevin, and Porzecanski, Roberto, *The Dragon in the Room: China and the Future of*

Latin American Industrialization，Stanford：Stanford University Press，2010.

Green，December and Luehrmann，Laura，*Contentious Politics in Brazil and China*：*Beyond Regime*，London：Routledge，2018.

Lee，Ana Paulina，*Mandarin Brazil*：*Race*，*Representation*，*and Memory*，Stanford：Stanford University Press，2018.

Myers，Margaret，and Viscidi，Lisa，eds.，*Navigating Risk in Brazil's Energy Sector*：*The Chinese Approach*，Washington：Inter-American Dialogue，2014.

Naval Postgraduate School，*Brazil for Sale? Does Sino-Brazilian Trade or Investment Significantly Influence Brazil's United Nations General Assembly*（*UNGA*）*Voting Pattern?* Createspace Independent Publishing Platform，2014.

Naval Postgraduate School，*The Relationship Between Democracy and Nonproliferation*：*Brazil*，*China*，*and the Missile Technology Control Regime*，CreateSpace Independent Publishing Platform，2015.

Song，Yannan，and Ritchie，David，eds.，*Chinese-Lusophone Relations*：*China and Brazil*. Beijing：Social Sciences Academic Press（China），2015.

Tatiana Rosito，*O Plano Decenal Brasil-China 2022—2031 Oportunidade de preparação e realinhamento*，27 abril de 2020，Conselho Empresarial Brasil-China（CEBC），http：//midias.cebri.org/arquivo/CartaBrasilChina_Ed25_27abr-TatianaRosito.pdf.

Wei，Dan，et al.，*Food Exports from Brazil to China*：*A Legal and Economic Analysis*，Berlin：Springer，2019.

Wise，Carol，*Dragonomics*：*How Latin America Is Maximizing*（*or Missing Out on*）*China's International Development Strategy*，New Haven：Yale University Press，2020.

Yanran，Xu，*China's Strategic Partnerships in Latin America*：*Case Studies of China's Oil Diplomacy in Argentina*，*Brazil*，*Mexico*，*and Venezuela*，*1991—2015*. Plymouth：Lexington Books，2016.

后 记

　　走进拉美研究的学术场域，要特别感谢上海国际问题研究院的杨洁勉先生。2006 年，我加入该院工作不久，杨先生从中国外交日益走向全球的战略态势出发，找了我和另外一个同事谈话，希望补齐院里在非洲和拉美两个地区的研究力量短板。虽然在研究生阶段从现代化理论、国际关系理论等角度涉猎过拉美的一些情况，但真正把拉美地区作为主攻研究方向心里还是有些忐忑，担心自己缺乏研究该地区所需要的历史学与语言能力。

　　下定决心从事拉美研究以来，在上海国际问题研究院和学界诸多前辈同任的提携支持下，我逐渐进入和深度参与了国内外拉美学界的研究与讨论，承担了国家社科基金和外交部的多项涉拉美方向的研究课题。本书正是我承担的国家社科基金项目"中国与巴西全方位合作规划"的结项成果，因为结项时间较早，书中的一些设想有些已经转变为现实，一些略显陈旧的材料做了适当的更新。总体而言，本书基本上反映了 21 世纪以来中国与巴西的总体交往情况与发展态势，涉及如何看待巴西崛起，中巴战略伙伴关系的演进、内涵、重点领域、行为体和影响等多个方面。

　　今年适逢中巴建立战略伙伴关系 30 周年，2024 年两国将迎来建交 50 周年，本书也算是祝贺中巴关系大发展的一份礼物吧。愿以此为起点，激励自己今后继续致力于拉美研究与教学工作。鉴于中巴伙伴关系的全面性、全球性和战略性，本书对中巴伙伴关系的论述还是不够全面、比较肤浅。所幸，中巴两国及双边关系仍然处于快速发展和深刻转变之中，这也为今后继续对其进行深入研究预留了观察与思考的巨大空间。

在本书即将付梓之际，要衷心感谢下列机构和人士：为我开展拉美研究提供丰富学术交流机会和完善的科研管理与支撑的上海国际问题研究院；国家社科基金及结项成果匿名审稿人，他们为提升本书稿的研究品质提供了经费保障和宝贵的建议；巴西的金砖政策研究中心、德国艾伯特基金会和上海国际问题研究院分别资助我前往巴西、德国和美国短期访学，得以拜访上述三国的拉美研究机构与专家；迪奇利基金会邀请我赴英参加了2014年举办的"巴西在世界上的角色"国际研讨会，在会议主席巴西前外长塞尔索·拉斐尔的主持下进行了全面又深入的研讨，帮助我加深了对新兴大国巴西的内外环境与政策空间的理解；中国社会科学院苏振兴学部委员、张森根研究员，中国现代国际关系研究院吴洪英研究员，中国驻巴西大使陈笃庆、祝青桥等前辈对我从事巴西研究的支持、鼓励与帮助；德国全球与地区研究院拉美研究所德特勒夫·诺尔特（Detlef Nolte）教授为我热情引荐了欧洲国家从事巴西研究的诸多专家学者，约翰·霍普金斯大学保罗·尼采高级国际研究学院赖尔登·勒特（Riordan Roett）教授、布鲁金斯学会哈罗德·特林库纳斯（Harold Trinkunas）研究员，华盛顿特区伍德罗·威尔逊国际学者中心巴西研究所所长保罗·索特罗（Paulo Sotero）先生，美洲对话亚洲与拉美项目主任玛格丽特·迈尔斯（Margaret Myers）女士，美国对外关系委员会副主席香农·奥尼尔（Shannon K. O'Neil）研究员，巴西驻华大使马尚先生，巴西社会学家安娜·贾瓜里贝（Anna Jaguaribe），圣保罗州立大学马尔科斯·科尔德伊罗·皮雷斯（Marcos Cordeiro Pires）教授，中国社会科学院江时学研究员、周志伟研究员，湖北大学程晶副教授，北京大学董经胜教授、郭洁副教授，清华大学周燕博士、上海国际问题研究院黄放放博士等学术同道对我开展巴西研究的支持与帮助；我的硕士研究生孙茹、洪昇和陈谦悦承担了部分研究文献整理工作；格致出版社张苗凤、王亚丽等编辑团队的辛苦付出。最后，我要感谢家人的支持与陪伴。

牛海彬

2023 年 7 月于上海

图书在版编目(CIP)数据

中国与巴西 ：发展导向的战略伙伴 / 牛海彬著. —
上海 ：格致出版社 ：上海人民出版社，2024.3
（国际展望丛书）
ISBN 978 - 7 - 5432 - 3530 - 4

Ⅰ. ①中… Ⅱ. ①牛… Ⅲ. ①中外关系-研究-巴西
Ⅳ. ①D822.377.7

中国国家版本馆 CIP 数据核字(2024)第 016048 号

责任编辑 王亚丽
封面设计 人马艺术设计·储平

国际展望丛书·国际战略与大国关系
中国与巴西:发展导向的战略伙伴
牛海彬 著

出　　版　格致出版社
　　　　　上海人民出版社
　　　　　（201101　上海市闵行区号景路 159 弄 C 座）
发　　行　上海人民出版社发行中心
印　　刷　上海商务联西印刷有限公司
开　　本　720×1000　1/16
印　　张　18.25
插　　页　2
字　　数　256,000
版　　次　2024 年 3 月第 1 版
印　　次　2024 年 3 月第 1 次印刷
ISBN 978 - 7 - 5432 - 3530 - 4/D·189
定　　价　79.00 元